T0279973

Solteros por naturaleza

Dra. Bella DePaulo

Solteros por naturaleza

El poder, la libertad y el placer de la soltería

Traducción: Silvina Woodgate

TENDENCIAS

Argentina – Chile – Colombia – España
Estados Unidos – México – Perú – Uruguay

Título original: *Single at Heart*
Editor original: Apollo Publishers
Traducción: Silvina Woodgate

1.ª edición: julio 2024

Copyright © 2024 *by* Dra. Bella DePaulo
All Rights Reserved
© de la traducción 2024 *by* Silvina Woodgate
© 2024 *by* Urano World Spain, S.A.U.
Plaza de los Reyes Magos, 8, piso 1.º C y D – 28007 Madrid
www.reinventarelmundo.com

ISBN: 978-84-92917-27-3
E-ISBN: 978-84-10159-63-1
Depósito legal: M-12.101-2024

Fotocomposición: Urano World Spain, S.A.U.
Impreso por: Rodesa, S.A. – Polígono Industrial San Miguel
Parcelas E7-E8 – 31132 Villatuerta (Navarra)

Impreso en España – *Printed in Spain*

A todas las personas solteras por naturaleza,
este libro es para vosotros

Índice

Introducción

Amantes de la soltería, ¡liberaos! Romped los grilletes de las viejas historias retrógradas que afirman que la soltería es triste y solitaria. Elevaos por encima de esas concepciones represivas que sostienen que todo el mundo quiere una pareja romántica y que, si alguien piensa que no la quiere, ya tendrá ganas pronto, y si continúa sin ganas, es que necesita ayuda. Rechazad con alegría la idea de que poner a la pareja romántica en el centro de la vida es una obligación, el deseo de todo el mundo, o la forma normal, natural y superior de vivir.

Tengo una nueva historia para contaros. Se basa en las experiencias de personas de todo el mundo que están contando su historia, en muchos casos por primera vez. Se respalda también en investigaciones en ciencias sociales donde se estudiaron a cientos, miles, y a veces incluso a cientos de miles de personas.

Es la historia de las personas que se sienten atraídas de manera inequívoca por la soltería. Los llamo «solteros por naturaleza», y yo soy una de ellos. Para nosotros, la soltería es nuestra mejor manera de vivir. Es nuestra vida más auténtica, significativa y satisfactoria. Es una vida llena de riqueza psicológica. Ninguna otra forma de vida nos daría jamás una satisfacción tan profunda. Para nosotros, la soltería es una elección de vida normal, natural, cómoda y deseable de la misma manera que una relación romántica comprometida lo es para las personas que se sienten atraídas por la vida en pareja.

Somos los dueños de nuestra vida. La soltería no la limita, sino que la abre de par en par. Tenemos libertad y la utilizamos para aprovechar al máximo nuestros recursos y oportunidades, más allá de lo amplios o escasos que sean. Podemos decidir la forma y los contornos de nuestra existencia, desde las rutinas diarias hasta las transformaciones que cambian la vida de manera drástica. Podemos dedicar tiempo a nuestros intereses y pasiones, sin tratar de adaptarlos o redimensionarlos para que se adapten a la vida en pareja. Podemos acoger en nuestras vidas a quien queramos (amigos, parientes, mentores, colegas, amantes, vecinos, figuras espirituales, mascotas o cualquier otra persona), a tantos o tan pocos como queramos, sin la presión de elevar a la pareja romántica por encima de todos los demás. Podemos dedicarnos a nuestro círculo íntimo, a nuestras comunidades más amplias, a nuestros países y a nuestras causas, si eso es lo que queremos hacer. Creamos hogares que son nuestros santuarios. Tenemos nuestra soledad, dulce soledad. Si no queremos tener hijos, ninguna pareja va a poner mala cara. Si tenemos hijos, podemos criarlos como mejor nos parezca. Disfrutamos de la intimidad a nuestra manera.

El riesgo para las personas solteras por naturaleza no es lo que perderemos si no ponemos a una pareja romántica en el centro de nuestra vida, sino lo que perderemos si lo hacemos. Nunca diré que está bien estar soltera, que es mejor estar soltera que tener una mala relación romántica, o que es mejor estar soltera que desear estarlo. Esos sentimientos son demasiado rencorosos. Para la gente como nosotros, es mejor estar soltera. Y punto. Es mejor estarlo cuando se es joven. Es mejor estarlo cuando se es mayor. Y es mejor estarlo durante todos los años intermedios.

Dentro de las personas solteras por naturaleza se encuentran mujeres y hombres y personas que no se identifican con ninguno de los dos. Incluimos a padres y a personas que no lo son. Incluimos a ricos y pobres, jóvenes y mayores, personas con educación formal y autodidactas, personas de todas las identidades y orientaciones de género, de todo origen racial y étnico. Entre nosotros hay diferentes clases de creyentes y no creyentes. Muchos de nosotros procedemos de sociedades WEIRD* (occidentales, educadas, industrializadas, ricas y democráticas), pero un número considerable no.

Los solteros por naturaleza van desde personas que nunca se han casado, nunca han vivido con una pareja romántica y nunca han tenido una relación seria hasta personas que, en el pasado, han tenido todas esas

---

* N. de la T.: WEIRD por la sigla en inglés para *western, educated, industrialized, rich and democratic*.

experiencias, a veces en reiteradas ocasiones. Incluimos a personas a las que no les interesan en absoluto el sexo o las relaciones románticas y a personas a las que les gustan ambas cosas. A algunos nos gusta salir de vez en cuando. Lo que todos compartimos es que no ponemos a una pareja romántica en el centro de nuestra vida, y que no queremos en el futuro organizar nuestra vida en torno a una pareja romántica.

Y lo que es aún más importante, compartimos la alegría que sentimos por llevar una vida de solteros. La soltería es algo que saboreamos. No importa si no hemos tenido ninguna experiencia romántica o si hemos tenido muchas. No importa si esas experiencias fueron gloriosas, horribles, aburridas o una mezcla de todo. No importa si tuvimos una infancia miserable o ejemplar. No nos define ninguna de esas cosas. No somos solteros porque huyamos de algo o porque tengamos «problemas» (todo el mundo tiene problemas). Somos solteros porque nos encanta lo que la soltería ofrece y seguirá ofreciendo mientras nos comprometamos con ella e invirtamos en ella. Para nosotros, es algo para siempre. No queremos abandonarla nunca.

Somos conscientes de que nos estamos resistiendo al implacable y celebrado guion cultural que insiste en que lo que los adultos quieren, por encima de cualquier otra cosa, es una pareja romántica comprometida. Sabemos lo que piensa la gente: que está bien estar soltero durante un tiempo, pero que quedarse así para siempre es triste, y que *querer* quedarse soltero no es natural ni normal.

A lo largo de mi vida, he visto cómo se pulverizaban otras creencias fundamentales. ¿Es anormal sentirse atraído por personas de tu mismo sexo? Ahora ya lo sabemos. ¿El lugar de la mujer es el hogar? ¡Por favor! ¿Es natural que las mujeres quieran tener hijos? Eso ya no parece ser algo tan obvio.

Cada vez que nuestra comprensión de la naturaleza humana se amplía, todos tenemos más posibilidades de elegir la mejor versión de la vida que queramos, la más auténtica. En el mundo ilustrado que imagino, todos los niños entenderán, de manera natural, que la soltería es un camino que puede ser tan feliz y satisfactorio como cualquier otro y, para algunos, el mejor de todos. Todo adulto renunciará para siempre a la tentación de compadecerse o tratar con condescendencia a las personas solteras, y en su lugar apreciará las profundas recompensas de la soltería.

A los adultos que se sienten atraídos de forma natural por la soltería no se les pedirá nunca más que defiendan su elección. Millones de solteros felices se darán cuenta de que son felices y prosperan no a pesar de serlo, sino gracias a ello.

Como los solteros por naturaleza abrazamos nuestra vida de solteros en lugar de intentar escapar de ella, podemos desarrollar determinadas fortalezas, habilidades, recursos y actitudes que no suelen perfeccionar quienes llevan una vida de pareja convencional. El tiempo, el dinero y los recursos emocionales que otras personas utilizan en la búsqueda de una pareja romántica y que luego invierten en ella si la encuentran, nosotros los ponemos al servicio de las experiencias que dan sentido a nuestras vidas y que no nos podrá arrebatar un divorcio ni ninguna otra desavenencia de la vida en pareja. Valoramos a nuestros amigos, en lugar de desplazarlos ante la potencial pareja romántica que está en el horizonte o la actual pareja que nos espera en casa. Como no nos repartimos las tareas domésticas, aprendemos a cubrirlo todo nosotros mismos, ya sea dominando cada tarea, encontrando formas de evitarla o buscando gente que nos ayude o a la que podamos contratar. Como pensamos seguir solteros, creamos hogares que nos sigan hospedando, reconfortando e inspirando a medida que envejecemos.

Los años que invertimos en construir nuestra vida de solteros y en abrazar todo lo que la soltería puede ofrecernos dan sus frutos, pero la inversión alcanza su punto máximo de rendimiento más adelante, momento en el que logra romper los estereotipos. Nos han advertido de que acabaremos decrépitos, abatidos, desesperados y solos cuando seamos viejos, pero eso no es lo que ocurre. Las investigaciones demuestran que las personas que han permanecido solteras son las que tienen más probabilidades de prosperar en la madurez. A diferencia de los solteros recientes, como los divorciados y viudos que organizaron su vida en torno a un cónyuge, los de toda la vida no están intentando descubrir por primera vez cómo hacer las cosas que su cónyuge solía hacer por ellos. Los solteros de larga data nunca degradan a las personas que les importan una vez que un cónyuge entra en sus vidas. No intentan crear de nuevo un círculo social o un sistema de apoyo emocional; lo han venido realizando todo este tiempo. Un estudio sobre personas mayores de los Estados Unidos demostró que los hombres y mujeres que permanecían solteros eran más optimistas sobre el futuro, tenían más probabilidades de llevar una vida social activa y más probabilidades de contar con la ayuda que necesitaban y la intimidad que deseaban. Los estadounidenses de origen racial negro, que tanto se avergüenzan y desmoralizan por sus tasas relativamente bajas de matrimonio, resultaron tener más probabilidades de vivir una vida plena en la vejez si nunca se habían casado.[1]

Un estudio australiano de más de diez mil mujeres de setenta años reveló que las solteras de toda la vida no solo estaban mejor que las que habían estado casadas antes, sino que también estaban mejor que las que aún estaban casadas.[2] En comparación con las mujeres previamente casadas o las actualmente casadas, con o sin hijos, las solteras de toda la vida sin hijos eran las más optimistas, las menos estresadas, las más altruistas y las que tenían menos diagnósticos de enfermedades graves.

Esos estudios incluían a todas las personas que permanecían solteras y no distinguían entre las que lo eran a regañadientes y las que lo eran por naturaleza. Cuando los investigadores empiecen a centrarse en los solteros que quieren serlo, los resultados serán aún más impresionantes. Ya tenemos indicios de ello. Un estudio de diez años de duración sobre más de diecisiete mil personas sin pareja descubrió que, con el tiempo, las personas que no buscaban dejar la soltería estaban cada vez más contentas con su vida, mientras que las que anhelaban tener pareja estaban cada vez más insatisfechas.[3] Otras investigaciones demuestran que los que no buscan pareja valoran más a sus amigos y, a medida que continúan dedicándose a cultivar la amistad, están aún más encantados con su soltería.[4] Los que añoran estar en pareja no suelen disfrutar de esa dinámica alentadora. Los que quieren permanecer solteros también están más satisfechos sexualmente.[5]

Llevo estudiando a los solteros desde el 17 de diciembre de 1992. Ese día creé una carpeta secreta con el número 1 como único nombre y metí en ella un recorte de una columna de consejos del periódico local. Había subrayado una frase: «Recuerda que el uno es un número entero».

Tenía treinta y nueve años y estaba soltera. No creía que yo fuera una persona incompleta, pero sí me parecía curioso que tantas de las representaciones de personas solteras que colocaba en la carpeta, desde las historietas de Cathy hasta las reseñas de libros del *New Yorker*, se basaran en la premisa de que ser soltero era ser triste y que nadie elegiría ser o permanecer soltero.

Mi obsesión no perduró en secreto por mucho tiempo. Al cabo de unos años, había abandonado casi por completo mi anterior área de especialización (en la psicología de la mentira y la detección de mentiras), y me había sumergido por completo en mi nuevo estudio de los solteros y la soltería. El engaño se convirtió en uno de mis intereses. La soltería se convirtió en mi pasión. Llevé a cabo estudios, impartí cursos, publiqué trabajos de investigación, escribí decenas de artículos para periódicos y revistas, publiqué cientos de entradas en blogs, di una charla TEDx, puse en marcha el grupo de Facebook Community of Single People (La comunidad de la gente soltera) y escribí libros, empezando por *Solteros señalados: Cómo son estereotipados, estigmatizados e ignorados y aún son felices.*

Soy psicóloga social e investigadora y, aunque no soy terapeuta, a lo largo de los años cientos de personas me han enviado correos electrónicos o notas manuscritas contándome sobre su vida de solteros. Dos temas se han destacado. El primero es desalentador. Una y otra vez, la gente me ha dicho que hasta que no conocieron mi trabajo no se habían dado cuenta de que estaba bien que te gustara ser soltero y que quisieras seguir siéndolo. El segundo es más estimulante. Esas personas reconocieron sentir una poderosa atracción por ese estilo de vida. Hablaban con efusividad de lo significativa y satisfactoria que era la vida de soltero y de que no había nada comparable. Yo también me sentía así. Y fue entonces cuando me di cuenta de que los relatos populares sobre la soltería no reflejaban lo que podía significar serlo y amar esa vida de manera verdadera y profunda. No se dirigían a personas como nosotros, los solteros por naturaleza.

También me intrigaban los solteros que anhelan tener una pareja romántica y los muchos expertos, ensayistas y especialistas que ensalzaban la vida en pareja. Algunos parecían tener las ideas claras, pero muchos otros parecían estar imaginando lo que yo luego llamaría la Mágica y Mítica Pareja Romántica. La persona que siempre es amable, siempre está atenta, siempre está cerca cuando la necesitas y siempre está dispuesta a hacer su parte del trabajo. La pareja que siempre quiere el mismo tipo y cantidad de sexo que tú, al mismo tiempo que tú, y que nunca se aleja. Como padre o madre, esta pareja siempre está presente para sus hijos y se dedica a ellos, y la familia que forman juntos está libre de conflictos o crueldad. En la vida adulta, la Mágica y Mítica Pareja Romántica siempre está ahí cuando te has caído y no puedes levantarte. Esta persona está ahí cuando necesitas que te lleven a una intervención médica o necesitas que alguien se quede contigo en el hospital, y está a tu lado dure lo que dure tu enfermedad. Este compañero nunca está cansado, y nunca está cansado de ti.

No dudo de que algunas parejas románticas, casadas o no, sean en verdad maravillosas. Pero también sé que son humanos. Aunque suene obvio, creo que es un punto que se les escapa a los escépticos de la idea de la soltería por naturaleza, quienes no creen que alguien pueda querer una vida que no esté construida en torno a una pareja romántica. La pareja que tienen en mente es ficticia. Sin embargo, para los solteros por naturaleza, ni siquiera una pareja perfecta nos apartaría de nuestra soltería. La soltería nos atrae por lo que nos ofrece; no huimos de la vida en pareja porque las parejas románticas sean imperfectas.

● ● ●

El día de San Valentín de 2012, publiqué en Internet un breve cuestionario titulado «¿Eres soltero por naturaleza?». (Está al final del capítulo 1, por si quieres echarle un vistazo). En 2019, cuando estaba lista para analizar los datos para este libro, casi nueve mil personas habían completado el cuestionario. En 2022, ese número se había duplicado con creces hasta llegar a diecinueve mil, y sigue creciendo. Los participantes procedían de más de cien países y de todos los continentes excepto la Antártida. Residentes de los Estados Unidos, Canadá, Inglaterra y Australia acudieron en masa a responder. Personas de lugares como Albania y Argelia, Egipto y El Salvador, Irán y la India, Japón y Jordania, Nueva Zelanda y Noruega, Rusia y Ruanda, Ucrania y Uruguay… todos pudieron llegar hasta el cuestionario y respondieron las preguntas.

Los resultados del cuestionario me ayudaron a comprender, a grandes rasgos, en qué se diferencian las personas solteras por naturaleza de las que no lo son. Pero también quería comprender con más profundidad a los que lo son por naturaleza. Quería escuchar sus historias de vida. Publiqué en mi página web, en mis blogs y en las redes sociales una petición dirigida a las personas que se identificaban como ello para que me contaran, con todo lujo de detalles y por escrito, todo sobre sus vidas, y que me permitieran citarlas en este libro. Entre las cuarenta y una personas que aceptaron participar cuando me dispuse a escribir este libro había mujeres y hombres, personas de distintas identidades y orientaciones sexuales y de género, personas con hijos y personas sin hijos, y personas de distinto origen racial y étnico. Tienen edades comprendidas entre los veinte y los setenta años. La mayoría son de los Estados Unidos, pero otros son de Austria, Australia, Canadá, Inglaterra, la India, México y Portugal. (En la mayoría de los casos utilizaré solo los nombres de pila, ya sean sus nombres reales o los que me han pedido que utilice. Algunas personas han publicado libros o artículos sobre la soltería y, cuando haga referencia a esas publicaciones, citaré también sus apellidos. Las edades que comunico, así como los lugares donde viven y los demás detalles de sus vidas, corresponden al año en que describieron sus experiencias, 2019 o 2020. Describo su ubicación como ellos quisieron: una ciudad concreta, una región o un país).

Mi comprensión de lo que significa ser soltero por naturaleza también recibió el aporte de los cientos de personas que compartieron sus historias de vida conmigo de manera más informal o me contaron sobre sus modelos de conducta a seguir, incluidas personas que lo son y otras que no, así como de los resultados de muchos estudios sistemáticos sobre personas solteras. Cuando encontré voces que expresaban un sentimiento de soltería por naturaleza en un ensayo, libro, pódcast, charla o en cualquier otro lugar, las añadí a mis archivos. Entre esas voces encontraréis todo tipo de personas, desde famosos hasta desconocidos, y también conoceréis a algunas de ellas por primera vez en este libro.

●   ●   ●

A principios de 2020 pensé que estaba preparada para empezar a escribir este libro. Reuní todo el abundante material que tenía y abrí un nuevo documento en mi ordenador. La fecha era el 10 de marzo de 2020. Al día siguiente, el gobernador Gavin Newsom de California, donde soy afiliada académica en la Universidad de California, Santa

Bárbara, anunció que los funcionarios de salud pública habían determinado que las reuniones debían posponerse o cancelarse en todo el estado hasta al menos finales de marzo. El virus del COVID-19 había llegado a California.

Por primera vez en todos mis años de estudio de la soltería, tuve una crisis de confianza. A los solteros por naturaleza nos encanta la soledad, pero ¿cómo afrontaríamos semanas de ella? Si hay algo que apreciamos más que la soledad, es nuestra libertad. Con el encierro por la pandemia, pasar tiempo a solas no sería algo que eligiéramos con libertad, sino algo impuesto. ¿Y si el aislamiento duraba meses? ¿Y si duraba un año?

Dejé de escribir y observé cómo la pandemia se cebaba con los solteros, sobre todo con los que viven solos: aislamiento, distanciamiento social, mascarillas, problemas económicos, aterradores riesgos para la salud, planes cancelados, interrupciones laborales y la imposibilidad de ver a amigos y familiares. ¿Llevaría todo esto a que los solteros se lanzaran a los brazos de una pareja romántica —cualquier pareja romántica— solo para sentirse aliviados?

Los titulares amenazantes empezaron a acumularse: «La pandemia ya es bastante difícil. Para los solteros, es aún más difícil», escribió el *New York Times*.[6] En Twitter, se publicó un hilo de dieciséis partes que empezaba así: «No sé quién quiere oír esto, pero estar soltero durante esta pandemia ha sido una verdadera tortura».[7] Se hizo viral, y me lo reenviaron unas cuantas veces. Recibí el mensaje, y sí, estaba preocupada.

Antes de la pandemia, las cuarenta y una personas solteras por naturaleza que me compartieron sus historias de vida me habían proporcionado datos anecdóticos muy valiosos para mí durante más de un año. Ahora tenía miedo de preguntarles cómo estaban. Al final, en diciembre de 2020, empecé a ponerme en contacto con ellos de nuevo, empezando por las primeras diecisiete personas de mi lista. Si todo mi optimismo acerca de las personas que aman su vida de solteros iba a ser destruido por el virus del COVID-19, bueno, yo necesitaba saberlo.

Les planteé una serie de nuevas preguntas a las personas con las que me puse en contacto. La más importante era: «Después de casi un año de vida en pandemia, ¿sigues pensando que la soltería es tu mejor forma de vida?». Contuve la respiración y esperé a que me contestaran. No tuve que esperar mucho.

Uno a uno fueron respondiendo. La mayoría contestó casi de inmediato. Algunos habían sufrido reveses, a menudo financieros. Muchos echaban de menos el ver a sus amigos en persona y algunos ansiaban el contacto humano. La mayoría deseaba volver a los «tiempos de antes». Pero ni una sola persona quería cambiar su soltería por una vida de pareja romántica convencional.[8] De hecho, algunas se sentían incluso más seguras de su soltería que antes de la pandemia.[9]

Estaban prosperando porque ya habían cultivado el tipo de intereses y prácticas que resultaron de enorme utilidad para sobrevivir a la pandemia. Disfrutaban de pasatiempos como la lectura, la escritura, la meditación y el ejercicio, que podían disfrutar en solitario. Muchos han cuidado con cariño sus hogares durante mucho tiempo, y durante la pandemia continuaron sintiendo que sus hogares son santuarios y no prisiones. Los solteros por naturaleza están acostumbrados a tomar la iniciativa para mantener sus relaciones con amigos y familiares, y también están acostumbrados a mantenerse en contacto de manera virtual. Incluso cuando no veían a nadie en persona, no estaban aislados socialmente.

Muchas de las personas que se sumaron a ese hilo de Twitter para relatar lo espantoso que fue estar soltero durante la pandemia tenían una cosa en común: querían estar en pareja. Para ellos, 2020 fue un año perdido en su búsqueda de un compañero de vida. Nadie que sea soltero por naturaleza vivió la pandemia de esa manera.

Me sentí aliviada al oír cómo les había ido a los solteros por naturaleza durante los aislamientos por COVID. También me envalentoné. ¿Era posible que algunas personas solteras hubieran comenzado la pandemia con la intención de encontrar una pareja romántica, pero luego hubieran cambiado de opinión a medida que continuaba el aislamiento? Planteé la pregunta al grupo de Facebook de la Comunidad de Solteros. Una persona, luego otra, y después varias más describieron el aislamiento como transformador.[10] Me dijeron que durante la pandemia se enfrentaron a sus miedos. Se enfrentaron a sí mismos. Encontraron consuelo en la soledad, cercanía emocional en las relaciones que no eran románticas, sabiduría en su autorreflexión y alegría tanto en las nuevas oportunidades que buscaron como en la fuerza que nunca se habían dado cuenta de que tenían. Y lo que es más importante, aprendieron que la soltería no era solo algo que podían manejar, sino algo que disfrutaban.

La pandemia fue un tiempo de reflexión tanto para las parejas como para los solteros. Algunas parejas se unieron más. Otras se desmoronaron. En el artículo «El COVID-19 destruyó nuestro matrimonio», la BBC informaba: «En todo el mundo —desde Sudamérica hasta África Occidental—, parejas que antes eran felices se están separando, y muchas se están divorciando».[11]

La ya tensa cuestión del reparto de las tareas domésticas se volvió aún más tensa cuando estas se multiplicaron durante el encierro. Muchas parejas y familias anhelaban aquello a lo que las personas solteras por naturaleza acceden con facilidad: la libertad para hacer lo que quisieran cuando quisieran, y tiempo y espacio para sí mismos. El periódico *The Globe and Mail* informó sobre personas que se sentaban solas en sus coches aparcados solo para tener un momento a solas.[12] En una obra de fotoperiodismo, el *Washington Post* publicó fotos de «cobertizos pandémicos» que algunas familias habían construido «para crear espacio para el silencio, el almacenamiento y el consuelo».[13]

Los reporteros del *New York Times* hablaron con personas de todo el país sobre sus experiencias en la pandemia y, en abril de 2021, describieron sus conclusiones: «Una y otra vez, la gente reevaluaba sus relaciones más importantes, dónde querían vivir y cómo querían habitar este mundo».[14]

El proyecto de mi libro volvía a estar en marcha. Los solteros por naturaleza habían reafirmado su compromiso con la soltería a través de un experimento natural único en el siglo.

Este es nuestro momento

Llevamos más de medio siglo inmersos en una transformación mundial de la forma en que vivimos. Las mujeres están teniendo menos bebés.[15] Cada vez hay más personas que viven solas.[16] Las familias nucleares, que antes eran la norma, ahora son menos comunes. En al menos veinticinco países, si llamamos a una puerta al azar, es más probable que nos reciba una persona que vive sola que una pareja con hijos.[17] En esos países, hay más hogares de una sola persona que hogares con una familia nuclear. En algunos de ellos, como Finlandia, Alemania, Japón y Estonia, hay casi el doble.

Un elemento central de la revolución demográfica es el abandono del matrimonio. Un informe de las Naciones Unidas que analiza los cambios entre 1990 y 2010 demostró que, en todas las regiones del mundo, el porcentaje de adultos que se casaba era menor y, quienes se casaban, lo hacían a edades cada vez más avanzadas.[18] Además, en todo el mundo, el porcentaje de personas divorciadas en 2010 era mayor que varias décadas antes.

El declive del matrimonio ha continuado más allá de los años analizados en el informe de la ONU. Por ejemplo, la Organización para la Cooperación y el Desarrollo Económicos descubrió que, entre 1970 y 2020, las tasas de matrimonio habían descendido en treinta y cuatro de los treinta y siete países de los que se disponía de datos.[19] Entre ellos se encontraban, por ejemplo, Costa Rica, Grecia, Japón, Corea, Noruega, Eslovenia y Suiza. En todos los países, las mujeres y los hombres que se casaban por primera vez eran, en promedio, mayores en 2020 que en 1990.

En los Estados Unidos, no solo están disminuyendo las tasas de matrimonio, sino también las de segundas nupcias, una tendencia que se explica en parte por la decisión de algunas parejas de optar por la convivencia sin pasar por el matrimonio.[20] Aunque las tasas de divorcio se han ralentizado en términos generales, continúan siendo altas, y siguen aumentando entre los mayores de cincuenta años.[21] En total, los estadounidenses pasan más años de su vida adulta sin estar casados que estándolo.[22]

En teoría, el declive del matrimonio podría significar que las personas que se casan ahora son más felices que las que se casaban cuando el matrimonio se percibía como una obligación. Pero no es eso lo que está ocurriendo. Cada año desde 1972 (cuando los investigadores empezaron a llevar la cuenta), las parejas estadounidenses han ido declarando niveles cada vez más bajos de felicidad en sus matrimonios.[23] Esa tendencia no ha hecho mella en la implacable promoción del matrimonio. De hecho, la defensa a ultranza de este puede haber alcanzado un nadir notable en 2022, cuando la editora de suplemento de *Well+Being* (*Bienestar*) del *Washington Post* proclamó que «odiar a tu pareja es "normal"». Ofrecía consejos sobre qué hacer al respecto, y el primero era: «Odiar a tu pareja está bien».[24]

La otra cara del declive del matrimonio es el aumento de la soltería. En muchos países, llevar una vida plena y satisfactoria como soltero nunca ha sido tan posible como ahora, en especial para las mujeres. Aunque las mujeres suelen cobrar menos que los hombres por el mismo trabajo, muchas ganan lo suficiente para mantenerse a sí mismas y a sus hijos, si quieren tenerlos. No necesitan un cónyuge para ello. Las madres solteras todavía no gozan de la misma aceptación social que las madres casadas, pero el número de madres —y padres— solteros sigue creciendo y, al contrario de todas las predicciones negativas, a la mayoría de sus hijos les va bien.[25] O incluso mejor que bien. Como mostraré más adelante, las familias monoparentales tienen algunas ventajas, pocas veces reconocidas, sobre las familias casadas.

¿Quieres quedarte soltero y seguir teniendo sexo? En muchos países hace mucho tiempo que las relaciones sexuales fuera del matrimonio o de una pareja romántica comprometida dejaron de estar estigmatizadas. Por el contario, nos hemos inclinado hacia otra dirección, y no tener relaciones sexuales o no quererlas es lo que hay que justificar o explicar ahora. ¿Quieres sexo, pero no hijos? Utiliza métodos anticonceptivos. ¿Quieres tener hijos sin tener relaciones sexuales, o una pareja sexual comprometida o un cónyuge? Los avances en medicina reproductiva también lo han hecho posible.

¿Quieres tener compañía con quién contar? ¿Quieres intimidad? Nadie necesita casarse o tener una pareja romántica para ninguna de estas cosas. ¿Te has casado, pero quieres separarte? En todo el mundo, es mucho más fácil conseguir el divorcio de manera legal y que no sea una causa de condena hoy en día que hace medio siglo.

¿No te gusta cocinar? Para eso no necesitas ni mujer ni marido ni ningún tipo de pareja romántica. Puedes comprar comida para llevar de camino a casa o simplemente parar en un restaurante y disfrutar de una buena comida con amigos o con tu agradable propia compañía.

¿No quieres ocuparte de esas molestas reparaciones? Consulta los listados de la organización *Better Business Bureau** para encontrar una persona idónea en tu zona. ¿Necesitas medicamentos cuando estás enfermo? En muchos lugares se entregan a domicilio. ¿Es usted mayor y le preocupa caerse y no poder levantarse? Para eso tampoco necesita a su cónyuge en casa: puede adquirir un dispositivo de alerta médica. Es más probable que esté ahí para cuando lo necesite.

No estoy diciendo que las sociedades contemporáneas atiendan a los solteros. Desde luego que no. La mayoría de las políticas y prácticas se diseñan pensando en las parejas y las familias, y eso tiene que cambiar. Sin embargo, mientras tanto, las posibilidades de vivir sin pareja que ya existen deberían ser la razón por la que cada vez más personas elijan no estar comprometidas con una pareja.

De hecho, así es. El informe de la ONU comprobó que, en Australia y Nueva Zelanda, en 2010, una de cada siete mujeres (14 %) había sido soltera (nunca se había casado) toda su vida cuando se acercaba a los cincuenta años.[26] Las tasas eran casi igual de altas en América Latina y el Caribe (13 %) y seguían siendo de dos dígitos (11 %) en Europa y Norteamérica. En los Estados Unidos, un informe de 2014 del Centro de Investigación Pew predijo que para cuando los adultos jóvenes de los Estados Unidos alcancen la edad de cincuenta años, aproximadamente uno de cada cuatro de ellos habrá sido soltero toda su vida.[27]

En los Estados Unidos, en 2021, casi la mitad (48 %) de los adultos mayores de dieciocho años no estaban casados.[28] Si la soltería se define de forma mucho más estricta —quienes no están casados, quienes no viven con una pareja romántica o están en una relación romántica comprometida— entonces el 31 % cumple los requisitos.[29] Ese segmento de la población, los solteros en solitario, también ha ido creciendo. Por el modo en que los solteros en solitario son el blanco incesante de libros de autoayuda y otras fuentes de asesoramiento sobre cómo conseguir un

---

* N. de la T.: El *Better Business Bureau* es una organización sin fines de lucro que proporciona información sobre empresas y calificaciones basadas en la satisfacción del cliente, y también actúa como intermediario entre consumidores y empresas para resolver disputas.

cónyuge, y por la forma en que reciben ofertas que no solicitaron de parte de familiares y amigos que insisten en «organizar una cita» con algún otro soltero solitario (como si necesitaran ayuda para salir de ese estado), incluso después de haber rechazado ofertas anteriores, podría pensarse que todos buscan una pareja con desesperación. Pero en 2019, en un sondeo realizado a una muestra de adultos estadounidenses de todo el país, el Centro de Investigación Pew descubrió que la mitad de los solteros en solitario no estaban interesados en una relación romántica, ni siquiera en una cita.[30] Era especialmente improbable que los solteros de más edad quisieran dejar de serlo, pero incluso en los grupos más jóvenes (de dieciocho a veintinueve años y de treinta a cuarenta y nueve), cerca del 40 % dijeron no estar interesados en citas o relaciones románticas.

En 2022, el Centro de Investigación Pew repitió el sondeo.[31] Esta vez, descubrieron que una proporción aún mayor de solteros en solitario, el 56 %, no estaba interesada en una relación romántica ni en una cita. Si todos esos solteros decían que no estaban interesados en formar pareja por razones negativas, como pensar que nadie estaría interesado en ellos, o incluso neutras, como estar demasiado ocupados, entonces el aumento de estos solteros en solitario podría no aportar ninguna prueba del aumento de los solteros por naturaleza. Pero cuando se les ofreció una lista de posibles razones para seguir solteros, la mayoría se inclinó por la más positiva: el 72 % afirmó que no buscaba una relación porque simplemente le gustaba ser soltero.

No importa cuántas personas de los Estados Unidos o de cualquier otro país del mundo digan que les gusta estar solteras y que no tienen interés en dejar de serlo, el número de las que prosperarían permaneciendo solteras es probablemente mucho mayor. La baraja está echada en contra de las personas que dicen querer estar solteras y continuar estándolo, o incluso de las que se dan cuenta de lo satisfactoria que podría ser para ellas la soltería. Ya hemos visto este tipo de dinámica antes, cuando muchas personas —incluidas muchas mujeres— llegaron a creer que el lugar de la mujer está en el hogar y que ninguna querría de verdad estar en otro sitio.

Por qué aún no sabemos cuántas personas prosperarían si fueran solteras

Imaginemos que preguntamos a las mujeres de la escuela universitaria Vassar College si les interesa su carrera profesional o cualquier otro logro o actividad independiente, o si solo les interesa casarse y tener hijos. A muchas les parecería una pregunta extraña, incluso ofensiva. Pero en los años cincuenta, no era en absoluto inusual ni insultante. Un estudio de diez años de duración sobre las estudiantes de Vassar (por aquel entonces, todas eran mujeres) concluyó que tenían poco interés en otros logros que no fueran los de ser esposa y madre. En su libro de 1962, *The American College* (*La universidad estadounidense*), el psicólogo Nevitt Sanford escribió: «Las chicas de Vassar, en general, no esperan alcanzar la fama, hacer una contribución duradera… o modificar demasiado el plácido orden de las cosas».[32]

Unas décadas más tarde, se seguía preguntando a las mujeres si estaban de acuerdo con afirmaciones como: «Es mucho mejor para todos los implicados que el hombre sea quien consigue los logros fuera de casa y la mujer se ocupe del hogar y la familia» y «Es probable que un niño en edad preescolar sufra si su madre trabaja». En 1977, a una muestra representativa de estadounidenses (no solo mujeres, y no solo de élite, en su mayoría blancas, de Vassar) se les hicieron esas preguntas y dos tercios de ellos estuvieron de acuerdo.[33] En 2018, sin embargo, las opiniones cambiaron por completo: tres cuartas partes rechazaron cualquier noción de que el lugar de la mujer estaba únicamente en el hogar o que las mujeres estaban perjudicando a sus hijos si trabajaban de manera remunerada fuera de casa.[34]

Durante todos esos años en los que las mujeres de Vassar decían que solo querían ser esposas y madres, y los estadounidenses decían que el lugar de la mujer estaba en el hogar, muchos pensaban que estaban describiendo algo esencial y fundamental sobre lo que significaba ser mujer. Pensaban que servían para criar hijos y para la vida doméstica por su naturaleza. Se creía que los hombres eran diferentes, más aptos para la vida fuera del hogar en ámbitos como el trabajo y la política. (Las personas que no podían permitirse el lujo de no trabajar porque necesitaban hacerlo para sobrevivir, entre ellas muchas personas de origen racial negro, ya lo sabían[35]).

Esa visión esencialista de las mujeres y los hombres quedó desmentida por los cambios sociales que se produjeron en el país y en gran parte del mundo a finales del siglo xx. La idea de que es natural y normal que las mujeres y los hombres vivan en esferas separadas parece ahora vergonzosa e ingenua. Por el contrario, resulta natural y normal que muchas mujeres quieran trabajar y tener intereses fuera del hogar, y es evidente que los hombres no son incapaces de nacimiento para lidiar con la domesticidad o que no están interesados en ella.

Sin embargo, una parte de la fórmula anticuada se ha mantenido. Todavía se considera natural, normal y superior que los adultos estén en pareja.

Ya no se espera que las mujeres se definan a sí mismas *únicamente* en términos de su situación en relación con la pareja romántica, pero esa condición sigue siendo obligatoria. La pareja es obligatoria, tanto para las mujeres como para los hombres y las personas que no se identifican con ninguno de los dos sexos, si no quieres parecer anormal, antinatural o inferior. La pareja es obligatoria si quieres que te acepten como adulto de pleno derecho, y si quieres formar parte del Club de las Parejas, donde te respetarán, admirarán, celebrarán y tendrás privilegios por el simple hecho de tener una pareja romántica. En lugares como los Estados Unidos, el matrimonio es obligatorio si quieres acceder a toda una panoplia de beneficios y protecciones; si no estás legalmente casado, no los obtienes.[36]

Cuando Betty Friedan publicó su libro de referencia, *La mística de la feminidad,* en 1963, explicó lo limitante que era tener «un solo modelo, una sola imagen, una sola visión de un ser humano pleno y libre: el hombre».[37] Ahora, más de medio siglo después, seguimos limitando a la humanidad de maneja profunda e injusta a un solo modelo, una sola imagen, una sola visión de un adulto pleno: una persona en pareja.

Soy muy consciente de la obligatoriedad de la pareja en los Estados Unidos; he vivido aquí toda mi vida, muchos de los participantes en mis estudios sobre la soltería son estadounidenses y muchos de los ejemplos que describiré en este libro proceden de este país. Pero la importancia de la pareja en la vida adulta no es solo un fenómeno estadounidense. Estudiosos de otros países han constatado lo mismo. Por ejemplo, la profesora

Sasha Roseneil, del University College de Londres, y otros cuatro investi-gadores llevaron a cabo una amplia investigación sobre cómo estaban cambiando las cosas para grupos como las mujeres, las minorías sexuales y de género y las personas solteras en cuatro países europeos muy diferen-tes: el Reino Unido, Noruega, Portugal y Bulgaria.[38] Descubrieron que las cosas estaban mejorando para ellos. La discriminación contra esos grupos estaba menos arraigada en la ley. El sexismo y el heterosexismo cotidianos están menos extendidos. Los solteros, sin embargo, pueden presumir de haber progresado mucho menos. En los cuatro países, la vida en pareja sigue siendo obligatoria. La norma de la pareja —la creencia de que estar en pareja es «la forma normal, natural y superior de ser adulto»— sigue siendo dominante.[39] De hecho, algunos de los cambios sociales que bene-ficiaron a otros grupos solo sirvieron para reforzar la norma de la pareja. La legalización del matrimonio entre personas del mismo sexo, por ejem-plo, dio a las minorías sexuales acceso a beneficios y protecciones legales que antes no tenían. Pero esa victoria, y la tenacidad con la que sus defen-sores lucharon por ella, consagraron aún más la importancia de la pareja. Permanecer soltero, para personas de todas las orientaciones e identidades sexuales y de género, significaba que no valías tanto como las personas en pareja.

La pareja romántica comprometida ya no es solo algo que se espera de la gente. Se ha convertido en un logro, un símbolo de estatus y una entra-da al privilegio. Está respaldada por leyes, políticas y prácticas sociales que dan a las parejas un trato especial. Se ve realzada por las representaciones mediáticas de la vida en pareja como la vida buena y deseable, y de conse-guir una pareja romántica como el logro que eclipsa a todos los demás. La pareja romántica comprometida se mantiene en lo alto de su pedestal gra-cias a las interacciones cotidianas con amigos, parientes, vecinos y compa-ñeros de trabajo que engatusan a los solteros para que encuentren pareja, adulan a los que lo hacen y se compadecen de los que no lo hacen. En estas condiciones, preguntar a la gente si quiere ser soltera o permanecer están-dolo es como preguntar a las mujeres de Vassar en los años 50 si querían tener una carrera. Seguro que algunas dirán que sí y tendrán un éxito es-pectacular, pero a muchas otras les parecerá inimaginable.

Junto con el privilegio de las parejas y la marginación de los solteros está el «plácido orden de cosas» actual. A muchos de los que se regodean en el brillo de su propia condición de pareja, y a muchos solteros que aspiran a esa estimada condición, les gustaría que los demás tuviéramos la amabilidad de abstenernos de alterar el orden.

Mi objetivo no es alterar el orden. Quiero darle la vuelta por completo.

El objetivo no es rechazar el matrimonio, sino construir una vida propia

La norma de la pareja define a la unión romántica, sobre todo en la forma de matrimonio, como valor estándar que luego se usa para medir todo lo demás y considerarlo deficiente. La pareja es lo que se espera de los adultos. Es lo que se supone que todos quieren.

Superemos esa forma de pensar. El matrimonio no tiene por qué ser el centro de la vida de nadie. Ni siquiera habría que plantearselo. Ya no tenemos que preguntarnos si queremos casarnos o tener hijos. En su lugar, podemos empezar de cero y pensar de manera más amplia qué forma puede tener nuestra vida. Luego, dentro de los límites de nuestros recursos, oportunidades y privilegios, podemos elegir lo que nos parezca más significativo y satisfactorio. Si queremos relaciones en nuestras vidas, podemos honrar el sentido más amplio de la palabra «relaciones» y buscar conexiones —casuales, íntimas o de cualquier otro tipo— con amigos, familiares, vecinos, compañeros de trabajo, mentores o cualquier otra persona que valoremos. Podemos tener niños en nuestras vidas —y no solo como madres o padres— o podemos elegir no tenerlos. Podemos llenar nuestras vidas de profundos momentos de soledad si eso es lo que nos satisface. Podemos dedicarnos a nuestras carreras, pasiones o vocaciones, o tan solo incursionar en aquello que nos interese en cada momento. Podemos transformar el lugar donde vivimos en un hogar. Podemos asentarnos en nuestras ciudades y pueblos, o probar diferentes lugares en diferentes momentos.

Cuando pensamos que una vida comienza de cero, las personas no son solteras por naturaleza porque hayan rechazado el matrimonio. Por el contrario, han elegido la soltería. Joan, una profesora jubilada de setenta y tres años de Newark, Delaware, que es una de las muchas personas solteras por naturaleza que compartieron sus historias de vida conmigo para este libro, lo explicó así:

> Para mí, ser soltera no surge a partir de no querer casarme, como tampoco me hice profesora porque no quería ser cirujana o piloto. De hecho, no quería ser ninguna de esas cosas, como tampoco elegí muchas otras carreras posibles. Quería ser profesora porque quería ser profesora. Y soy feliz siendo soltera porque eso es lo que soy.

Desde los más privilegiados hasta los más desfavorecidos, estamos unidos en nuestro compromiso de ser fieles a nosotros mismos

En 1994 Jane Mattes publicó *Single Mothers by Choice: A Guidebook for Single Women Who Are Considering or Have Chosen Motherhood* (*Madres solteras por elección: Guía para mujeres solteras que se plantean la maternidad o la han elegido*). La denominación se puso de moda y cada vez más mujeres empezaron a identificarse como madres solteras por elección. Muchas de ellas eran blancas, heterosexuales y con seguridad financiera. Se las ha criticado, con razón o sin ella, por utilizar la etiqueta para separarse de las de color, homosexuales, pobres, o jóvenes, quienes, se presupone de manera implícita, son madres solteras porque no les queda opción y no porque lo elijan.

Mi objetivo es justo lo opuesto. Quiero que «solteros por naturaleza» sea una categoría inclusiva, y no solo una clase privilegiada de personas solteras. De hecho, muchas personas que pertenecen a grupos desvalorizados o desfavorecidos se identifican como solteros por naturaleza. Por ejemplo, hay más probabilidades de que este tipo de personas pertenezcan a minorías sexuales o de género. Es más probable que sean agnósticos o ateos. Pero no es más probable que sean blancos, ricos o que tengan un trabajo, según se desprende del análisis de los datos del cuestionario.

Cuando comparo a los solteros por naturaleza con los que no lo son, no estoy comparando a las personas que quieren ser solteras con las que no tienen otra opción. Estoy comparando a personas con valores y aspiraciones diferentes. Los solteros por naturaleza quieren ser solteros. Las personas que no lo son quieren estar en pareja o ya lo están. No hace falta que nadie defienda a las personas que no son solteras por naturaleza. Quieren lo que se supone que deben querer. Sus deseos y aspiraciones se consideran normales, naturales y superiores. Reivindico la misma legitimidad para todos aquellos que sienten, en un sentido profundo, que la soltería es lo que realmente los identifica, que la soltería es *su* mejor forma de vida, no solo por un tiempo, sino para siempre. Tal vez merezcan un reconocimiento aún mayor porque persisten en elegir lo que consideran su mejor forma de vida a pesar de ser blanco frecuente de estereotipos, estigmatización, marginación y sufrir las desventajas de sostener esa elección.

Este libro es para vosotros

La gente no suele escribir a los columnistas de consejos cuando todo en su vida es exactamente como quieren que sea, pero «Soltera feliz» hizo precisamente eso cuando pidió consejo a Carolyn Hax, del *Washington Post*. «Tengo un trabajo interesante, una casa que me encanta, una buena relación con mis tres hijos mayores y excelentes amigos», cuenta.[40] ¿Cuál era el problema?

> Mis hijos me aconsejan que salga con alguien. Y, de repente, me doy cuenta de que la sociedad me presiona mucho para estar en pareja. Incluso los artículos, libros o blogs sobre soltería feliz, viajes o vida social parecen decir: haz estas cosas y entonces *estarás preparada para cuando llegue el hombre perfecto*. Pero ahora soy feliz. Las citas están bien, pero suelo volver a casa pensando que me lo habría pasado mejor leyendo un libro. Sigo preguntándome: ¿seguiré siendo tan feliz? ¿Sería mejor tener una pareja en mis años dorados? ¿Debería esforzarme por encontrarla?[41]

Si no está claro lo sorprendente que es esta pregunta, haced algo que os aconsejaré que hagáis a lo largo de este libro: *invertid el guion* e imaginad a una persona casada preguntando algo comparable: «Llevo ocho años casado. Mi vida es realmente buena. Mi matrimonio es realmente bueno. Tengo un hogar que me encanta y una buena relación con mis hijos. Pero me pregunto: ¿seguiré siendo tan feliz? ¿Sería mejor separarme ahora para tener tiempo de invertir en mi propia vida? De ese modo, podría cultivar las relaciones con todos los adultos que me importan en lugar de centrarme principalmente en una sola persona. Podría desarrollar las habilidades y estrategias que necesitaré para vivir mi vida de manera plena y alegre, más allá de quién esté o no cerca de mí. ¿Debería esforzarme más por vivir solo?».

Ese tipo de cuestionamiento parece inconcebible. Pero no debería serlo. No quiero decir que quiera fomentar el divorcio entre los que están felizmente casados; por supuesto que no. Pero sí quiero revolucionar la forma en que pensamos sobre la soltería.

«Soltera feliz» tenía razón en cuanto a los libros, artículos y blogs que parecen ofrecer una visión optimista de la soltería, solo para acabar siendo bastante rencorosos al respecto. Nos dicen que deberíamos seguir solteros mientras nos preparamos para el momento en que empiece (o vuelva a empezar) nuestra verdadera vida, cuando llegue «la persona perfecta».

Todos esos escritores, impregnados de las narrativas imperantes sobre lo que significa ser soltero, hablan sin considerar a los millones de personas que quieren algo diferente, algo que describa y valide sus experiencias y les haga sentirse escuchados. Este libro está dedicado a todas las personas que desean que la soltería sea comprendida de manera más integral.

Solteros por naturaleza es para los millones de personas como «Soltera feliz» que no necesitan consejos sobre cómo estar felizmente solteros porque ya lo están desde hace años. Personas que son más felices leyendo un libro que saliendo en una cita. Gente que tiene grandes amigos, un trabajo interesante, una casa que les encanta y ningún interés en estar en pareja. Personas que están aún más seguras que «Soltera feliz» de que la soltería es su mejor forma de vida. Este libro es la validación y la celebración que han merecido todo este tiempo, pero que probablemente nunca tuvieron.

Solteros por naturaleza es para los jóvenes adultos que sienten la obligación de tener citas, que incluso tienen aplicaciones de citas en sus teléfonos, pero que, en el fondo, no tienen ganas de usarlas ni de salir. Se dicen a sí mismos que van a conseguirlo, les dicen a los demás que están interesados en encontrar a alguien, pero en realidad, les gusta su vida tal y como es. También es para los adultos jóvenes que sí utilizan las aplicaciones de citas, pero aún sienten que la soltería es más atractiva.

Solteros por naturaleza es para los adultos no tan jóvenes que se acercan a ese momento en el que encontrar pareja y formar una familia es el siguiente paso, el paso que sus padres probablemente les presionan a dar y que algunos de sus amigos ya han dado. Aunque no están interesados en dar ese paso, se preguntan si pueden confiar en que seguirán sintiéndose así. Puede que se sientan solos en su reticencia, pero no deberían. En 2018, cuando Match preguntó a mujeres solteras, de entre treinta y cuarenta y cinco años, cuál era la prioridad número uno en sus vidas, casarse ni siquiera figuraba entre las tres primeras.[42] Les importaba más vivir por su cuenta (44 %), establecer una carrera (34 %) y alcanzar la seguridad financiera (27 %).

Solteros por naturaleza es para las personas que se sienten atraídas por la soltería, pero que tienen hijos o quieren tenerlos, y se preguntan si ese estilo de vida puede ser satisfactorio aún con hijos de por medio. Tal vez sientan el peso de las historias de terror que han oído sobre los supuestos riesgos para los niños cuando los crían madres o padres solteros. Más adelante, os contaré una historia diferente.

Solteros por naturaleza está dirigido a jóvenes, mayores y a todos aquellos que han intentado casarse o formar una pareja romántica, pero siempre se han sentido decepcionados. Se les prometió un sentimiento de felicidad, sentido y plenitud que superaría todo lo que habían experimentado o experimentarían en la soltería, pero nunca lo encontraron. Quizá el problema es que nunca le dieron una oportunidad. Si lo hicieran, quizá algunos encontrarían el amor verdadero, el amor por la soltería. El tipo de amor que perdura.

Solteros por naturaleza es para personas que probaron la vida en pareja convencional y les encantó. Tal vez tenían un cónyuge y unos hijos a los que querían. Tal vez incluso amaban a sus suegros. Pero ahora el cónyuge se ha ido, los niños han crecido, y quieren una vida totalmente diferente. Una vida de soltero.

Solteros por naturaleza es para las personas que tienen una relación sentimental y quieren seguir teniéndola, pero quieren liberarse de las convenciones de la vida romántica. Tal vez quieran valorar las relaciones con sus amigos y familiares tanto o más que sus relaciones sentimentales. Tal vez deseen mucha más independencia y soledad de lo que se espera de las personas en pareja. Creo que descubrirán un verdadero parentesco con los solteros por naturaleza. Incluso puede que algunos acaben identificándose como tales.

Solteros por naturaleza es para las personas que nunca se identificarán por completo como tales, pero que aspiran a aprender de las actitudes, valores y prácticas de las personas que aman la soltería más de lo que ellos podrían. Incluso las personas que no desean permanecer solteras quieren que sus años de soltería sean lo más significativos y satisfactorios posible.

Solteros por naturaleza es para nuestros aliados, incluidas las personas que están en pareja y quieren seguir estándolo. Creen que las personas que quieren estar solteras deberían poder hacerlo con alegría y sin pedir disculpas, con las mismas ventajas, protecciones y privilegios que cualquier persona que desea la vida en pareja. Este libro ofrece orientación sobre la mejor manera de apoyar a los solteros por naturaleza.

Solteros por naturaleza está dirigido a las exparejas románticas de los solteros por naturaleza que nunca supieron qué había fallado. Tal vez amaban a su pareja y esta los quería de verdad. Intentaron ser amables, corteses y comprensivos, pero la relación no duró. Tal vez esa persona soltera por naturaleza les dijo: «No eres tú, soy yo». Deberían saber que una explicación así no es una evasiva educada, es la verdad. Las personas solteras por naturaleza nunca van a sentir que están viviendo una existencia plena si intentan hacer de una pareja romántica el centro de su vida, y eso en verdad no es culpa de la otra persona.

Solteros por naturaleza también es para los padres de hijos adultos que son solteros por naturaleza. Este punto es personal.

Mientras escribo esto, tengo sesenta y nueve años, vivo en Summerland, California, y he sido soltera toda mi vida. Vivo sola y no tengo hijos ni mascotas. Tuve algunas relaciones románticas con hombres cuando era muy joven. Habría sido más fiel a mí misma si no hubiera tenido ninguna. Me levanto cada día inmensamente agradecida por poder vivir esta vida de soltera que tanto aprecio.

Durante los primeros cuarenta y cinco años de mi vida, mi madre nunca dijo una palabra sobre mi soltería. En los siete años que vivió después de la muerte de mi padre, de vez en cuando viajábamos juntas, las dos solas, y pasábamos algunas vacaciones juntas. Hablábamos de muchas cosas, pero nunca me presionó para que me casara, ni siquiera de forma sutil. Eso me enorgullecía. Pensé que eso significaba que ella veía que para mí no era un problema seguir soltera. Nunca me quejé, ni coleccioné revistas de novias, ni soñé con un futuro príncipe. Tenía una carrera atractiva. En Charlottesville, donde enseñé en la Universidad de Virginia durante varias décadas, tenía una casa propia que me encantaba. Siempre tuve amigos íntimos, y ella conoció a muchos de ellos.

En la última conversación que mantuve a solas con ella, mientras agonizaba, mencionó por primera vez mi soltería. «Estoy preocupada por ti», me dijo.

No recuerdo lo que le respondí, pero sí recuerdo que me quedé atónita y triste. Ojalá hubiera comprendido que, para mí, y para millones de personas como yo, la soltería era mi manera de ser feliz y de sentirme realizada. Ojalá hubiera sabido entonces lo que sé ahora y hubiera podido ayudarla a comprender. Ojalá ya hubiera escrito este libro para entonces.

1

¿Eres soltero por naturaleza?

«¿Cómo sabes si estás destinada a la soltería?». Es una pregunta que me han hecho muchas veces. A veces viene de un lugar de angustia, de personas que sienten una poderosa atracción por la soltería, pero les preocupa que esa preferencia signifique que algo está mal con ellos. Otras veces, los que preguntan parecen aliviados, como si se dieran cuenta por primera vez de que quizá no hay nada malo. Quiero que sientan algo incluso mejor que alivio, porque la vida de solteros, para las personas que prosperan cuando están solteras, es una vida *alegre, auténtica y plena a nivel psicológico*. Quiero que sientan orgullo.

No utilizo la expresión «destinados a la soltería» porque tiene un tufillo a juicio de opinión, como si las personas en cuestión estuvieran atrapadas en la soltería porque no tienen lo que hay que tener para estar en pareja. Los que yo llamo «solteros por naturaleza» están, como los «destinados a la soltería», destinados a ser solteros, pero por motivos grandiosos.

Mary, una mujer de treinta años de Buffalo, Nueva York, dice: «Me identifico como soltera por naturaleza porque vivo la mejor versión de mi vida cuando estoy soltera. Por mejor versión quiero decir que puedo desarrollarme, progresar, y experimentar una existencia feliz y genuina». Para los que son como Mary, la soltería parece como si fuera nuestra verdadera identidad.

Algunas personas son solteras por defecto o por derrota. Nosotros no somos así. Los solteros por naturaleza no lo estamos porque «tengamos problemas» o porque seamos «demasiado quisquillosos». No lo estamos porque no tuvimos suerte en el amor o porque nos traumatizaron relaciones románticas anteriores. La soltería no es una fase para nosotros. No la superaremos. No es nuestro plan B. Es nuestra primera y mejor opción.

La soltería puede definirse desde el punto de vista legal o social. Se es soltero de manera oficial si no se está casado. Puedes tener una relación sentimental duradera y comprometida con alguien con quien lleves viviendo décadas, pero si nunca lo habéis hecho oficial, sigues siendo soltero desde el punto de vista legal. Sin embargo, socialmente no serías soltero. Los solteros sociales no tienen una pareja sentimental seria. Son los solteros en solitario, solteros tanto en lo legal como en lo social.

La parte «por naturaleza» de *Solteros por naturaleza* remite tanto al disfrute de la soltería, como a la autenticidad. También es una puerta que se abre un poco para dejar entrar a algunas personas que no encajan en ninguna definición de soltería, pero que, en el fondo, sienten que serlo es lo que realmente los identifica. Son las personas casadas o con una relación sentimental seria que anhelan estar solteras, pero no quieren herir a su pareja dejándola. También incluye a personas que tienen parejas románticas a las que no quieren dejar, pero que insisten en que, en el fondo, son solteros. Como verás, sus relaciones no son muy convencionales. Intentan incorporar a sus vidas lo que los solteros por naturaleza sin pareja encuentran tan valioso: generosas raciones de soledad y montones de libertad.

¿Entras en la categoría de soltero por naturaleza?

La mejor manera de saber si eres soltero por naturaleza es leer las historias que comparto en este libro sobre las personas que ya saben que reúnen los requisitos, además de mis análisis sobre el significado de sus experiencias. Cuanto más te identifiques con esas historias, más probabilidad habrá de que lo seas. Cuanto más *desees* ser como ellos, más probable será que, si realmente le das una oportunidad a la soltería, te llegue a gustar más de lo que jamás soñaste que podría gustarte. Algunas personas son como una mujer de la que oí hablar durante la pandemia, que toda su vida buscó con desesperación una pareja romántica hasta que finalmente pasó un tiempo sola durante la pandemia y descubrió que le encantaba.

Otra forma de saber si lo eres es responder al cuestionario que aparece al final de este capítulo. El cuestionario comienza con catorce preguntas. A continuación, se les dice a los participantes: «Si eres soltero por naturaleza, la soltería te sienta bien. No estás soltero porque tengas "problemas" o porque no hayas encontrado pareja todavía. Por el contrario, estar soltero es para ti una forma de llevar una vida auténtica y llena de sentido. Incluso las personas que no son solteras pueden serlo por naturaleza. ¿Crees que eres soltero por naturaleza?». Como respuesta, los participantes podían elegir entre cuatro opciones: Sí; En más de un sentido, sí, pero no en todos; Tal vez en algún sentido sí, pero en su mayoría no; y No.

Las personas que son más claramente solteras por naturaleza responden «Sí» a la pregunta de si creen que lo son. Con frecuencia eligen las respuestas más típicas de los solteros por naturaleza cuando completan todas las catorce preguntas, o casi todas. Cuando es más claro que no lo son, responden «No» a esa pregunta. Responden a muy pocas preguntas de la manera que lo haría un soltero por naturaleza, por lo general, entre cero y cuatro preguntas.

Considero que soy soltera por naturaleza de manera clara e inequívoca, pero no habría sacado una calificación perfecta en el cuestionario. Mi perdición es la pregunta: «¿Crees tener una sensación de dominio personal, una actitud de "puedo con todo" y la sensación de que puedes hacer casi cualquier cosa que te propongas?». El 86 % de los solteros por naturaleza responden afirmativamente a esta pregunta. Con su actitud de «sí, se puede», y sin la tentación de depender de una pareja romántica para hacer lo que no saben o no les gusta, dominan toda una serie de habilidades. Eso les sirve para toda la vida. Yo me encuentro entre el 14 % de los solteros por naturaleza que no tienen un sentido de dominio personal. No creo que pueda hacer casi nada de lo que me propongo; es más, si es algo que no me interesa, ni siquiera quiero intentar aprenderlo. En el instituto, por ejemplo, estuve a punto de suspender un examen de aptitud mecánica. Si estuviera casada, dependería con descaro de mi cónyuge para que hiciera cualquier cosa que no me gustara y tendría aún menos aptitudes de las que tengo ahora.

De todas las personas que habían realizado el cuestionario «Solteros por naturaleza» hasta el momento en que analicé los datos para este libro —casi nueve mil personas de más de cien países—, el 29 % resultaron ser claros ejemplos de los solteros por naturaleza. Dado que las personas que respondieron al cuestionario fueron las que se enteraron y se interesaron por él, y no una muestra representativa de los adultos de los Estados Unidos o de cualquier otro país, los resultados no significan necesariamente que el 29 % de todos los adultos sean solteros por naturaleza.

En otra investigación, se les solicitó a varias muestras nacionales representativas de adultos alemanes de dieciocho años o más que indicasen su grado de acuerdo con la afirmación «Me gustaría tener pareja» en una escala de cinco puntos. El sociólogo de la Universidad Hebrea Elyakim Kislev analizó las respuestas de los solteros en solitario: no estaban casados, no convivían con una pareja romántica y no tenían una pareja romántica que viviera en otro lugar.[43] Algunos no se habían casado nunca y otros estaban divorciados. Más de cinco mil seiscientos participantes cumplían esos criterios. En general, el 21 % dijo que no quería tener pareja, eligiendo o bien el «no» más definitivo («para nada») o bien la siguiente opción más definitiva. Las personas divorciadas eran incluso más propensas a decir que no querían tener pareja que las que nunca habían estado casadas, un 27 % frente a un 19 %.

No todos los que no quieren tener pareja son solteros por naturaleza. Algunos, por ejemplo, pueden estar hartos de la vida en pareja más que entusiasmados por la soltería. No obstante, tanto los resultados de la encuesta alemana como los de mi propia encuesta sugieren lo mismo: un número considerable de personas simplemente no quiere estar en pareja. Aunque continúe con desenfreno la exagerada celebración del matrimonio, las bodas y la pareja que yo llamo «matrimanía», y aunque en muchos países del mundo se sigan respetando, valorando y favoreciendo más a las personas en pareja más que a las solteras en tanto a leyes, políticas y prácticas, así como interacciones sociales cotidianas, al menos una de cada cinco personas solteras en Alemania, y probablemente también en muchos otros países, está diciendo «no, gracias».

Nuestras alegres vidas

Siempre he vivido la vida de manera más satisfactoria, creativa, feliz y emocionante estando soltera.

—Eva (44 años, Londres, Inglaterra)

Al describir la soltería en términos tan exuberantes, Eva habla por muchos de nosotros. De hecho, si quieres responder una sola pregunta del cuestionario «Soltero por naturaleza», para saber si lo eres, en lugar de las catorce, solo responde esta: «Cuando piensas en todas las alegrías potenciales de la vida de soltero, ¿a qué conclusión llegas?». De los que son evidentes solteros por naturaleza, el 96 % responde: «¡Me parece genial!». De los que no son tan evidentes, solo el 7 % piensa que la soltería parece genial.

Los solteros por naturaleza nos deleitamos con nuestra soltería y con todo lo que nos ofrece. Es una experiencia deliciosa que podemos saborear cada día. Sally, una austriaca de 45 años, dice: «La soltería es un estado que disfruto y saboreo muchísimo. Me encanta vivir sola, pasar tiempo sola, viajar sola y hacer cosas sola. No siento que me falte algo o alguien, sino que me siento feliz y completa como individuo».

Las personas que sienten una fuerte atracción por la soltería, pero que actualmente mantienen una relación romántica, a menudo se encuentran añorando su vida de solteros. Sally compartió: «He disfrutado de las relaciones cuando estuve en ellas, pero al final he sentido la necesidad de volver a estar sola y nunca he querido vivir con nadie». Un hombre me dijo que tenía una relación con «un chico muy agradable», pero añadió: «En concreto, sigo soñando todos los días con una vida en soledad.» Una mujer casada con un hombre dijo: «Cada vez más a menudo fantaseo con volver a estar sola. Ser libre».

Cuando la psicóloga social Wendy Morris y yo estudiamos los estereotipos de los solteros, descubrimos lo que esperábamos: la gente piensa que los solteros son menos felices que los casados.[44] También piensan que estos se vuelven aún más infelices a medida que envejecen. Los solteros por naturaleza desafían esos estereotipos. A lo largo de su vida adulta, cuanto más aceptan su soltería, más satisfechos se sienten. Esto no es solo lo que aprendí de las historias de vida que compartieron conmigo; también es la conclusión de un estudio en el que diecisiete mil alemanes, mayores de dieciocho años, respondieron preguntas una y otra vez, durante un máximo de diez años, detallando cuánto añoraban tener una pareja, y el grado de satisfacción respecto a sus vidas.[45] Las personas solteras que no intentan dejar de serlo llevan la vida que quieren, y cada vez mejor.

Nada de esto significa que seamos felices todo el tiempo. Nadie lo es. Pero nos alegramos de poder estar solteros. Agradecemos nuestra soltería en los mejores momentos, y la agradecemos incluso en los malos. Cuando la vida se burla de nosotros con algunas de las experiencias más amenazadoras imaginables, seguimos impertérritos. La pandemia no nos hizo huir a los brazos de una pareja romántica. Vivo en el sur de California, tierra de incendios forestales. Cuando un incendio feroz se abalanzó sobre mi casa y mi teléfono emitió la advertencia de que tenía que evacuar de inmediato, no deseé tener una pareja a mi lado. Kristin, de cincuenta y cinco años, de Bellingham, Washington, de quien hablaré más adelante, se enfrentó al desafío mayor. Un coche la arrolló cuando iba en bicicleta, dejándola destrozada y casi sin poder respirar. Sabía en el momento posterior al atropello que podía llegar a ser el final de su vida, pero no deseaba haber seguido casada. De verdad, no nos estamos engañando cuando decimos que amamos la vida de solteros.

Como a los solteros por naturaleza nos encanta nuestra soltería y no queremos perderla nunca, nos libramos de algunas de las emociones más dolorosas que experimentan los solteros que realmente no quieren serlo. Una de esas emociones es la «pérdida ambigua» de anhelar encontrar una pareja romántica para toda la vida, pero no saber si eso ocurrirá algún día. Karen Gail Lewis, autora de *With or Without a Man* (*Con o sin un hombre*), lo definió como «una pérdida que no tiene resolución», lo que dificulta seguir adelante.[46] «Querido terapeuta», una columna de consejos, lo describió como «un dolor ambiguo: la pérdida intangible, el no saber, el alternar entre la esperanza en un momento y la tristeza al siguiente».[47] A las personas que luchan contra esa ambigüedad les resulta difícil apostar por la vida de solteros y sentirse felices de serlo como les sucede a los solteros por naturaleza.

Los solteros por naturaleza no se libran de que los compadezcan. Ser soltero de cualquier tipo conlleva el riesgo de que te compadezcan. Por supuesto, hoy en día los medios de comunicación reconocen a las personas solteras fuertes, seguras de sí mismas y felices —yo también he contribuido a ello— y, sin embargo, las lluvias de lástima continúan, en su mayoría sin disminuir.

Compadecerse de alguien que es soltero por naturaleza es no entender cuál es nuestro perfil emocional. Conocemos las reglas que dictan qué sentimientos deberíamos tener frente a las cosas que nos suceden. Pero no es así como funciona para nosotros. Una regla sobre los sentimientos es que los adultos —en especial las mujeres— deben sentirse mal cuando un hermano o hermana menor se casa antes que ellas. Me alegré por mi hermano menor cuando se casó. Los quiero a él y a su mujer. El matrimonio es lo que él quería. No es lo que yo quería y no es lo que siempre he querido. ¿Por qué iba a sentirme mal por no tener algo que no quiero? Lily, una joven de treinta y seis años de Virginia Occidental, lo explica así: «Cuando mi hermano se casó, me alegré mucho por él, pero me sentí ajena a toda la ceremonia. No pensé: "Vaya, no veo la hora de encontrar a alguien y casarme"».

Se puede ser soltero por naturaleza y seguir alegrándose por la gente que está casada. Serlo por naturaleza significa ser felizmente soltero. No se trata de estar en contra de la pareja o del matrimonio, aunque esas actitudes no son descalificadoras. Estoy en contra de utilizar el matrimonio legal como criterio para acceder a beneficios y protecciones especiales, como ocurre en los Estados Unidos, pero en mi opinión eso es algo distinto de estar en contra de la pareja romántica.

Mi hermano mayor está casado. Él y su mujer viven a casi tres mil kilómetros de distancia, pero nos visitamos y mantenemos en contacto. Soy la última persona en el mundo que podría saber cómo están las cosas en el matrimonio de alguien, pero parece que tienen una relación muy agradable, tranquila y cariñosa. Han viajado juntos por todo el mundo. Han ido a restaurantes fabulosos. Cuando se vieron atrapados en casa durante la pandemia, participaron en catas virtuales de vino y queso organizadas por el emblemático restaurante de Nueva Orleans, Commander's Palace.

Yo también me alegro por ellos. Los quiero. Y no siento envidia. No quiero formar parte de una pareja, ni siquiera de una maravillosa. Si viajara por el mundo con alguien, querría mi propia habitación. Me gustaría salir a pasear por mi cuenta algunas veces. Quizá demasiadas veces. He tenido muchas comidas espléndidas con amigos y familiares, y he disfrutado de cada momento. Cuando entre esos compañeros de cena había parejas, siempre me he alegrado mucho de no ser yo una de ellos. Al final de la velada, ellos se iban juntos a casa; yo me iba sola.

Otra regla emocional que infringen con frecuencia las personas solteras por naturaleza es cómo nos sentimos si comenzamos una relación sentimental y esta se acaba. Sabemos que la ruptura de una relación seria debe ser devastadora. Puede que incluso tengamos amigos o familiares que no pudieron levantarse de la cama durante días. Los que somos solteros por naturaleza a veces también experimentamos tristeza y dolor si se acaba una relación romántica significativa. Pero también sentimos algo más, a veces mucho más fuerte: alivio. Nos viene bien volver a la vida que nos resulta natural y cómoda, nuestra vida de solteros. En el cuestionario, el 84 % de los solteros por naturaleza declararon sentir alivio si estaban en una relación romántica que terminaba, en comparación con solo el 12 % de las personas que no lo son.

Los solteros por naturaleza también rompemos las reglas sobre las cosas que se supone nos asustan. No tenemos miedo a la soledad porque no somos muy susceptibles a ella. No nos asusta pasar tiempo solos, vivir solos, volver a una casa vacía, acostarnos solos o despertarnos solos. No nos asusta cenar solos, viajar solos o pasar las vacaciones solos. La mayoría de nosotros no tememos envejecer solos y, no, incluso tampoco tememos morir solos. Y lo que es más importante y fundamental, no tenemos miedo a estar solteros. Nos *encanta* estar solteros.

Es uno de nuestros superpoderes. Como no tenemos miedo a estar solteros, podemos apostar con alegría y sin reservas por nuestra soltería. Nos ahorramos el lamento sobre lo que podríamos estar perdiéndonos, las estrategias para encontrar al Elegido, que implican invertir tiempo y dinero en la búsqueda y en vernos de la forma que creemos que será más atractiva para una potencial pareja.

Todo un programa de investigación psicológica ha explorado las implicaciones de tenerle miedo a la soltería. Cuando estaba en la Universidad de Toronto, la psicóloga Stephanie Spielmann y sus colegas crearon una escala para medir ese miedo, con frases como «Me siento ansioso cuando pienso en estar soltero para siempre» y «Si acabo solo en la vida, probablemente sentiré que algo está mal conmigo».[48] Me interesan más las personas que *no tienen miedo* a estar solteras, las que no están de acuerdo con ese tipo de afirmaciones. No se sienten ansiosos ni deficientes cuando piensan en quedarse solteros. Sus perfiles psicológicos son impresionantes. Los solteros sin miedo tienen menos probabilidades de sentirse solos y de sufrir depresión. También son menos neuróticos y más abiertos a nuevas experiencias.

No todas las personas que no tienen miedo a la soltería son solteras por naturaleza. Algunas personas no le tienen miedo, pero siguen interesadas en una relación romántica. Esas personas tienen estándares.[49] No huyen de la soltería hacia cualquiera que los acepte. Al ver los perfiles online de posibles parejas románticas, son exigentes. Les interesan sobre todo las personas que parecen cariñosas y receptivas. Por el contrario, los que le tienen miedo a la soltería muestran casi el mismo interés por personas egocéntricas. En eventos de citas rápidas, los que no le tienen miedo dan sus datos de contacto a menos personas. Cuando se involucran sentimentalmente, es menos probable que se sientan necesitados y dependientes. Por ejemplo, no suelen estar de acuerdo con la afirmación: «Si no pudiera estar en esta relación, perdería una parte importante de mi persona». También es más probable que rompan una relación sentimental insatisfactoria que las personas que tienen miedo a estar solteras.

Los estudios demuestran que las personas que no tienen miedo a la soltería también manejan mejor el final de una relación sentimental.[50] Inmediatamente después de la ruptura, es menos probable que intenten retomar el contacto con su ex y sienten menos nostalgia por esa persona. Mucho tiempo después de la ruptura, quienes tienen miedo a la soltería siguen añorando a su pareja; las que no tienen miedo, no.

Que los solteros por naturaleza no tengamos miedo de serlo no significa que no tengamos ningún miedo. Yo vivo con miedo a que mi ordenador se estropee. Me preocupa que el costo de vida en mi bellísima ciudad del sur de California acabe superando mis posibilidades. Tengo miedo de que mi salud falle algún día de forma tan catastrófica que ya no pueda vivir sola y cuidar de mí misma. Eso último no es miedo a estar soltera, es miedo a no poder vivir mi vida como deseo vivirla, de forma independiente en un lugar propio.

En el capítulo «Gulags domésticos» de su libro *Contra el amor*, Laura Kipnis ofrece una muestra de las respuestas que obtuvo a la pregunta, «¿Qué cosas no puedes hacer por estar en pareja?»: «No puedes salir de casa sin decir a dónde vas... No puedes ir a fiestas solo... No puedes ser vago... No puedes dejar los platos para más tarde... No puedes dejar la puerta del baño abierta... No puedes ver telenovelas sin que se rían de ti... No puedes comer lo que quieras».[51] Y así durante ocho páginas.

Cuando un trío de científicos sociales estudió una dinámica similar de forma más sistemática, también descubrió que tener una pareja romántica puede ser agotador.[52] En el estudio, más de trescientas personas en pareja, con edades comprendidas entre los diecinueve y los noventa y dos años, describieron con quién estaban y cómo se sentían en al menos dos ocasiones. Tener una pareja no les protegía de sentirse frustrados, preocupados, tristes o enfadados. De hecho, exceptuando a las personas que se destacaban por describir su relación de la forma más positiva, los participantes experimentaban más sentimientos negativos cuando estaban con su pareja que cuando no la tenían cerca.

Cuando escucho a personas que quieren permanecer solteras, a veces me cuentan historias sobre las cosas que sus parejas no les permitían hacer cuando estaban en una relación romántica, o cómo se sentían más cohibidas o más recelosas o más insuficientes o más desgraciadas cuando su pareja estaba cerca que cuando estaban a solas o con amigos. Les molesta lo que la pareja romántica significaba para ellos y no quieren volver a eso nunca más.

Algunas mujeres me dicen que se cansaron de hacer más de lo que les correspondía: fregar los platos, lavar la ropa, cuidar de los demás, organizar salidas y acordarse del cumpleaños de todo el mundo. Algunos hombres me dicen que se sentían asfixiados.

También escucho a personas que tienen problemas de confianza o cuyos padres los criticaban sin cesar cuando eran niños y nunca dejaron de hacerlo. Algunos me confiesan su historial de problemas emocionales. Otros dicen que nunca han visto una relación comprometida que quisieran para sí mismos; sus padres no fueron buenos modelos, y tampoco lo fue nadie.

Los escucho con gran interés; pero si sus motivos para permanecer solteros son solo negativos, eso significa que no son solteros por naturaleza.

A los solteros por naturaleza nos encanta estarlo, y no porque huyamos de la vida en pareja o porque cuidemos viejas heridas; nos lanzamos a los brazos de la soltería por las oportunidades de florecer que nos ofrece.

¿Qué pasa con las personas que prosperan cuando están solteras pero que también han tenido experiencias problemáticas? Holly, de treinta y cuatro años y residente en Washington D. C., cree que es soltera por naturaleza. «Estoy bien sola», me dice. «Soy muy independiente, me encanta hacer mis cosas, hacer viajes rápidos de fin de semana en solitario, ir a cenar sola y tener una vida social activa».

Sin embargo, le preocupa identificarse como soltera por naturaleza por las razones equivocadas, y por eso me escribió. Luchó contra el trastorno obsesivo-compulsivo (TOC) durante su infancia y entre los veinte y treinta años. Tuvo algunas experiencias positivas cuando salió con personas, pero también otras traumáticas.

Holly está felizmente soltera, pero la gente no deja de decirle que lo que está experimentando no es en realidad felicidad y que está en estado de negación. Le dicen que aún no ha conocido a la persona adecuada. La patologizan diciendo que tiene miedo a la intimidad. Y a veces duda de sí misma. Se pregunta si sus problemas con el TOC la volvieron «cerrada a las relaciones románticas». Le preocupa no haber hecho suficiente esfuerzo en tener más citas y salir con más gente.

Le dije a Holly que no creo que importe en absoluto si sus experiencias de citas fueron desastrosas o encantadoras. No importa si tuvo TOC o si ha sido un ejemplo de salud mental. A los solteros por naturaleza no nos define ni motiva lo que hemos dejado atrás. Si Holly quisiera ser soltera solo como vía de escape a sus dolorosas experiencias sentimentales, o únicamente como forma de esquivar cualquier otra cosa que no le gustara, entonces no lo sería. Pero Holly, que es muy independiente, que disfruta de viajar sola y de salir a cenar sola y además tiene una vida social activa, sabe llevar muy bien la soltería. Debería felicitarse a sí misma, y sus amigos deberían admirarla.

Si eres soltero, puede que reconozcas lo que le ha ocurrido a Holly: la trataron como se suele tratar a los solteros. No se creyó en la veracidad de sus propios sentimientos de felicidad; dudaron de ellos, los examinaron y los volvieron en su contra.

Alenté a Holly a hacer algo que aconsejo a lo largo de este libro: invertir el guion. Imagina que le preguntas a personas casadas si realmente están felizmente casadas o si solo se están engañando a sí mismas. Imagina especular con que la verdadera razón por la que están casados es que nunca aprendieron a valerse por sí mismos. Tal vez se trate de alguna patología: son demasiado necesitados y dependientes para ser solteros.

A Holly le preocupaba no haber hecho un mayor esfuerzo en tener citas y salir con gente. Pero ¿por qué no les preocupa a las personas en pareja no haber hecho un mayor esfuerzo en tener una vida de solteros?

No creo que nadie, ni soltero ni en pareja, se merezca que lo traten de forma irrespetuosa. A las personas en pareja en general esto no les sucede. Suelen ser los solteros, en especial los que aman su soltería, los que sufren este tipo de ataque. Y no debería ser así.

Vidas plenas a nivel psicológico

La sociedad me enseñó a soñar con mi boda, pero ojalá hubiera soñado con mi vida.[53]

—TRACEE ELLIS ROSS

«Tú me completas», le dijo Tom Cruise a Renée Zellweger en una escena de *Jerry Maguire* que sigue siendo icónica más de un cuarto de siglo después. Puedes burlarte del sentimiento, pero mucha gente lo cree con todo el corazón. Sin una pareja romántica —solo la pareja romántica adecuada— se sienten incompletos y disminuidos, como si les faltara algo.

No es el caso de los solteros por naturaleza. Para nosotros, la soltería es expansiva, nos ofrece todo un mundo de posibilidades. Si nos conformáramos con una vida de matrimonio convencional o de pareja romántica a largo plazo, nuestras vidas parecerán más pequeñas. Para nosotros, sería una vida inferior. Por supuesto, no todo el mundo experimenta así la vida en pareja, pero nosotros sí.

Nuestras vidas está llenas de posibilidades cuando podemos abrir nuestros brazos a tantas o tan pocas personas como queramos, sin la presión de elegir a una persona y priorizarla por encima de todas las demás. Nuestra vida está llena de potencial cuando podemos permitirnos la soledad que encontramos tan enriquecedora y reparadora. Nuestra vida es extensa cuando podemos utilizar nuestra libertad para perseguir nuestras pasiones, para hacer un trabajo que consideramos significativo o para estar disponibles para las personas más importantes para nosotros. Nuestra vida es plena cuando podemos crear hogares que son nuestros santuarios en lugares donde nos gusta vivir.

Sara Braca, autora de *When the Church Burns Down, Cancel the Wedding* (*Cuando la iglesia se incendia, cancela la boda*), me dijo que las personas en pareja a menudo se equivocan cuando le preguntan a ella por su vida personal. «La suposición subyacente siempre parece ser que estoy en la búsqueda del amor, ¡pero en realidad busco la vida!».

●   ●   ●

Cuando las personas solteras por naturaleza compartieron sus historias de vida conmigo, una tras otra se deshicieron en elogios sobre la variedad de experiencias que les ofrecía este estilo de vida. Sally (cuarenta y cinco años, Austria) dijo: «Mi vida es plena, abundante, variada e interesante». Acadia, de Melbourne, Australia, dijo: «Siento que a mis treinta y seis años he hecho mucho más de lo que esperaba hacer. Pensaba que lo único que podía hacer era tener un trabajo aburrido, casarme y tener hijos. Resulta que la vida —incluido el trabajo— es mucho mejor que eso y tiene muchas más oportunidades».

Mary (treinta y tres años, Buffalo, Nueva York) dice: «Veo la vida como una gran oportunidad para aprender, hacer, ver y evolucionar todo lo que pueda. Doy la bienvenida a nuevas experiencias». Lo que ella, Sally, Acadia y otros describían no era solo una vida alegre, sino una plena a nivel psicológico.

Para mucha gente de todo el mundo, una buena vida es una vida feliz. Los científicos sociales Shigehiro Oishi, de la Universidad de Virginia, y Erin C. Westgate, de la Universidad de Florida, les preguntaron a personas de nueve países —Angola, Alemania, la India, Japón, Noruega, Portugal, Singapur, Corea del Sur y Estados Unidos— acerca de su vida ideal.[54] Una vida feliz fue la elección más popular en todas las naciones.

También se valoró mucho una vida con sentido de propósito. Otros describieron su vida ideal como una vida con riqueza psicológica, llena de acontecimientos y experiencias interesantes y únicas. En todos los países, al menos el 7 % y hasta el 17 % de los encuestados afirmaron que, si tuvieran que elegir un solo tipo de vida, querrían una vida plena a nivel psicológico, incluso a expensas de una vida feliz y una vida con sentido de propósito.

Afortunadamente, no es necesario elegir solo una. Cada una ofrece algo diferente. Una vida feliz incluye comodidad, alegría y seguridad. Una vida con sentido de propósito es una vida con intención y aspiraciones. Una vida con riqueza psicológica, explican Oishi y Westgate, «se caracteriza por una variedad de experiencias interesantes y que cambian la perspectiva», y las personas que llevan este tipo de vida se ven recompensadas con la sabiduría que proviene de sus diversas experiencias.[55]

En su lecho de muerte, una persona que haya llevado una vida feliz podría decir: «¡Qué bien lo he pasado!», mientras que una persona que haya tenido una vida con sentido de propósito pensaría: «¡He marcado la diferencia!». El pensamiento de despedida de la persona que tuvo una vida de riqueza psicológica sería: «¡Qué viaje!».

Las personas solteras por naturaleza viven su soltería con alegría. También valoran el sentido de propósito. En el cuestionario, por ejemplo, es más probable que las personas solteras por naturaleza afirmen que elegirían un trabajo significativo antes que un trabajo bien pagado si no pudieran tener ambas cosas. Pero puede que lo que más les distinga sea la riqueza psicológica de sus vidas.

Oishi y Westgate sugieren algo parecido:

Según Kierkegaard [el teólogo danés], una persona casada con un trabajo seguro y respetado y con hijos puede tener una vida feliz y (en muchos aspectos) significativa, pero no necesariamente una vida rica en experiencias diversas que puedan generar un cambio de perspectiva. Aunque la mayoría de la gente opta por una vida convencional, segura y respetada, otros... optan por la vida del vagabundo estético, poco convencional, inestable e intransigente.[56]

Según Oishi y Westgate, las personas que llevan una vida plena a nivel psicológico son curiosas y abiertas. Tienen actitudes poco convencionales, experimentan el crecimiento personal y no quieren socializar todo el tiempo con la misma persona. Los solteros por naturaleza comparten todas esas características. En el cuestionario, por ejemplo, es probable que rechacen la idea de que una pareja romántica sea la persona más importante de sus vidas o que una persona sea su «acompañante» en la mayoría de las ocasiones. Prefieren tener más opciones, más variedad y más riqueza interpersonal.

Un estudio sobre adultos estadounidenses de mediana edad comparó durante cinco años a personas que permanecieron solteras con quienes permanecieron casados. Los solteros estaban más de acuerdo con afirmaciones como «Para mí, la vida ha sido un proceso continuo de aprendizaje, cambio y crecimiento». Los casados apoyaban más a menudo otro tipo de sentimientos, como «Hace mucho que ya no intento hacer grandes mejoras en mi vida».[57]

La variedad de experiencias únicas e interesantes que enriquecen la vida a nivel psicológico no tienen por qué ser todas alegres. Las experiencias desafiantes o incluso trágicas pueden añadir riqueza psicológica a la vida. La viudedad, por ejemplo, puede ser devastadora, pero también puede cambiar la perspectiva de una persona de un modo psicológicamente enriquecedor.

David, de sesenta y cinco años, vive en Austin, Texas, y ha desarrollado una exitosa carrera en el mundo de la radiodifusión, la animación y la composición de partituras musicales originales. También es un ávido viajero cuyas aventuras incluyen trabajar con curanderos en el Amazonas y escalar el monte Cervino en Suiza. Cuando se enteró de la investigación sobre las vidas plenas a nivel psicológico, me dijo:

Una vida plena a nivel psicológico es exactamente lo que deseo y lo que he buscado desde siempre, incluso cuando no sabía que eso era lo que estaba haciendo. Me considero una de las personas más afortunadas del planeta. Aunque he tenido una buena cantidad de retos difíciles y dolorosos, también he vivido muchas aventuras maravillosas y experiencias de aprendizaje, la mayoría de las cuales he iniciado a propósito. Dicen que es bueno ser rico, y aunque no tengo mucho dinero, soy más rico de lo que la mayoría de la gente llega a ser, solo por el camino que he tomado. Me pagan con la moneda de la riqueza psicológica: experiencias que me transforman y verdadera sabiduría.

Las personas que llevan una vida plena a nivel psicológico suelen ser liberales. Oishi y Westgate señalan que «quienes llevan una vida feliz y/o significativa tienden a preferir mantener el orden social y el *statu quo*, mientras que quienes llevan una vida de riqueza psicológica parecen abrazar el cambio social».[58] Las personas solteras por naturaleza pueden encontrarse en todo el espectro político, pero en general tienden a tener posiciones más liberales que conservadoras, según mostraron los análisis de los datos del cuestionario.

Vidas auténticas

Cuando estoy soltero siento que soy la versión más auténtica de mí mismo.

—EVAN (cuarenta años, San Francisco, California)

La autenticidad es la esencia de lo que significa ser soltero por naturaleza. Solteros es lo que en verdad somos. Vivimos la soltería como algo natural y cómodo. Vivir de otra manera nos parecería forzado. Algunos hemos intentado vivir la vida en pareja que se espera de nosotros. Nunca nos hemos sentido bien, ni siquiera con parejas a las que queríamos de verdad y que nos correspondían. En el mejor de los casos, a menudo nos sentimos vacíos y aburridos, como si estuviéramos imitando los movimientos; en el peor, nos sentimos fraudulentos y desdichados. Cuando las personas solteras por naturaleza describen su vida, utilizan el idioma de la autenticidad.

Para Acadia (treinta y seis años, Melbourne, Australia), lo mejor de estar soltera es «la libertad de ser la verdadera y auténtica versión de mi misma». Sally (cuarenta y cinco años, Austria) dice que estar soltera «es mi estado natural y preferido. No significa una falta de opciones, sino la elección de vivir mi vida según mis condiciones». Liz, de sesenta años, de

Washington D.C., dijo: «Creo que estoy viviendo la vida que estaba destinada a tener».

Los académicos que estudian nuestras necesidades y motivaciones más profundas consideran que la autenticidad es esencial para el florecimiento humano.[59] Si perseguimos objetivos que no reflejan quiénes somos en realidad, lo que nos importa y lo que se nos da bien, aunque alcancemos nuestras metas, no vamos a ser felices de verdad ni nos vamos a sentir realizados. Esa dinámica es evidente en las historias de personas solteras por naturaleza que intentaron, a veces en repetidas ocasiones, vivir la vida en pareja que creían que debían vivir, solo para sentirse insatisfechas cada vez. Solo cuando se comprendieron a sí mismos como solteros por naturaleza y abrazaron la vida de soltero sintieron que volvían a casa, a su verdadero yo.

Para su tesis de máster en la Universidad Estatal de Nuevo México, Kristen M. Bernhardt entrevistó a veinticinco personas a las que denominó «solteros por voluntad».[60] Pienso en ellos como primos de los solteros por naturaleza: no buscaban una pareja monógama para toda la vida en el momento de la entrevista, pero no la descartaban en el futuro. Entre los participantes en la investigación de Bernhardt había personas que habían tenido parejas monógamas de larga duración en el pasado, pero que se dieron cuenta de que preferían ser libres. También participaron en el proyecto personas que nunca habían estado casadas o en pareja, incluidas algunas que eran asexuales y/o arrománticas, así como personas solteras poliamorosas que podían o no haber mantenido una o más relaciones, tanto sexuales como no sexuales. Según Bernhardt, lo que todas esas personas solteras por voluntad tenían en común era que sentían «orgullo y autoestima alta gracias a haber superado las inseguridades del pasado y a poder vivir la vida como creían que debía ser vivida. Eran felices porque vivían con autenticidad».

Cualquier persona más allá de su situación sentimental o relacional puede vivir con autenticidad. Sin embargo, es más probable que las personas solteras por naturaleza, que se oponen a las poderosas normas sociales, reflexionen sobre quiénes son y qué quieren en realidad. La profesora de filosofía Elizabeth Brake definió como amatonormatividad a la presunción predominante que dictamina cómo se supone que queremos vivir, a «la suposición de que una relación amorosa central, exclusiva, es normal para los seres humanos, en el sentido de que es un objetivo universal compartido, y que dicha relación es normativa, y por eso *debería* ser preferible a otros tipos de relación».[61] Los solteros por naturaleza rechazan esto, al igual que Brake. En el cuestionario, el 86 % de los solteros por naturaleza, frente a solo el 8 % de los que no lo son, afirmaron no estar interesados en buscar pareja. Somos destructores de la amatonormatividad.

En su popular ensayo sobre el auge de los «solteros alfa», personas que no quieren renunciar a su independencia en aras de la pareja, Hattie Crisell, de treinta y cuatro años, cuenta que ha mantenido muchas relaciones sentimentales a lo largo de los años. En su última relación seria, se esforzó por llegar a un acuerdo en muchos aspectos, con la esperanza de que eso le ayudara a mantener la relación. «Lo que al final ya no podía ceder», escribe, «era mi felicidad, o mi sentido de quién era yo, que podía ver cómo se esfumaba. Aunque nos queríamos, eso no bastaba para soportar las contorsiones agotadoras que hacíamos intentando que funcionara».[62]

Las personas solteras por naturaleza que han tenido relaciones sentimentales han tenido a menudo esa sensación de estar alejándose de la persona que realmente son. Según sus experiencias, esa sensación de falta de autenticidad en las relaciones de pareja no era algo que ocurriera solo con parejas concretas que no encajaban bien con ellos. Por el contrario, era algo que afectaba a las relaciones románticas en general. Craig (cuarenta y un años, Newport News, Virginia) dijo: «Siempre me siento más "natural" cuando estoy soltero que cuando tengo pareja».

Eva (cuarenta y cuatro años, Londres, Inglaterra) dijo: «Caí ante la presión e intenté tener citas, incluso una relación romántica, pero siempre me sentí como con la talla de zapatos equivocada: incómoda».

Las personas cuya mejor forma de vida es la soltería, y que se liberan de la presión por vivir una vida de pareja convencional, ya no están en guerra consigo mismas. Al vivir de manera auténtica, se convierten en mejores amigos, mejores confidentes y, si les interesa, mejores amantes. Son capaces de pensar con más claridad y sumergirse en sus pasiones sin reservas.

Al optar por la soltería, también evitan frustraciones a posibles parejas románticas. En un ensayo, Vera, de cincuenta y dos años, escribió:

«Dejé de tener citas y de involucrarme sentimentalmente y no podría ser más feliz… En el fondo, me di cuenta de que entablé algunas relaciones para evitar la soledad o porque era algo que se esperaba de mí. El inmenso daño que me causé a mí misma y a algunos de los hombres con los que salí por no haber sido yo misma me causa un gran dolor».[63] Estar soltera en lugar de atraer a otra persona a una vida en pareja que en realidad no deseas es un acto de generosidad y amor.

Muchas de las personas solteras que tienen vidas alegres, auténticas y con riqueza psicológica son hombres

En 1898, la revista *Atlantic Monthly* publicó un extenso perfil de una persona que posiblemente sea el soltero más famoso del que nunca oíste hablar.[64] Henry Crabb Robinson era una figura muy querida en los círculos literarios del Londres del siglo XIX. Organizaba desayunos dominicales en su casa y entabló amistad con decenas de celebridades de la literatura.

Crabb Robinson era un lector y crítico apasionado, y un prolífico escritor de cartas y diarios. Cuando encontraba un poema que le encantaba, quería que sus amigos lo conocieran. «Defendió la poesía de Wordsworth en una época en la que los defensores eran escasos y poco influyentes», señaló Leon H. Vincent, autor del perfil. Goethe, que lo describió como «una especie de misionero de la literatura inglesa», dijo que Crabb Robinson les leía poemas a él y a su hija.[65]

Nacido en 1775, cuando la esperanza de vida de un hombre blanco era de unos treinta y ocho años, Crabb Robinson vivió hasta los noventa y dos. En sus últimos años, pasaba las Navidades en casa de Wordsworth, donde «su presencia se consideraba esencial para la sobria alegría de la familia. Tenían un dicho familiar: "Sin Crabb, no hay Navidad"».[66]

Crabb Robinson viajó mucho y recorrió muchos kilómetros a pie por Alemania, Gales, Suiza e Italia, a veces con amigos. Fue abogado y el primer corresponsal en el extranjero de *The Times* de Londres. Participó en la fundación de la Universidad de Londres y en una campaña contra la esclavitud. Sin embargo, lo que merecía un lugar especial en su lápida eran los nombres de ocho de sus amigos, entre ellos Wordsworth, Goethe, Blake y Coleridge.

«Este hombre tuvo una carrera brillante», escribió Vincent. «Vivió muchos años, lo que le dio tiempo para ver muchas cosas; tuvo buena salud, lo que le permitió disfrutar de lo que veía. Saboreó la vida hasta el último día, y casi hasta la última hora. Su sana curiosidad por los buenos libros y las buenas personas nunca le falló… había pocas cosas que valiera la pena conocer de las que él no supiera algo, y pocas personas que valiera la pena conocer a las que él no hubiera conocido».[67] El perfil terminaba con esta frase: «Era un soltero de éxito y un buen hombre».[68]

Henry Crabb Robinson, soltero de toda la vida, tuvo una vida alegre y plena a nivel psicológico. Supongo que también tuvo una auténtica vida de soltero. Sin embargo, la revista *Atlantic Monthly* no celebraba a Crabb Robinson como ejemplo de toda una categoría de hombres solteros que prosperaban. Por el contrario, lo presentaba como una notable excepción. «Deberíamos tener interés por los solteros», explicaba la revista en una cita extraída del artículo de Vincent. «Su necesidad es mayor y su condición muy deplorable. Estar infelizmente casado es una desgracia, pero no estar casado en absoluto está cerca de ser una deshonra.[69]

Más de un siglo después, creo que los hombres solteros aún reciben un trato de menosprecio más que de respeto. Se los encasilla en estereotipos de vagos o *playboys*, pervertidos o niños de mamá, niños perpetuos que viven en el sótano de sus padres. Algunos contribuyen a su propia marginación identificándose como «*incels*», hombres célibes de manera involuntaria, y adoptando actitudes hostiles y misóginas. Las ciencias sociales tampoco los halagan con cumplidos. Los estudios han demostrado que, por término medio, son las mujeres, más que los hombres, las que parecen encariñarse con la soltería.[70] Les gusta más. Disfrutan más de la soledad. Dedican más tiempo a sus intereses. Es más probable que tengan amistades profundas: saben conectar y mantenerse en contacto con las personas que les importan. Las tareas domésticas no son un reto; a menudo han sido educadas para saber cocinar y limpiar. Las mujeres solteras que antes estaban casadas con un hombre suelen expresar su alivio por no tener que hacer más que su parte de esas tareas y del cuidado de otras personas.

Para las personas de todos los sexos, el «felices para siempre» no es más que un cuento de hadas. Más de una docena de estudios que observaron a las mismas personas durante años han demostrado que cuando las parejas se van a vivir juntas o cuando se casan, no se vuelven más felices o más sanas de lo que eran cuando estaban solteras.[71] El matrimonio no las transforma por arte de magia. Las mujeres y los hombres son casi iguales en ese aspecto. Sin embargo, cuando se presentan diferencias, los beneficios del matrimonio recaen sobre los hombres, mientras que a las mujeres les va mejor cuando están solteras.[72] Una vez casadas, las mujeres tienen más probabilidades de querer separarse; en los Estados Unidos, las mujeres inician más divorcios que los hombres.[73] Una vez divorciadas o viudas, tienen más probabilidades de no reincidir; vuelven a casarse con menos frecuencia que los hombres.[74]

Sin embargo, nadie le regala nada a las mujeres solteras. Las diferencias salariales complican la subsistencia de quienes viven solas, en especial de las de color.[75] Las mujeres suelen sufrir mayores pérdidas económicas tras un divorcio.[76] Las solteras suelen tener menos seguridad económica que los solteros cuando se acercan a la jubilación.[77] Y la dinámica social también difiere. Ellas se sienten más presionadas a responder por su condición de solteras.[78] Se las etiqueta como solteronas y, a pesar de los esfuerzos por reivindicar el término, sigue pareciendo más denigrante que ser llamado soltero*.

Los libros, artículos, ensayos y blogs contemporáneos sobre la soltería están escritos en su inmensa mayoría para, por y sobre mujeres solteras. En cierto modo, las solteras tienen más que demostrar. Se cree que son ellas las que anhelan la pareja romántica, las que desean construir una vida en torno al matrimonio y las que se sienten desconsoladas cuando eso no ocurre, digan lo que digan los estudios. Pero, aunque la motivación detrás de estos escritos pareciera ser justificar una soltería que nunca debería necesitar justificación, de todos modos, pueden ser alentadores. Al escribir sobre sus vidas, las mujeres solteras se hacen oír. Se oponen enérgicamente a todas las narrativas que las menosprecian.

Dado que, en líneas generales, cuando las mujeres están solteras les va mucho mejor que a los hombres; dado que hay muchas mujeres escribiendo sobre la felicidad que les genera la soltería y dado que los hombres

---

* N. de la T.: *Bachelor* en el original. Es un término que significa «soltero» pero solo se usa para referirse a los hombres y es menos peyorativo que «solterón».

no rechazan de manera tan abierta los numerosos estereotipos que los denigran, es fácil imaginar que hay muchas más mujeres que hombres solteros por naturaleza. Sin embargo, eso no es lo que descubrí cuando analicé los datos del cuestionario. De todos los hombres que respondieron al cuestionario, el 34 % eran claramente solteros por naturaleza, frente al 27 % de las mujeres. Estas son las personas que respondieron «Sí» a la pregunta final del cuestionario sobre si creen que son solteros por naturaleza, expresando así que están de acuerdo con la idea de que «la soltería es una forma de llevar una vida más significativa y auténtica». Por lo general, respondieron a las catorce preguntas, o a trece de las catorce preguntas, como los que pertenecen a la categoría de solteros por naturaleza. Cuando me fijé en las personas que decían serlo, y que normalmente respondían entre nueve y doce de las catorce preguntas en esa dirección, descubrí de nuevo que una mayor proporción de hombres que de mujeres cumplían los requisitos.

Al parecer, los hombres tienen la misma probabilidad de sentir una fuerte atracción por la soltería que las mujeres, o incluso una un poco mayor. Para estos hombres, la soltería es alegre y plena a nivel psicológico; es la forma en que viven con mayor autenticidad. Al igual que las mujeres que florecen cuando están solteras, ellos también disfrutan el tiempo que tienen para sí mismos en lugar de temerle. Aprecian la libertad que les permite construir su mejor forma de vida, ya sea una vida de aventuras, de trabajo significativo, de devoción a una causa, de cuidado de personas necesitadas o cualquier otra cosa que les satisfaga. Desarrollan las habilidades que se consideran trabajo de mujeres, según los estereotipos, como crear y gestionar un hogar, y atender a las personas que les importan.

En un artículo que escribió como invitado en mi blog «Living Single» (Vivir la soltería) de la página web *Psychology Today*, Lucas Bradley, que entonces tenía treinta y siete años y vivía en Loves Park, Illinois, describió al Hombre Deliberadamente Soltero:

¿Quién es el Hombre Deliberadamente Soltero? El que cultiva las cualidades históricamente «femeninas» relacionadas con lo doméstico, lo social y lo emocional y puede entonces llevar adelante una vida digna y conectada con los demás. Por ejemplo, en el ámbito doméstico, aprende a planificar y preparar comidas sanas y es capaz de desarrollar una estética personal del espacio vital que se adapte a sus gustos. A nivel social, se esfuerza por mantener los lazos con sus allegados, organizando reuniones y recordando cumpleaños y otros acontecimientos importantes. Desde el punto de vista emocional, intenta ser curioso y no juzgar sus pensamientos y sentimientos, así como darle salida a sus emociones. El Hombre Deliberadamente Soltero también reimagina el amor de un modo que empodera a sus seres queridos en lugar de limitarlos con una serie de normas y expectativas bizantinas. Reconoce que el amor romántico no es el único camino hacia la plenitud y cultiva muchas otras formas de amor a su alcance. Se da cuenta de que su soltería, lejos de ser lo que le frena, puede ser el principal motor de su crecimiento como persona.[79]

Cuando Craig Wynne (cuarenta y uno, Newport News, Virginia) tenía ocho años, su mejor amigo le contó a modo de confidencia que para su vida deseaba tener una esposa, hijos y mucho sexo. Craig aspiraba a algo diferente: «Quiero vivir en una casa yo solo y tener una tienda de golosinas». Todavía no tiene esa tienda de golosinas, pero sí una casa propia y un dulce trabajo que incluye dar clases sobre algo que rara vez les enseñan a los estudiantes en la universidad: una reflexión sofisticada sobre lo que significa la soltería. Ha sido uno de los primeros en dar a conocer los estudios académicos sobre personas solteras. Junto con Ketaki Chowkhani, de treinta y cuatro años, de Manipal, la India, organizó la primera conferencia mundial sobre estudios de la soltería, y ambos editaron una antología de las ponencias de la conferencia.[80] También escribió *How to Be a Happy Bachelor* (*Cómo ser un soltero feliz*), un libro de apoyo para hombres solteros, con consejos de cómo vivir una soltería satisfactoria, además de algunas críticas brillantes a la representación tergiversada de las personas solteras en la cultura popular.[81]

En 2015 puse en marcha el grupo de Facebook llamado Comunidad de Solteros para personas que quieren disfrutar de su vida de solteros en lugar de escapar de ella. No tiene nada que ver con citas. A principios de 2023, contaba con más de siete mil cuatrocientos miembros de más de cien naciones. Craig es uno de los participantes más activos, responde a las preguntas e inquietudes de los demás miembros y publica con regularidad fotos de su «hijo» Chester (su gato). También ha tomado la iniciativa de hacer lo que muchos anhelaban cuando se unieron a la Comunidad: ha quedado en encontrarse con otros miembros en persona para conversar, cenar, ir a caminar y hacer excursiones por el lugar donde vive y los lugares que visita.

En Kenia, en 2021, la revista de los sábados de *Nation.Africa* planteó esta pregunta: «¿Qué les pasa a los hombres que se quedan solteros toda la vida?». Uno de los hombres entrevistados para el artículo era un empresario de cuarenta y siete años, Stephen Mutahi. Cuando describía a los solteros de toda la vida como él, dijo: «Somos ricos en amistad». Ha viajado mucho y afirma: «He conocido a muchos amigos que creo que nunca habría conocido si estuviera casado o tuviera una relación seria».[82] Cuando se relaciona con mujeres, deja claro que no está interesado en una relación romántica. Al igual que los hombres que se identifican como solteros por naturaleza, Mutahi ama su espacio y valora la libertad que tiene para organizar su vida cotidiana como mejor le parezca.

Cada uno de los hombres que compartieron sus historias de vida conmigo está viviendo su propia versión de la soltería por naturaleza. Hablaré más de ellos a lo largo de este libro. Lo que sus historias revelan, junto con las historias de otros hombres que prosperan en su vida como solteros, es que todos esos estereotipos degradantes no definen a hombres solteros como ellos. Tampoco lo hacen los estudios que sacan un promedio de todos los solteros y proclaman que a ellos no les va muy bien la soltería. Los hombres solteros por naturaleza de hoy en día no son normales ni típicos; son excepcionales. Como Henry Crabb Robinson, son solteros de éxito y buenos hombres.

EL TEST: ¿ERES SOLTERO POR NATURALEZA?

1. Cuando piensas en pasar tiempo a solas, ¿qué es lo primero que te viene a la mente?

A. «¡Ah, dulce soledad!».

B. «¡Ay, no, tal vez me sienta solo y triste!».

2. ¿Cómo te sientes respecto a la búsqueda de una pareja romántica a largo plazo?

A. Puede que te parezca algo que «deberías» hacer, pero en realidad no te interesa tanto.

B. El proceso puede o no ser emocionante y divertido, ¡pero sería genial que tuviese un resultado exitoso!

3. Si tuvieras o tuviste una relación sentimental y se acabara o acabó, ¿cómo te sentirías o sentiste?

A. Sobre todo con tristeza y dolor.

B. Sufriría, pero también sentiría alivio. Te llena de alegría la idea de tener tu propia vida completa e independiente.

4. Cuando piensas en hacer un gran cambio en tu vida, como emprender una nueva carrera o mudarte a la otra punta del país, ¿qué prefieres?

A. Tomar la decisión con un compañero, aunque eso signifique que no elijas tu opción favorita.

B. Tomar la decisión que te parezca correcta, sin preocuparte si tu pareja la aprobaría o si tu decisión podría obstaculizar los objetivos de tu pareja.

5. Muchas parejas esperan ser el «acompañante» del otro en cualquier ocasión. ¿Qué opinas al respecto?

A. Prefieres tener más opciones, a veces asistir a eventos solo, a veces con otras personas y a veces quedarte en casa cuando el evento no te interesa.

B. Te reconforta tener a una persona en tu vida que está obligada a ser tu acompañante cuando quieres ir a algún sitio, aunque tú estarás obligado a ser el acompañante de tu pareja en eventos que quizá preferirías saltarte.

6. Si piensas en la posibilidad de que cuando te vas a dormir por la noche no haya nadie más en la cama contigo, ¿cómo te sientes?

A. No te gustaría.

B. Te parece bien.

7. Idealmente, ¿quiénes serían los adultos más importantes en tu vida?

A. Tu cónyuge (o pareja sentimental a largo plazo) sería la persona más importante para ti. Los demás serían secundarios.

B. No te gustaría que tu pareja fuera la persona más importante de tu vida. Es posible que prefieras tener a tu alrededor una comunidad formada por una mezcla de distintas personas: amigos, familiares, compañeros de trabajo, etc. O quizá prefieras centrarte sobre todo en los amigos. El número de personas importantes en tu vida puede variar según el momento, así como las ganas de estar más o menos cerca de ellas.

8. Cuando tienes la tentación de permitirte un capricho favorito, como comer comida basura o ver la televisión, ¿cómo te sientes?

A. Encantado de hacer exactamente lo que deseas, sin nadie más alrededor.

B. Prefieres tener a tu lado a tu cónyuge, ya sea para que te acompañe en tu pereza o para que te insista en que te controles.

9. Cuando te propones objetivos elevados, como comer bien, hacer mucho ejercicio o leer libros inspiradores, ¿qué prefieres?

A. Llevarlos a cabo solo o con amigos.

B. Tener una pareja para cumplir esos objetivos juntos, o para que te proporcione una excusa y hacer otra cosa en su lugar.

10. Cuando has tenido algún percance menor, como un golpe con el coche, ¿cómo te sientes?

    A. Aliviado de no tener que explicarle a nadie más por qué metiste la pata.

    B. Quieres tener un compañero para ir a casa y contárselo todo.

11. Si tuvieras que elegir entre un trabajo trascendente y significativo, pero poco remunerado o un trabajo poco estimulante pero muy bien remunerado, ¿cuál elegirías?

    A. El trabajo significativo, pero poco remunerado.

    B. El trabajo poco estimulante pero bien remunerado.

12. ¿Crees tener una sensación de dominio personal, una actitud de «puedo con todo» y la sensación de que puedes hacer cualquier cosa que te propongas?

    A. No.

    B. Sí.

13. ¿Eres autosuficiente, te gusta afrontar los problemas y los retos casi siempre solo?

    A. No.

    B. Sí.

14. Cuando piensas en todas las alegrías potenciales de la vida de soltero, ¿a qué conclusión llegas?

    A. Me parece estupendo.

    B. Reconoces el atractivo, pero la pareja me atrae tanto que la soltería no se puede comparar.

15. Este cuestionario es un primer paso para identificar a las personas solteras por naturaleza. Si eres soltero por naturaleza, la soltería te sienta bien. No estás soltero porque tengas «problemas» o porque aún no hayas encontrado pareja. Vivir soltero es una forma de llevar una vida auténtica y llena de sentido. Incluso las personas que no son solteras pueden serlo por naturaleza. ¿Crees que eres soltero por naturaleza?

    ☐ Sí.

    ☐ En más de un sentido, sí, pero no en todos.

☐ Tal vez en algún sentido, sí, pero en su mayoría no.
☐ No.

Las personas que respondieron al cuestionario también fueron invitadas «a hacer sugerencias o comentarios sobre cualquier aspecto de esta encuesta o sobre el tema de ser soltero por naturaleza».

Clave de puntuación: Las personas solteras por naturaleza suelen elegir estas respuestas:

1.	A
2.	A
3.	B
4.	B
5.	A
6.	B
7.	B
8.	A
9.	A
10.	A
11.	A
12.	B
13.	B
14.	A

La gente que elige más de una de estas respuestas tiene más probabilidades de ser solteros por naturaleza.

En respuesta a la pregunta 15, «¿crees que eres un soltero por naturaleza?»:

- Las personas que responden «Sí» suelen tener un puntaje de 13 o 14.

- Las personas que responden «en más de un sentido» suelen tener un puntaje entre 9 y 12 puntos.
- Las personas que responden «tal vez en algún sentido» suelen tener un puntaje de entre 5 y 8.
- Las personas que responden «No» suelen tener un puntaje de entre 0 y 4.

2

La presión de vivir en pareja y cómo nos resistimos

A los solteros por naturaleza nos encanta serlo. Para nosotros, la soltería es liberadora. Pero no somos inmunes a las incesantes presiones de estar en pareja. Esas presiones nos afectaron a muchos y, durante demasiado tiempo, nos impidieron comprender que la soltería era nuestra mejor forma de vida. Al final, cada uno a su manera pudo imponerse sobre las fuerzas que impiden a tanta gente reconocer la plenitud y el poder de una vida sin pareja.

Lo hemos probado todo: parejas románticas, matrimonio, segundas nupcias y mucho más

A las personas solteras por naturaleza les suceden dos cosas: la soltería les brinda una profunda satisfacción y no se sienten atraídas por la vida en pareja. ¿Por qué, entonces, algunas personas tan predispuestas a la soltería siguen intentando que la pareja romántica les funcione, incluso después de experiencias decepcionantes?

Seguimos intentándolo porque pensamos que elegimos a la persona equivocada. O que entonces no éramos lo bastante maduros, pero ahora sí. O no nos queríamos a nosotros mismos lo suficiente como para querer a otra persona, y ahora sí. Seguimos intentándolo porque tenemos miedo de decepcionar a nuestros padres si nos quedamos solteros. Seguimos intentándolo porque muchos de nuestros amigos ya han emprendido el camino de la pareja romántica, y eso nos hace pensar que nosotros también deberíamos hacerlo. Seguimos intentándolo porque los amigos que nos incluían cuando estaban solteros ya no lo hacen ahora que están en pareja, y eso duele. Seguimos intentándolo porque nuestros pasos hacia el éxito en la pareja romántica son reconocidos y celebrados. ¡Todo el mundo se alegra mucho por nosotros cuando tenemos pareja! Nos incluyen en el Club de las Parejas. Ese tipo de validación puede resultar embriagadora. Seguimos intentándolo por razones pragmáticas, quizá porque una pareja significa el acceso a un buen seguro médico o a todas las demás ventajas y protecciones legales del matrimonio o la promesa de una vida mejor a través del visado para la pareja de quien se traslada a otro país.

Seguimos intentándolo porque rara vez se representa a la soltería de toda la vida como una condición gloriosa en novelas, programas de televisión, películas, poemas o canciones. Es como si solo la pareja romántica pudiera ser verdadera, profunda y duradera.

Todo eso, y más, se parece mucho a lo que renunciar. Pero, de algún modo, para nosotros la vida de pareja romántica convencional no funciona. No es satisfactoria. No es lo que somos en realidad. Cuando estamos en una vida organizada en torno a la pareja romántica, queremos salir de ahí. Nunca estaremos realmente satisfechos hasta que nos comprometamos con nuestra vida de solteros y terminemos de intentar dejar de serlo.

He aquí las historias de algunos de nosotros que hemos intentado una y otra vez amar la vida en pareja.

Jennifer, de cuarenta y cinco años, vive en Denver y nunca se ha casado. En la actualidad es tan feliz siendo soltera que ha complementado su trabajo en una empresa con un trabajo independiente como *coach*, ayudando a otros solteros a prosperar en su vida en solitario. Sabe que un asesoramiento así le hubiera sido muy útil cuando ella era más joven. Esta es su historia en sus propias palabras:

> Cuando tenía veintidós años empecé lo que sería una relación de diez años con un hombre. Éramos felices. No había grandes dramas, siempre nos llevábamos bien y yo lo quería. Y a los ocho años de relación nos comprometimos. También vivíamos juntos para entonces.

Fue extraño, pero a los tres meses empecé a tener esos sentimientos de miedo, duda y nervios que supongo la gente experimenta cuando se está echando para atrás. De repente perdí interés en planear la boda. Y empecé a pensar en todas las cosas que no había hecho sola, como vivir en otra ciudad o aceptar un trabajo en el extranjero. Además, empezaba a sentir que el compromiso y el matrimonio eran un final... el final de mi propia vida, y eso me producía una sensación de vacío y tristeza.

Sentía que mi vida se había acabado y que la vida que se avecinaba (una vida de casada) no me aportaba entusiasmo ni muchas esperanzas.

Además, siempre estuve indecisa sobre si tener hijos o no, y eso tampoco cambiaba. Había mucha gente a mi alrededor que me decía: «Espera. Cuando llegues a los treinta y dos querrás tener hijos. Espera, a los treinta y siete, sí, a los treinta y siete querrás tener hijos de verdad y entonces puede que no haya ningún hombre cerca». Bueno, yo no estaba cambiando de opinión al respecto, y empecé a comunicárselo a mi pareja. Él siempre me decía que podíamos hacer las cosas que yo quería hacer... aceptar un trabajo en otro lugar, viajar por el mundo, vivir en el extranjero incluso con niños. Pero el caso es que nunca me vi haciendo esas cosas con otros, con un marido e hijos. Quería ser libre para moverme por la vida sola, a mi manera y en mis propios términos.

Terminé el compromiso cuando tenía treinta y dos años, y recuerdo que pensé que me iba a tomar el resto de mis treinta para estar sola. Entonces podría conocer a alguien a los cuarenta y estaría contenta con eso. Salí con algunas personas, pero no surgió nada sorprendente que cambiara mi plan. Y de nuevo, cuando una relación empezaba a ir a la deriva, y se terminaba, sentía alivio y parecía renacer. A veces pienso que seguía teniendo citas como un «deber», algo que aún debía hacer. Y cada año pensaba: «Quizá este sea el año en que me interese conocer a alguien. Tal vez este año tendré el deseo de salir con alguien». Pero nunca lo hice de verdad.

Entonces, el día que cumplí cuarenta y cuatro años, recuerdo que decidí que ya no necesitaba pensar así. No tenía que preguntarme cuándo llegaría el día que me interesara una relación. Y recuerdo que caí en la cuenta de que me encantaba mi vida tal como había sido: yo soltera y por mi cuenta. Y que estaba muy alegre y sentía mucha gratitud por mi vida.

Jennifer le dio todas las oportunidades posibles a la vida convencional en pareja. Conoció a alguien a quien amaba. Se comprometió. Su prometido la quería tanto que le aseguró que podría seguir haciendo todas las cosas que le preocupaba perderse si se casaba con él. Cuando rompió con él, se permitió vivir sola durante una década antes de retomar el proyecto de encontrar una pareja romántica. Tal vez pensó que así se quitaría las ganas de estar sola. Pero nada funcionó. Las ganas de vivir la soltería no se le iban. Era su deseo real.

La decisión de romper el compromiso fue la correcta para Jennifer. A menudo es la correcta para las mujeres que sienten dudas cuando se acerca el día de la boda. Los estudios demuestran que, si siguen adelante y se casan, tienen más probabilidades de divorciarse que las mujeres que no habían dudado, y si siguen casadas, acaban menos satisfechas con su relación.[83]

Otras personas solteras por naturaleza han seguido adelante con sus matrimonios, incluso cuando sus dudas eran tan marcadas como las de Jennifer. Algunos se casaron más de una vez. Siguieron la sabiduría convencional que sostiene que solo la pareja romántica trae la felicidad. Nadie dice nunca: «Mereces ser feliz: quédate soltero». Por eso, cuando los solteros por naturaleza se casan y acaban siendo tan desgraciados como pensaban, a veces vuelven a intentarlo.

Eso es lo que le ocurrió a Sophia, editora científica y escritora de cincuenta y siete años. Crio a tres hijos y estaba viviendo sola en un barco en un puerto deportivo de Inglaterra cuando me habló de su vida. Esto es lo que me contó:

Pensaba que tenía que casarme. Recuerdo que cuando estaba prometida me dije a mí misma que necesitaba tener algo más en mi vida porque el matrimonio no me iba a hacer feliz. ¡Qué miedo (o qué estupidez) ser tan consciente de las pocas ganas que tenía de casarme y, aun así, seguir adelante!

Fui tan feliz después de mis dos divorcios (sobre todo el segundo) que nunca se me ocurrió volver a intentarlo. Después de unos tres años de soltería, intenté salir con alguien, pero lo hacía sin ganas y por inercia. Era muy feliz sola. Fue un buen ejercicio para demostrarme que en realidad no tenía ningún interés en una relación romántica.

Llevo trece años soltera y nunca he sido tan feliz. Nunca. Tengo una vida estupenda, y solo desearía haber empezado este viaje conmigo misma mucho antes.

Hoy en día, dice Sophia, «quiero vivir con libertad y desde mi corazón, en lugar de seguir reglas sociales que yo no ayudé a crear».

Para algunos solteros por naturaleza, vivir la experiencia del matrimonio les parece bien, aunque este acabe en divorcio. Les parece que así confirman su identidad de solteros por naturaleza de una manera que no parece posible de otro modo. Esta es la perspectiva de David (sesenta y cinco años, Austin, Texas). Ha tenido una larga y exitosa carrera en la radiodifusión y otras artes creativas y se describe a sí mismo como «un introvertido creativo felizmente soltero». Esta es su historia:

Fue al final de mis treinta y al principio de mis cuarenta cuando me di cuenta de que estaba pasando el tiempo y sentí la presión de conocer a alguien con quien casarme. Utilicé los servicios de varias agencias de citas y me abrí camino a través de un proceso bastante artificial y forzado. Fue muy difícil a nivel emocional y, sobre todo, descorazonador. Al final, sin embargo, pude conectar con una mujer que era intelectual, teníamos muchos intereses similares, el mismo tipo de humor con un particular gusto por los juegos de palabras como yo, etc. Empezamos a salir y creció la presión para que le propusiera matrimonio, cosa que decidí hacer en 1995.

Ahora creo que el matrimonio fue una experiencia buena y necesaria para los dos. Si no la hubiera tenido, siempre estaría preguntándome qué me había perdido o qué había dejado de hacer en la vida. Tuvimos lo que yo llamaría un «matrimonio de amigos» muy bueno y decente, porque eso éramos en realidad y lo seguimos siendo. A una edad más avanzada, cuando nos casamos (yo tenía cuarenta y dos años), decidimos no intentar tener hijos.

Sin embargo, nuestras trayectorias vitales eran diferentes, y varias cuestiones prácticas hicieron que esas trayectorias divergieran. Yo seguía queriendo y necesitando ser yo mismo, haciendo mis cosas en solitario. Empecé a sentirme oprimido y asfixiado por mi obligación y ella también tenía problemas con ello. Nos divorciamos de manera amistosa después de nueve años. Estoy muy agradecido y contento de que hayamos mantenido una verdadera amistad desde entonces.

Cuando me planteé el divorcio, recordé mi vida anterior de soltero y una cosa me llamó la atención. Sabía que, a pesar del «ya debería estar casado» religioso, psicológico y cultural, había sido realmente feliz como soltero. Cuando tomé la decisión crítica de dejar el matrimonio y seguir adelante con mi propia vida como un soltero renacido, tuve una asombrosa y excitante sensación de nueva libertad. Fue como encontrarme a mí mismo de nuevo, para empezar de cero cualquier cosa que quisiera hacer en la vida. No he perdido esa poderosa sensación de entusiasmo en los muchos años transcurridos desde entonces, y ahora la reconozco por lo que es: mi auténtico yo como persona soltera por naturaleza.

Kristin (cincuenta y cinco años, Bellingham, Washington) me dijo: «Nunca soñé con el día de mi boda. Soñaba con vivir sola». Sin embargo, el camino que Kristin tomó hasta llegar a la vida de soltera por naturaleza la llevó primero a casarse con un hombre, luego divorciarse y al final salir del armario como lesbiana.

Recuerdo que mis amigas me abandonaban sistemáticamente en la adolescencia por chicos (puaj). Empecé a tener citas solo porque ya no había amigas con las que salir. Lo odiaba, pero me sentía reconfortada cuando tenía una cita. Con el tiempo, me casé con un hombre que no esperaba que me pusiera ropa interior que me picara o me denigrara. La noche antes de casarme, me sentí muy triste y, más tarde, cuando escuché la canción de Carly Simon *You Want to Marry Me* (*Quieres casarte conmigo*) [titulada oficialmente *That's the Way I've Always Heard It Should Be* (*Así es como siempre me dijeron que debe ser*)], lloré durante horas porque captaba a la perfección ese sentimiento que tenía [que debía hacer lo que se esperaba de mí].

Aguanté en el matrimonio más tiempo del que debería, y pude hacerlo porque él viajaba tanto por negocios que la mayor parte del tiempo parecía que vivíamos juntos pero separados. Durante ese tiempo exploré las relaciones con mujeres y pensé que ese era mi lugar. Cuando Kenn se quedó en casa sin descanso durante dos años, enloquecí y me fui, y me mudé a esta ciudad por su ambiente lésbico en crecimiento.

Sin embargo, recuerdo que, tras una cita con una mujer hace trece años, pensé: *odio las citas, sea con quien sea,* y decidí no volver a hacerlo. Entonces descubrí que hay gente a la que le encanta estar soltera y me di cuenta de que era todo un mundo, que podía volver a salir del armario de nuevo, esta vez como soltera por naturaleza.

En el cuestionario, el 84 % de los solteros por naturaleza que habían mantenido una relación sentimental afirmaron que, cuando esta terminó, sintieron cierto dolor, pero también alivio. Solo el 12 % de las personas que no lo eran se sintieron aliviadas. Ahora que he escuchado tantas historias de vida de personas que pertenecen a este grupo, me doy cuenta de que experimentar ese alivio forma parte de un proceso más amplio de comprensión de nosotros mismos. En algún momento, las solteras por naturaleza que han mantenido relaciones románticas no solo se sienten aliviadas de que una relación concreta haya terminado, sino que se dan cuenta de que no quieren que ninguna relación romántica vuelva a ser el centro de sus vidas. Y eso es un alivio aún mayor.

Mary (treinta y tres años, Buffalo, Nueva York) siempre ha disfrutado más de su propia compañía. «Incluso cuando era niña, siempre me iba a jugar sola. Desde que tengo uso de razón, me consideraba una unidad autónoma, no la mitad de un todo, ni parte de una familia».

Eso nunca cambió, pero sí sus sentimientos al respecto. En sus primeros años de adulta, empezó a avergonzarse de ser soltera por naturaleza. Se esforzó por conformarse. Tuvo dos relaciones sentimentales serias, e incluso al principio le parecieron algo intrigantes. Pero añadió que «sentía que no podía ser la mejor versión de mí misma mientras estaba en una relación». Mary no culpaba a sus parejas: «Ninguno de los hombres era autoritario, pegajoso o controlador en modo alguno». Simplemente no quería tener una relación romántica.

Mary se tomó en serio la desconexión entre cómo creía que debía vivir su vida y cómo quería vivir en realidad. Leyó mucho. Fue a terapia. Con el tiempo pudo reconocer quién era realmente y sentirse cómoda con esa persona:

Siento que pasé gran parte de mis veinte años esforzándome por convertirme en la persona que la sociedad quería que fuera (trabajo de oficina, pareja romántica, vacaciones, apartamento en una zona agradable de la ciudad) y ahora he pasado mis treinta convirtiéndome en la persona que intenté enterrar y esconder (esa niña y adolescente aventurera, algo rebelde y curiosa a la que le encantaba vagar por el bosque y hacer cosas por su cuenta).

INVERTIR EL GUION

El experto «hace hincapié en que estar soltero es perfectamente razonable y racional si eso es lo que en verdad quieres, pero que nunca debes cerrar la puerta a una posible relación solo porque hayas decidido que quieres llevar ese estilo de vida».[84]

—BUSTLE, «How to Tell If You're Meant to Stay Single»
(«Cómo saber si estás hecho para la soltería»)

Aunque sea bien intencionado, es el tipo de consejo que presiona a los solteros por naturaleza para que duden de su amor por la soltería y de su deseo de seguir siéndolo. A las personas en pareja no se las trata así. Invertid el guion y veréis lo inimaginable que sería que les ofrecieran un consejo comparable: El experto «hace hincapié en que estar en una relación romántica es perfectamente razonable y racional si eso es lo que en verdad quieres, pero que nunca debes cerrar la puerta a la vida de soltero solo porque hayas decidido que quieres llevar ese estilo de vida».

La búsqueda deliberada de relaciones románticas destinadas a fracasar

Las historias que la gente me ha contado sobre cómo llegaron a verse a sí mismos como solteros por naturaleza, historias en las que terminaron una relación tras otra, cancelaron compromisos y se divorciaron, estaban llenas de emociones dolorosas y desafíos financieros para ellos y sus parejas. Para mí, sin embargo, todas tenían un final feliz: las personas solteras por naturaleza se dieron cuenta de quiénes eran en realidad y empezaron a vivir la vida con autenticidad. Pero no todo el mundo comparte mi entusiasmo. Algunas personas escuchan estas historias y etiquetan a los protagonistas como fóbicos al compromiso.

No dudo de que haya personas que anhelan relaciones románticas comprometidas, pero por alguna razón nunca pueden hacer que funcionen. Algunas personas se sienten atraídas por parejas no disponibles o inadecuadas. Cuando consiguen la relación romántica que tanto deseaban, quieren salir corriendo. Sin embargo, esas personas no son solteras por naturaleza. Sí quieren una relación romántica seria y duradera. Lo que temen es que sus relaciones fracasen, y a menudo es así. Eso les deja cabizbajos y con miedo a volver a intentarlo.

Cuando las personas solteras por naturaleza se embarcan en una relación sentimental, su miedo no es que termine, sino que no termine. Cuando eligen una pareja inaccesible o inadecuada tras otra, no es que tengan problemas psicológicos no tratados, sino que, en cierto modo, buscan de manera deliberada relaciones destinadas al fracaso.

En tres momentos distintos de su vida, Daz, un soltero de treinta y ocho años del norte de Inglaterra, mantuvo relaciones sentimentales con mujeres que, en su opinión, «no me habrían tocado ni con un palo de hockey». Siempre se equivocaba. Todas estaban interesadas y, durante un tiempo, las relaciones fueron viento en popa. En retrospectiva, Daz cree que «centrarse en objetivos poco realistas e incompatibles fue una genialidad».

«Cuando miro atrás, reconozco que se trataba de personas incompatibles e inalcanzables con las que tenía nulas posibilidades de éxito, y que esa era *precisamente* la razón por la que sentía la necesidad de buscarlas. Eran "búsquedas seguras" que estaban destinadas a dejarme en el lugar donde en realidad quería estar: por mi cuenta».

Daz era más consciente que la mayoría de la gente de sus deliberadas estrategias saboteadoras en las citas. Normalmente, las personas que aún no se consideran solteras por naturaleza empiezan a preocuparse y piensan que tienen un problema. Se preguntan si en verdad tienen fobia al compromiso. Es una distinción importante. Las personas que anhelan una relación romántica duradera, pero se ven socavadas por una ansiedad debilitante, pueden recibir ayuda psicológica. Las personas solteras por naturaleza deben comprender que, al buscar relaciones románticas, van detrás de un objetivo que no es en realidad el suyo. Su mejor forma de vida nunca tendrá en el centro a una relación romántica convencional.

Cuando se reconozca que la soltería es una opción significativa, satisfactoria y enriquecedora, no solo a corto plazo sino para toda la vida, menos personas sentirán la necesidad de buscar relaciones románticas que en realidad no desean. Eso será bueno para ellos y para las personas que habrían sido sus malogradas parejas.

La presión de que se te den bien las relaciones sentimentales

Que nos digan que tenemos fobia al compromiso es solo una de las formas en que se niegan o descartan los verdaderos sentimientos de las personas solteras por naturaleza. Otra es la acusación de que no se nos dan bien las relaciones románticas. Puede que a algunos de nosotros no se nos den bien, sobre todo porque la mayoría de las veces no nos interesan y tenemos poca práctica. Pero no nos interesan porque somos solteros por naturaleza, no porque no sirvamos para eso.

Es más, algunas personas solteras por naturaleza saben bien cómo tener una relación romántica. Andrea, una soltera de veintinueve años de Nueva York de toda la vida, es una de ellas. Es capaz de impresionar no solo a sus novios, sino incluso a sus padres: «Encajo en el perfil de "novia perfecta", así que los padres me reciben con fascinación y adoración». Eso tiene su atractivo. Como ella misma dice:

> Me atrae la idea de alcanzar objetivos tradicionales. Por ejemplo, yo era buena estudiante. Me gustaba y me importaba sacar buenas notas y recibir la aprobación de los profesores. En esta misma línea, las citas y el matrimonio me atraen como un proyecto que podría abordar de manera estratégica, en el que tendría éxito y por el que me alabarían. Pero entonces recuerdo que la consecuencia de «ganar» es (supuestamente) pasar la vida con mi «conquista», y mi aversión a ese destino es suficiente para arruinar el atractivo de la búsqueda.

Solteros hasta el final: puede que la presión nos hiciera dudar de nosotros mismos, pero nunca nos casamos

Escribí una composición (aún la conservo) cuando tenía nueve años. El tema era: «Qué quiero ser cuando sea mayor». El resumen de lo que escribí: Lo que quiero [es] viajar por el mundo y ser muy buena en mi trabajo, no quiero casarme ni tener familia. He cumplido con casi todo, ¡mi yo de nueve años se habría sentido muy orgullosa!

—Eva (cuarenta y cuatro años, Londres, Inglaterra)

Para personas como Jennifer, Sophia, David, Kristin y Mary, el proceso de probar el matrimonio o la pareja romántica resultó esclarecedor. Otro camino totalmente distinto para llegar a reconocerse como soltero por naturaleza es aceptar la soltería como una opción y reconocer lo cómoda y adecuada que es una vida así. Es un camino que se ha hecho cada vez más accesible con el paso del tiempo, ya que en muchas naciones del mundo la gente permanece soltera más tiempo. Poco a poco, la edad a la que la gente se casa por primera vez, si es que llegan a casarse, ha ido aumentando. En los Estados Unidos, hoy en día ronda los treinta años en los hombres y los veintiocho en las mujeres.[85] Como ya no es regla casarse a los veinte años, los jóvenes solteros sienten menos estigmatización que los solteros que les precedieron y menos presión para casarse. El paso del tiempo a lo largo del siglo XXI ha sido bueno con los solteros. En un estudio en el que se sondeó a una muestra representativa de alemanes a nivel nacional que cambiaba cada seis años desde 1996 hasta 2014, cada nuevo grupo de personas sin pareja romántica declaró estar más satisfecho con su vida que el anterior.[86]

A sus setenta y tres años, Joan, de Newark, Delaware, ha sido testigo de cómo fueron cambiando las actitudes hacia el matrimonio y la soltería. La forma en que fue comprendiendo su soltería fue cambiando a la par. En un ensayo que escribió como invitada para mi blog «Living Single» («Vida de solteros»), recordaba cómo trataban a su abuela de manera controladora y degradante en el contexto de su matrimonio.[87] Según Joan, «no era tanto una relación de pareja como una situación de rehenes autorizada socialmente». Si eso era estar casada, a Joan no le interesaba. En su entrada del blog, escribe:

Donde yo crecí, «¿Te deja tu marido ir al cine el sábado?» era una pregunta perfectamente normal que una mujer le hacía a otra. Pero en la ciudad universitaria a la que me mudé después de terminar mis estudios de posgrado, no habría sido una pregunta denigrante sino más bien incomprensible, como si estuviera hablando en latín. Lo entendí: el matrimonio en mi nuevo entorno era muchísimo más igualitario que lo que había conocido hasta entonces. Así que… Vale, pensé. Supongo que sí puedo casarme.

Pero pasaba el tiempo y no ocurría nada. Sin darme cuenta, estaba experimentando lo que Bella DePaulo describe como la creencia de que *debes* querer encontrar pareja, porque se supone que todo el mundo lo hace: «Sin embargo, de alguna manera, dar pasos concretos hacia ese objetivo me resulta tan interesante como ordenar el cajón de los calcetines o borrar viejos correos electrónicos». El correo electrónico aún no se había inventado, pero el resto era cierto. Aunque me gustaba la compañía de los hombres, lo de salir y buscar marido no lograba despegar, y no parecía importarme.

A mi alrededor, mujeres bien educadas e independientes prosperaban en sus matrimonios. Eso me hizo preguntarme: ¿Y si me estaba perdiendo algo? Si el trauma de la infancia seguía guiando mis decisiones, entonces no era del todo libre.

Era un claro trabajo para un terapeuta.

«Si decidieras casarte», me preguntó un día el psicólogo, «¿qué tipo de hombre buscarías?».

Uno con un trabajo desafiante y muchos intereses externos. Que haga trabajo voluntario. Que practique deportes. Algo así.

«¿Así que querrías a alguien polifacético y estimulante a nivel intelectual?», me preguntó el terapeuta.

No. Querría a alguien que nunca estuviera en casa.

Y era eso, allí estaba. No se trataba de independencia económica ni de igualdad, cosas que antes eran tan importantes para mí. Para entonces, ya conocía a muchas mujeres casadas que tenían ambas en abundancia.

Pero yo no estaba empezando de cero, buscando una pareja con la que construir una vida. Mi identidad adulta ya estaba establecida, con amigos, una carrera gratificante, unos ingresos decentes, mi propia casa, intereses que me atraían profundamente y, sobre todo, una necesidad de intimidad, soledad y autonomía demasiado intensa para compartir la vida con otra persona. Incluso el matrimonio más igualitario significaría cambiar lo que tenía por otra cosa. Debía cambiar no solo cómo pasaba mis días, sino quién era yo.

Joan quería ser quien era de verdad. Una vez que comprendió que era soltera por naturaleza, pudo vivir con autenticidad. Pudo hacer propia su vida independiente y plena a nivel psicológico, sin miedo a seguir necesitando un psicoterapeuta que la esclareciera en ese asunto.

En mi caso, comprender que era soltera por naturaleza fue un proceso de varias etapas. Al crecer, mi historia era como la de muchas otras personas: no sabía que querer ser soltera era algo posible. Miraba a mi alrededor a todas las personas que tenían pareja o que aspiraban a tenerla y yo no lo sentía así. Durante mucho tiempo pensé que era lenta. Con el tiempo, pensé que a mí también me vendría el gustito por el matrimonio. Mientras tanto, intenté imaginar versiones de una pareja que pudieran funcionar para mí. Me dije que tal vez mi pareja viviría lejos y nos veríamos solo los fines de semana. Eso estaría bien. Saldríamos a cenar. Tal vez mis amigos en pareja, que solo socializaban con otras parejas los fines de semana, también me incluirían a mí. No me entusiasmaba la idea de compartir mi casa, ni siquiera durante un fin de semana, pero sería mejor que vivir con alguien todo el tiempo.

Unos años más tarde, cuando visitaba a una amiga en su preciosa casa llena de brisa de mar en Long Island, me presentó a la pareja que encendió la siguiente bombilla de luz para mí. La mujer vivía en Nueva York. El hombre vivía en el estado de Washington, a casi cinco mil kilómetros de distancia. Se veían muy poco. *Eso* sí que era algo con lo que podía vivir.

No sé cuándo dejé de intentar encajar mi vida en el único guion que me había aprendido, el que situaba a una pareja romántica en el centro de todo. Creo que nunca tuve un momento de «ajá», un instante en el que me di cuenta de que la soltería era lo que yo quería en realidad y que nunca más volvería a considerar a la pareja como uno de mis posibles escenarios futuros. Pero después de haber vivido en este espacio psicológico durante bastante tiempo, puedo decir que es glorioso.

Concebirnos como solteros por naturaleza es liberador, más allá del camino que tomemos para llegar hasta ahí. Ya no tenemos que preguntarnos si nos pasa algo o si vamos a cambiar de opinión. Podemos instalarnos en la vida que siempre hemos amado, llevando con nosotros nuestras fortalezas secretas y cosechando las recompensas que han pasado desapercibidas durante tanto tiempo.

Estas personas tienen una relación romántica comprometida, pero aún así se identifican como solteros por naturaleza

Algunas personas que insisten con que son solteras por naturaleza parecen haber organizado su vida en torno a una relación monógama comprometida. Algunos incluso están casados. Están libres de las presiones de encontrar pareja porque ya la tienen. Estas personas pertenecen a dos categorías. La primera es la que esperaba encontrar: personas que nunca deberían haberse casado, y solo siguen casadas porque creen que sería injusto para su pareja dejarla. Los otros, sin embargo, quieren a su pareja y desean mantener su relación, pero siguen pensando que, en el fondo, son solteros. Por lo general, no obtienen una puntuación tan alta en el cuestionario como las solteras por naturaleza que no tienen una pareja romántica importante en su vida.

Los que tienen una relación de pareja seria y permanecen en ella a regañadientes a veces me dicen que quieren a su pareja y que su pareja los quiere a ellos, pero que anhelan estar solteros. Un hombre me dijo que le parecería «una locura» pensar que alguien pueda estar en un matrimonio respetuoso y lleno de amor y aun así sentir a su «auténtico yo llamándolo» a la soltería; pero eso era exactamente lo que él sentía. Cuando recordaba su época de soltero, la veía como una vida más amplia, más a tono con sus valores y que fomentaba sus puntos fuertes. Por ejemplo, le daba un profundo valor a las amistades cercanas que había cultivado cuando era soltero, pero como hombre casado sentía que «tenían que ser secundarias en la jerarquía de mi afecto, y eso tiene consecuencias en la intimidad y el crecimiento de esas relaciones». Siguió casado, pero sintió que se resignaba «a una vida satisfactoria, dejando de lado la vida extraordinaria».

Eleanore, una australiana de sesenta y cuatro años de Sídney, cuenta una historia muy diferente. Mantiene una «relación romántica encantadora» con un hombre y quiere seguir en ella. No viven juntos, pero son pareja desde hace años. Eleanore es introvertida y, en situaciones sociales, aprecia tener una pareja que «me acompañe para ayudarme a que me relaje o para evitar la interacción con los demás cuando en realidad no quiero hacerlo». También le gusta el sexo y «tener a alguien con quien viajar, que sepa arreglar cosas, que mate bichos».

Tener un lugar propio es importante para Eleanore. «Disfruto de mi propia compañía y me gusta pasar tiempo sola. Me encanta que mi tiempo y mi dinero sean míos y poder usarlos como quiero sin tener que consultar con nadie. (Es bastante diferente decidir consultar de vez en cuando que tener que hacerlo o que se espere que lo haga)».

«Al principio de mi relación actual», cuenta Eleanore, «mi chico expresó su deseo de verme más. Le pregunté cuánto más y me respondió que no le importaría verme todos los días. Pensé: "¿Por qué querría alguien ver a otra persona todos los días?", hasta que caí en la cuenta de que eso es lo que quiere mucha gente en el mundo. Yo nunca he querido eso».

«Siempre he valorado más la soltería que formar parte de una pareja», añadió. «Es un poco como hacer malabares».

En su compromiso por tener tiempo y espacio para sí misma, Eleanore es soltera por naturaleza al cien por ciento. Lo demuestra eligiendo vivir separada de su pareja. Todas las personas a las que escuché que se identificaban como solteras por naturaleza, aunque tuvieran una pareja sentimental importante, vivían cada uno en su casa, o en partes separadas de una casa, o compartían casa solo hasta que podían permitirse una propia, o pasaban largos periodos de tiempo separados.

Eleanore también disfruta de la independencia de tener su propio dinero y gastarlo como quiere, sin consultar con su pareja ni con nadie. Eso es característico de las personas solteras por naturaleza.

Una de las preguntas del cuestionario era: «Cuando piensas en hacer un gran cambio en tu vida, como emprender una nueva carrera o mudarte a la otra punta del país, ¿qué prefieres?». Eleanore rechazó la respuesta «Tomar la decisión con un compañero, aunque eso signifique que no elijas tu opción favorita». En su lugar, eligió «Tomar la decisión que te parezca correcta, sin preocuparte si tu pareja la aprobaría o si tu decisión podría obstaculizar los objetivos de tu pareja». Junto a eso, escribió: «Esta es mi respuesta "real", aunque puede que no sea justa con mi pareja, y *es posible* que tome en cuenta sus necesidades». Esa es la ambivalencia de alguien que se identifica como soltera por naturaleza y, sin embargo, valora a su pareja sentimental y no quiere ser injusta con él.

En cierto modo, Eleanore considera que tiene lo mejor de ambos mundos. A la pregunta de si es autosuficiente, es decir, si le gusta afrontar los problemas y los retos casi siempre sola, responde que sí. Luego añade: «pero no estoy en contra de que se haga cargo de las cosas que no quiero hacer». Otra pregunta del cuestionario era: «Si piensas en la posibilidad de que cuando te vas a dormir por la noche no haya nadie más en la cama contigo, ¿cómo te sientes?». Eligió las dos opciones: «No te gustaría» y «Te parece bien». Ella explicó: «Me gusta dormir sola. También puede ser reconfortante tenerlo allí a veces. Como vivimos separados, tengo ambas cosas».

Nuestros modelos a seguir

Cuando tenía unos nueve o diez años, admiraba a la directora del Club de chicas de mi ciudad, June Bowman. Tenía un despacho, llevaba un maletín, tenía su propio coche y era la jefa. Por aquel entonces, era mi ídola. De niña, quería ser June Bowman.

—CLAUDIA (sesenta y nueve años, Washington, D. C.)

Cómo protegerse de las presiones

Claudia tenía lo que muchos solteros desearían tener: un modelo a seguir. Sabía que era posible vivir una vida emocionante como soltera porque conocía a alguien que ya lo había hecho, alguien a quien idolatraba. Los modelos de conducta, los profesores y amigos que nos apoyan, las comunidades de personas con ideas afines, los terapeutas astutos y las charlas, escritos y pódcasts esclarecedores pueden protegernos de las incesantes presiones que nos obligan a poner a una pareja romántica en el centro de nuestras vidas.

Ketaki (treinta y cuatro años, Manipal, la India) creció entre miles de modelos a seguir. La mayoría de sus profesores eran solteros de toda la vida, dedicados a sus alumnos y apasionados por la enseñanza. Formaban parte de una comunidad espiritual del sur de la India que no alentaba el matrimonio. Cuando converso con personas solteras de los Estados Unidos que practican una religión, ya sé lo que me espera. Les duele el modo en que sus comunidades religiosas parecen valorar y validar más a los casados que a los solteros. Sin embargo, los solteros de toda la vida que fueron los modelos de Ketaki creían que «una diversidad de formas de vivir y de criar a los hijos era necesaria para el progreso humano». De ellos, Ketaki «pudo recurrir a un vasto legado de vidas que enaltecían la soltería».[88]

En la mayoría de los lugares del mundo, no abundan las comunidades de personas solteras que apoyan y validan a otros solteros. Puede que necesitemos crear nuestros propios espacios especiales. En el grupo de Facebook Comunidad de Solteros, compartimos nuestras alegrías y nuestros logros, debatimos cuestiones especialmente relevantes para la vida de los solteros y expresamos sin reservas nuestra exasperación por las formas en que se estereotipa, estigmatiza, compadece o ignora a los solteros.[89]

En un debate sobre lo que el grupo ha significado para muchos de sus miembros, Selene dijo:

Iba de cita en cita y me creía el mito de que tenía que encontrar «al elegido» (aunque en el fondo no lo sentía así). De repente me encontré con un mundo en el que lo importante ya no era toda la narrativa cultural del romance y el matrimonio, sino vivir una vida auténtica. Las conversaciones y perspectivas de este grupo han sido de un valor incalculable para mí. Me encanta sentir que he encontrado almas afines y adoro los animados debates donde no siempre estamos de acuerdo.

A veces, los solteros buscan apoyo en terapia. Eso no siempre funciona porque algunos terapeutas dan por sentado que sus clientes solteros estarían mejor a nivel psicológico si estuvieran en pareja, incluso cuando esos clientes no describen su soltería como un problema. Pero los mejores profesionales de la salud mental pueden esclarecernos de manera magnífica.

En *The Art of Not Falling Apart* (*El arte de no carse a pedazos*), Christina Patterson no trató de ocultar el profundo anhelo de tener pareja que experimentó durante años, ni sus muchos intentos de dejar de ser soltera. Su terapeuta no se lo creía:

«No creo», dijo el terapeuta un día, «que realmente quieras conocer a alguien»... Me quedé estupefacta. ¿Qué *quería decir* con que no quiero conocer a nadie? ¿Y todas las citas que tengo? ¿Las malditas y horribles citas? ¿Qué pasa con las citas rápidas, las citas por Internet, las agencias de citas, las citas a ciegas organizadas por amigos, las cenas, las fiestas y todo ese esfuerzo agotador y humillante? Pero cuanto más lo pensaba, más me daba cuenta de que era probable que tuviera razón. La cosa es que a menudo me escapaba porque me aburría. Cuando estoy sola, nunca, nunca me aburro.[90]

Las personas que mejor nos conocen pueden ser las que más nos apoyan, una vez que se dan cuenta de que la soltería es realmente nuestra mejor forma de vida. Evan (cuarenta años, San Francisco, California), al igual que muchos otros, describió haber experimentado menos presión y más validación a medida que se hacía mayor:

En general, cuando era más joven, la gente solía ser condescendiente y decirme: «Ya cambiarás de opinión» o «Es que aún no has conocido al hombre adecuado». Sin embargo, a medida que fui haciéndome mayor, he oído estos comentarios con menos frecuencia. Creo que la gente que me rodea se ha dado cuenta de que soy así.

También podemos ser selectivos sobre a quién acogemos en nuestros círculos íntimos. Como dijo Sonya (cuarenta y siete años, Parkersburg, Virginia Occidental): «Lo bueno de ser soltera es que puedo elegir a mi gente y elegir a quién evitar».

¿La soltería por naturaleza es algo innato?

No puedo dar una respuesta definitiva a la pregunta de si ser soltero por naturaleza es algo innato. Hacen falta más estudios. Pero puedo decir que es algo más que un estilo de vida. Es algo más profundo. Las personas que son sin duda solteras por naturaleza sienten una fuerte atracción por la soltería; para ellas, es la forma de vivir que les resulta más natural, cómoda y auténtica. A menudo me centro en las personas que se identifican de forma más definitiva como solteras por naturaleza, pero considero que existe en un espectro. En algunos casos es mucho más evidente que la persona lo es por naturaleza que en otros.

Alguien que no lo es, pero quiere serlo no puede cambiar su forma de ser a la fuerza. Sin embargo, cualquiera puede probar la vida de soltero por naturaleza. Por ejemplo, puede intentar apreciar la soledad y aprovechar al máximo la libertad que tenga en sus manos. Puede cuidar con afecto de todas las personas que le importan, en lugar de dar prioridad únicamente a una pareja romántica. En ocasiones, ese experimento puede ser revelador, como cuando las personas se dan cuenta de que la soltería es en realidad su mejor estilo de vida.

Consejos

¿Qué podemos hacer para crear un mundo más amable con los solteros por naturaleza, de modo que sintamos apoyo cuando abrazamos nuestra mejor forma de vida en lugar de presión para formar pareja? He aquí algunos consejos, en primer lugar, para nuestros aliados, que quieren lo mejor para nosotros, pero no están seguros de cómo contribuir; en segundo lugar, para las personas que están intrigadas por la soltería, pero también preocupadas; y, en tercer lugar, para mis almas gemelas solteras por naturaleza.

Para nuestros aliados

Haz preguntas sobre otros temas que no sean las relaciones románticas.

¿Te acaban de presentar a alguien? ¿De dónde es esa persona? ¿Lleva mucho tiempo viviendo aquí? ¿Cómo conoció a los anfitriones? Menuda tormenta la de ayer, ¿verdad? Con tantas posibilidades de conversación, no hay necesidad de centrarse en el estado civil. Las personas que quieren que sepas que tienen un cónyuge o pareja sentimental lo incluirán en la conversación, tanto si te interesa como si no.

La experiencia de Sophia (cincuenta y siete años, Inglaterra) muestra lo que puede significar para alguien soltero por naturaleza que no le hagan esa pregunta tan previsible:

> Me divorcié a los cuarenta y tres. Cuando tenía cuarenta y seis, asistí a la fiesta de cumpleaños de un amigo. Conocí a una mujer y charlé con ella unos quince minutos. En algún momento de la conversación se me encendió una bombilla... ¡no me había interrogado sobre mi situación sentimental! Me di cuenta de que me estaba esperando con miedo la pregunta de si estaba saliendo con alguien. Era sorprendente que no hubiera intentado averiguar si tenía pareja. Así que le dije: «Gracias por no preguntarme si tengo pareja o no. De alguna manera eso me hace sentir muy bien». Y ella me dijo con toda naturalidad: «Eres una persona completa en ti misma». Y casi lloro porque era una gran verdad.

No preguntes a los solteros por qué siguen solteros.

Cuando la gente quiere saber por qué seguimos solteros, puede parecer una conversación inofensiva. Pero esta pregunta puede resultar exasperante, ofensiva y, a veces, devastadora. Laurie, treinta y cinco años, de Michigan, nos contó esta historia:

> A veces la gente me pregunta directamente si estoy saliendo con alguien, mientras que otros si hace tiempo que no me ven me preguntan «¿Qué hay de nuevo?», pero es evidente que lo que en realidad les interesa es mi vida amorosa. Una vez un médico me preguntó por qué no me había casado. «¿Qué te pasa? Eres guapa. No deberías tener problemas. ¿La gente piensa que eres rara?» (De verdad dijo esto). Y hubo más. Muchas suposiciones: que yo quería tener una relación o casarme, que mi vida sería de alguna manera mejor si lo hacía, que algo debía estar mal en mí a nivel social si no había podido casarme a cierta edad. Fue una gran bofetada en la cara que me empujó al universo de las citas y es

probable que me haya obligado a permanecer allí cuando en realidad no quería.

He escrito algunas entradas en mi blog recopilando las respuestas favoritas de los solteros a la pregunta «¿por qué estás soltero?». Réplicas ingeniosas como «tengo suerte, supongo» o «estoy sobrecalificado» pueden ser satisfactorias. Pero pueden leerse como bromas o, peor aún, interpretarse como respuestas defensivas. Yo prefiero un enfoque no conflictivo, del tipo «solo por curiosidad...», que haga replantear a la otra persona sus suposiciones más fundamentales. Me gusta la sugerencia de Kris Marsh, autora de *The Love Jones Cohort: Single and Living Alone in the Black Middle Class* (*La cohorte Love Jones: soltería y vida en soledad en la clase media negra*): preguntar «¿Qué quieres decir con eso?».[91] La persona que se enfrenta a esa pregunta pronto se da cuenta de que es difícil justificar la pregunta de «por qué estás soltero».

Alégrate por nosotros.

Los solteros por naturaleza no nos desconsolamos cuando nuestros amigos o parientes encuentran la pareja de sus sueños (a menos, claro, que nos borren de su vida). No les envidiamos en secreto. No queremos robarles su cónyuge. Nos alegramos de ser felices por ellos y deseamos que nos comprendan y se alegren por nosotros. Pero resulta que eso es mucho pedir. Esto es lo que dice Joan (setenta y tres años, Newark, Delaware):

> Hace unos años presenté a dos profesores viudos que más tarde se casaron. Algunos de nuestros colegas se compadecieron de mí por haberme perdido algo, como si me hubiera quedado en la puerta mientras la otra mujer se casaba. *Ese es un aspecto de la soltería del que podría prescindir con facilidad.* No importa cuántas veces lo diga, incluso la gente que me conoce desde hace tiempo no puede hacerse a la idea de que realmente quiero vivir como vivo. Lo que sí me gustaría tener del mundo de las relaciones románticas comprometidas es el reconocimiento universal de la validez de mi forma de vida.

Entiende que no estamos pasando el tiempo.

En general, a la gente no le cuesta creer que los solteros desean de verdad serlo *durante un tiempo*. Sobre todo, cuando son jóvenes. O mientras superan un divorcio o una ruptura. Pero se supone que ese deseo de ser soltero es temporal. Y no debería ser así. Esto es lo que algunos compañeros de trabajo que tienen pareja le dijeron a Andrea (veintinueve años, Nueva York):

> La gente del Club Med siempre me decía: «¡Qué vida más genial! ¡Eres inteligente al hacer esto mientras puedas!», como si alguien viniera a obligarme a sentar la cabeza. ¿Se dan cuenta estas personas de que el camino de vida que han elegido (¿y del que se arrepienten?) es opcional?

Deja que los niños sean niños.

No les preguntes a los niños de cinco años si tienen novio o novia. Padres, no les digáis a vuestras hijas que queréis vivir lo suficiente para llevarlas al altar. Padres, madres y familiares, estad en sintonía con vuestros hijos y validad lo que son en realidad y lo que quieren de verdad, y seguid haciéndolo incluso cuando hayan crecido. Contadles a los niños las opciones que tienen en la vida adulta, y prestad a la soltería la misma atención y respeto que a otras trayectorias vitales.

Haz referencia a la soltería por naturaleza en tu trabajo creativo.

Si perteneces a la clase creativa, escribe novelas, películas, programas de televisión y letras de canciones que traten temas que no sean solo el matrimonio y el romance. Muéstranos personas complejas y fascinantes que son solteras por naturaleza. Revela lo que en realidad están pensando cuando se los elige para el papel en medio de la masa que sigue chillando imperterrita ante el último anuncio de compromiso. ¡Tendrás garantizada la próxima comedia de éxito!

Para las personas que están intrigadas por la soltería, pero también preocupadas

Pruébalo, puede que te guste.

Casi todas las historias de vida que he compartido en este capítulo terminan de la misma manera: los protagonistas se dan cuenta de que, a pesar de todas las presiones para estar en pareja, la soltería es su mejor estilo de vida, y entonces eligen vivir de esa manera. Tal vez hayas leído todas esas historias, te sientas intrigado por ellas, pero sigas sin saber si esa sería la forma de vida más significativa y satisfactoria para ti. La mejor manera de saberlo es probarlo. Comprométete con la soltería, quizá durante un año. Cuando pase ese tiempo, lo sabrás.

Es tu vida; lo que tú quieres es lo más importante.

Algunas personas, como «Soltera feliz», la persona que escribió a la columna de consejos de Carolyn Hax, ya saben que les encanta estar solteras. El problema es que sus hijos ya adultos la instan a que busque pareja y las presiones parecen ser omnipresentes. Las personas como «Soltera feliz» merecen tomar las riendas de sus vidas. Se conocen mejor que nadie. Deben honrar a la persona que saben que son.

Para los solteros por naturaleza

Vive tu soltería con plenitud y alegría.

Para llegar al punto en el que comprendes que la soltería es tu mejor forma de vivir y te identificas como soltero por naturaleza, has superado todo un sistema de recompensas y castigos y normas, expectativas e ideologías que intentaban persuadirte de que solo la vida en pareja es normal, natural y de verdad satisfactoria. Ahora haz todo lo que siempre has querido hacer. Ocupa el lugar que te corresponde en la sociedad. No hay nada que debas dejar de hacer por el mero hecho de ser soltero.

Hazte cargo de tu amor por la soltería.

En *The Drew Barrymore Show*, Barrymore le hizo una pregunta a la actriz Allison Janney, que entonces tenía sesenta y un años: «¿Es verdad que alguna vez dijiste que no querías casarte ni tener hijos?». «Sí», respondió Janney. «Creo que, si en el momento indicado hubiera encontrado al hombre indicado que quisiera tener hijos, es probable que hubiera sido con la pareja adecuada, porque nunca estuve realmente segura de querer tener hijos. Prefiero arrepentirme de no tener hijos a tener hijos y arrepentirme de ello. En este momento de mi vida estoy empezando a saber quién soy y qué quiero. Me encantaría encontrar, ahora o más adelante, a alguien con quien compartir mi vida, aunque si no ocurre, estaré bien. Pero sería bonito».[92]

Cada vez que oigo comentarios como los que hizo Janney, me pregunto por el tono evasivo. ¿Es posible que en realidad solo quisiera responder: «Sí, es cierto; no quiero casarme ni tener hijos»? ¿Sintió que, aunque cuenta con toda la libertad de su estatus de celebridad, no sería aceptable dar una respuesta tan rotunda sin matices?

Tal vez sea cierto que Allison Janney se habría casado y habría tenido hijos si hubiera encontrado a la persona adecuada en el momento oportuno, y que le encantaría encontrar un compañero de vida. Pero en general la gente espera que los solteros de toda la vida justifiquemos de algún modo nuestra vida y somos conscientes de eso. Si la vida de Janney se hubiera desarrollado de otra manera, Barrymore probablemente no le habría hecho la pregunta análoga: «¿Es verdad que has dicho alguna vez que no quieres dejar tu matrimonio ni dejar de involucrarte en la vida de tus hijos?».

También me pregunto lo de las evasivas, porque varias personas que en verdad no quieren casarse ni tener hijos me han dicho que hacen lo mismo. No pueden llegar muy lejos admitiendo lo que en verdad sienten. Mary (treinta y tres años, Buffalo, Nueva York) me contó esta historia:

> Estaba comiendo con una compañera de trabajo a la que no conocía muy bien a nivel personal. Nuestra conversación giró hacia el tema del matrimonio, y recuerdo que me sentí cómoda diciéndole que no le veía sentido, que me parecía una institución anticuada

utilizada para privilegiar a algunas personas, etc. Cuando me preguntó si me gustaría al menos tener una pareja romántica comprometida a largo plazo en mi vida, aunque no nos casáramos, le dije: «¡Sí, por supuesto!», aunque sabía que estaba mintiendo. Sentía que no podía admitir que estaba decidida por completo a ser soltera para siempre, porque me haría parecer un bicho raro. Estar ideológicamente en desacuerdo con la tradición del matrimonio era una cosa, pero rechazar todo el paradigma de la pareja monógama para toda la vida me parecía algo demasiado radical como para confesarlo.

Las preocupaciones de Mary estaban justificadas. Cuando Kristin (cincuenta y cinco años, Bellingham, Washington) decidió que iba a decirle a sus amigos y familiares que era soltera por naturaleza, no se preocupó, pero debería haberlo hecho:

No pensé que iba a necesitar ninguna preparación para ese anuncio. No imaginé ni por un minuto que me condenarían al ostracismo. La comunidad lésbica se alejó de mí como si tuviera una enfermedad contagiosa. Si no estaba «en el mercado», ¿qué sentido tenía? Mi familia mantuvo un silencio extraño ante el anuncio. Para ellos no tenía sentido. Se supone que la gente se empareja, y a ellos no les importaba con quién, pero tomar la decisión consciente de *no* querer tener pareja era raro. Mis amigos me hacían preguntas personales muy groseras, del tipo si eso quería decir que era asexual. Se sentían con derecho a hacer preguntas sobre mi sexualidad cuando para mí sería impensable hacerles preguntas similares. («¿Con qué frecuencia te acuestas con Fred? ¿Alguna vez has deseado estar con otra persona?»). Y, por supuesto, querían averiguar qué estaba «mal» conmigo y «ayudarme a estar bien». Para la mayoría de la gente es más fácil aceptar la noción de una pareja del mismo sexo que la noción de no estar en pareja en absoluto. Les da cierta satisfacción aceptarte como gay, obtienen cierta validación liberal. La soltería por naturaleza solo los hace volver la mirada con miedo y desazón hacia su propia situación personal.

Tanto Mary como Kristin podrían haber recibido un trato más cordial si hubieran dicho que les daba pena estar solteras. Agradezco a Mary por dar el primer paso y decirle a su colega que no estaba interesada en el matrimonio. Quizá en algún momento esté preparada para ir más allá y decir que tampoco le interesa tener una pareja romántica a largo plazo en su vida. Estoy orgullosa de Kristin por declararse soltera por naturaleza. No tuvo la reacción que a ninguna de los dos nos hubiera gustado, pero apuesto a que causó impresión, y quizá compartir su historia ayude a cambiar la experiencia de los que vengan detrás de ella. Su madre y sus amigos, quizá por primera vez, tuvieron que tomarse en serio la idea de que a algunas personas solteras les encanta serlo y no quieren cambiar de opinión. Ahora conocen a alguien para quien eso es cierto; no es solo una abstracción.

Depende de nosotros, los solteros por naturaleza, hacernos cargo de nuestra soltería. Cuando respondemos a las preguntas sobre nuestra soltería sin rodeos, sin reservas ni disculpas, la normalizamos. Cuando hablamos con efusividad de nuestras pasiones o de las personas que significan tanto para nosotros, o con poesía de cómo disfrutamos la soledad, modelamos una forma alegre y festiva de ser soltero.

También hay recompensas para nosotros cuando nos hacemos cargo de nuestro amor por la soltería. Joan (setenta y tres años, Newark, Delaware) describe así su experiencia:

> Como profesora en una importante universidad pública, me encontré con menos discriminación hacia los solteros de la que podría haberme encontrado, pero estaba claro que seguía habiéndola. Durante años, resolvía cada problema por separado —como la dificultad para conseguir una tarjeta de crédito y, más tarde, una hipoteca— y luego me olvidaba del asunto. Sin darme cuenta, tendía a evitar cualquier referencia a la problemática de la soltería, como si no quisiera provocar a los casados. Parecía que cuanto menos hablaba, mejor. Pero hace unos años, cuando empecé a escribir sobre ello, me sentí completa por primera vez. No es del todo comparable a la salida del armario de la homosexualidad, ya que todo el mundo sabía que era soltera. Pero sentí la misma sensación de liberación y autoafirmación que he oído

expresar a gays y lesbianas sobre ocupar el lugar que le corresponde a uno, sin timidez ni disculpas; en mi caso, como mujer heterosexual que prefiere vivir soltera y lo hace muy bien.

Cuando conozco a gente nueva, me empeño en describirme como una persona soltera de toda la vida. En una fiesta de inauguración de una casa en mi barrio, cuando un hombre casado se presentó, le contesté: «Soy Bella, tengo sesenta y nueve años y he sido soltera toda la vida». Lo dije como una declaración de orgullo. Pero en respuesta, me habló de una mujer que había sido una soltera feliz toda su vida, se casó a los sesenta y cinco y ha vivido feliz desde entonces. Creo que intentaba tranquilizarme, como diciendo: «No te preocupes, Bella. Incluso a los sesenta, aún puedes encontrar al Elegido». Le dije que prefería las historias en las que los solteros felices seguían solteros, y luego añadí que pensaba que el matrimonio estaba sobrevalorado. Se quedó pensativo por un momento, miró a su mujer, que estaba fuera del alcance de sus oídos, y dijo: «Si admitiera lo que siento al respecto, pasaría la noche en el cobertizo».

3

La libertad

Me encuentro en un momento maravilloso de mi vida. Soltera desde hace quince años, tomo cada segundo como una profunda bendición personal que no hay que desaprovechar. Cuando estaba en Sídney y mi relación terminó, de repente tuve que aprender a hacer todas las cosas que otra persona había hecho por mí. Encontré un nuevo hogar, me mudé y aprendí a conducir. También aprendí a escribir HTML por mi cuenta y creé una página web para un grupo de rock del Reino Unido. Los miembros de la banda y yo compartíamos la pasión por la música, así que viajé al Reino Unido y los conocí. Allí encontré una vida social, y superé la profunda incomodidad que sentía cuando socializaba e incluso descubrí en mí una capacidad no solo para conectar con otras personas, sino para unir a otras personas entre sí. Dejé mi carrera en Australia y me trasladé al Reino Unido para estar más cerca de la música que amo y de quienes la hacen. Conocí a más y más músicos (antes solo eran nombres en las contratapas de mis vinilos y CD), los reuní para que tocaran, organicé sus conciertos, los fotografié y grabé en vídeo, mis fotos han aparecido en los CD, etc. Y ahora, de repente y sin esperarlo, para mi gran alegría, estoy tocando en el escenario junto a estos músicos. Me he convertido en una rockera a los cincuenta y un años.

—CAROL (Londres, Inglaterra)

Durante toda su vida, Carol se sintió atraída por la libertad y la autonomía de la soltería. Me dijo que, incluso de niña, «su instinto sabía» que no quería tener pareja. Pero durante mucho tiempo nunca cuestionó la presunción de que todo el mundo tenía pareja. Ella también lo hizo, incluso se fue a vivir con un hombre. Pero no funcionó. Durante todo ese tiempo, sintió una «clara desconexión» con su pareja y con la vida en pareja en general. A los treinta y seis años, los dos se separaron de manera amistosa, y ahí empezó su verdadera vida de soltera por naturaleza.

Carol abrazó su soltería con todo el corazón. Aprendió nuevas habilidades, unas que la ayudarían para la vida cotidiana a nivel práctico y otras que supo monetizar. Perfeccionó su talento para la fotografía y llegó a ver su trabajo plasmado en la contraportada de un CD. Descubrió un talento para socializar y reunir a la gente que no sabía que tenía. Fue detrás de su pasión por la música que la llevó de un continente a otro. Su historia no era la de una fan enamorada de un músico famoso y seductor. Su amor era por la música, y fue *ella* quien se convirtió en la rockera guay y famosa, en el escenario de Londres, pasándolo de maravilla.

Para Carol, la vida en pareja era una vida inferior. Una vez que se pudo librar de ella, dejó de ser una persona tímida que no sabía conducir un coche y se convirtió en una intérprete de rock con una vida parecida a «una deliciosa vorágine de hiperactividad». Cuando abrazó la soltería, Carol se liberó de la presunción de que su vida adulta debía seguir un guion predeterminado, el de irse a vivir con una pareja romántica y casarse, tener hijos y nietos. Era libre de escribir su propio guion y, si en algún momento quería reescribirlo, también podía hacerlo.

● ● ●

Tras la muerte de mi padre, recibí una tarjeta de pésame que incluía una nota manuscrita de una mujer que contaba que cuando su padre murió, su madre renació. Me pareció una forma peculiar de expresar el pésame. Unos días después, recibí otra nota que decía lo mismo. Seguía sin entenderlo. Ahora creo que sí. Algunas mujeres (y hombres) tienen una vida más plena, auténtica y significativa cuando están solteros. Junto al profundo dolor que experimentan muchas personas viudas hay algo más: la sensación de que se está a punto de comenzar una nueva vida, una en la que es muy posible prosperar.

Es distinto para los solteros recientes que anhelan estar en pareja. Rara vez hacen lo que hizo Carol. En su lugar, dan prioridad a la búsqueda de esa persona especial. Incluso los que desean estar en pareja, pero no están desesperados por encontrarla y que se prometen a sí mismos que aprovecharán al máximo el tiempo que pasen solteros, no invierten en su vida de solteros con tanta entrega, alegría y sin reservas como Carol.

En teoría, los solteros que quieren tener pareja también tienen libertad. En teoría, las personas con parejas que las apoyan pueden ir tras sus sueños y quizás incluso recibir estímulo y apoyo financiero en el camino. Y algunos realmente lo hacen. Pero la libertad no suele ocupar el mismo lugar en sus vidas que para los solteros por naturaleza.

A las cuarenta y una personas que compartieron conmigo sus historias de vida les hice una pregunta sencilla: «¿Qué es lo que más te gusta de la soltería?». Era una pregunta abierta; en respuesta, podrían haber dicho cualquier cosa. Todos, de una forma u otra, destacaron lo mismo: la libertad.

En un sondeo realizado a más de doscientos mil adultos de treinta y un países europeos, muchas personas, tanto casadas como solteras, afirmaron que la libertad era importante para ellos, al igual que otros valores individualistas como la creatividad o probar cosas nuevas.[93] Valorar la libertad genera dividendos emocionales: aquellos que se preocupaban más por valores como la libertad y la creatividad eran más felices. Resulta revelador que los no casados se preocuparan incluso más que los casados por valores como la libertad. Y eran aún más felices por la manera en que abrazaban la libertad. El vínculo entre valorar la libertad y sentirse feliz era más fuerte en ellos.

Los solteros por naturaleza sacan más partido de su libertad porque hacen más cosas con ella. Aprovechan las oportunidades que su libertad les ofrece para aprender y crecer, para cuidar de las personas que más les importan, para contribuir en sus comunidades y marcar la diferencia, para elegir un trabajo significativo y para ser los capitanes de sus propias vidas.

Aprender y crecer

Como soltero, estás en una posición mucho mejor para pensar, reflexionar, buscar una comprensión más profunda, cuestionarte cosas, aprender y crecer (a nivel intelectual, espiritual, filosófico, etc.).

Personalmente, esto es muy importante para mí, y es algo sin lo que no podría vivir.[94]

—ED ANDERSON, blog *Good Bachelorhood (Buena soltería)*

La mayoría de las noches me quedo despierta hasta las 4 de la madrugada, a veces más tarde. Ha sido así toda mi vida adulta. En esos largos ratos, cuando está oscuro, y mis amigos duermen y nadie espera que le conteste un correo electrónico o un mensaje de texto, es cuando mejor pienso y escribo. Por la noche, mi vida se convierte en una vida del espíritu y, como Ed, no me gustaría que fuera de otra manera.

Para algunos solteros por naturaleza, el amor por el aprendizaje puede ser enfocado, intenso y motivador. Sonya (cuarenta y siete años, Parkersburg, Virginia Occidental) dice: «En cuanto tengo una idea, debo llevarla a cabo hasta el final, a menudo hasta altas horas de la madrugada».

A Ginny, de cincuenta y nueve años, de Ontario, Canadá, le encanta la naturaleza, y su ávida curiosidad la ha llevado a estudiar un elemento de ese mundo tras otro. «Me encanta aprender y ahora estoy centrada en las polillas», explica. «En el último mes, he estado todos los meses a la intemperie, a la luz de las polillas. Les he sacado más de tres mil fotos».

Al completar el cuestionario, es más probable que los solteros por naturaleza digan que tienen una sensación de dominio personal (una actitud de «puedo hacerlo») y que son autosuficientes (les gusta manejar los problemas y retos casi siempre por su cuenta). Sonya, por ejemplo, es una campeona del «hazlo tú mismo»: «Como vivo sola, he adquirido un arsenal de habilidades diversas. Manejo nociones básicas de carpintería, reparaciones eléctricas y de fontanería, cocina, costura, jardinería y planificación financiera». Ese tipo de competencias son una de nuestras fortalezas secretas. Como hemos aprendido a hacer muchas de estas cosas, o hemos encontrado la manera de que alguien las haga por nosotros, a menudo prosperamos en nuestra vejez, cuando otras personas, como los viudos o divorciados recientes, se esfuerzan por aprender algunas de esas habilidades por primera vez.

Si hiciéramos un seguimiento de las emociones de las personas solteras y casadas, descubriríamos que, en ambos grupos, los que tienen un mayor sentimiento de dominio personal tienen menos probabilidades de manifestar sentimientos negativos. Sin embargo, los solteros de toda la vida se benefician aún más: la investigación demuestra que están más protegidos contra el desánimo si ostentan la actitud de «puedo hacerlo». Los grupos divergen aún más en relación con cuánto provecho sacan de su autosuficiencia. Los solteros de toda la vida son menos propensos a experimentar emociones negativas cuanto más les gusta enfrentarse a los retos por sí solos. Sin embargo, para los casados de toda la vida ocurre lo contrario. Cuanto más autosuficientes son, más probabilidades tienen de sentirse mal.[95]

> Si viajas con otra persona, es la relación la que se pone a prueba. Si viajas solo, es la relación contigo mismo la que se pone a prueba, y ahí es donde se produce el crecimiento.
>
> —EVA (cuarenta y cuatro años, Londres, Inglaterra)

Eva se considera «una aventurera, exploradora y amante de la vida poco convencional». Le preocupa la justicia climática, los derechos de la mujer y de los animales, y le encanta el arte, la naturaleza, el diseño y la comida. Sin embargo, cuando tenía treinta y cuatro años y vivía en Londres, estaba agotada en el trabajo y su creatividad flaqueaba. Su vida no estaba a la altura de lo que ella quería y deseaba hacer algo al respecto. Algo importante, algo con lo que la mayoría de la gente solo sueña. Quería tomarse un año entero para viajar por el mundo; en sus palabras, «perderme para volver a encontrar mi camino».

Después de un año de preparación, comenzó su viaje; primero Sudáfrica, Zimbabue y Namibia, luego la India y después China. Vietnam, Camboya y Tailandia fueron los siguientes, seguidos de Australia y Nueva Zelanda, y por último Costa Rica. Durante todo el recorrido, hizo honor a los valores que tanto apreciaba y redescubrió sus pasiones. Trabajó como voluntaria con elefantes y caballos rescatados, trabajó con niños para concienciar sobre los problemas medioambientales y en un centro de conservación. Impartió clases de inglés como lengua extranjera y tomó cursos sobre cuestiones de la mujer, sobre lengua, cultura, caligrafía y cocina. Exploró pueblos y ciudades e hizo amigos en todos los continentes que visitó, amigos que, a día de hoy, siguen formando parte de su vida.

Eva no tenía mucho dinero, así que durante el año anterior al viaje no compró casi nada y salió muy poco. Durante el viaje, compartió habitaciones y probó mucha comida callejera barata. También se preparó físicamente durante el año previo al viaje, trabajando su fuerza y estado físico. Leyó mucho y planificó con mucho detalle.

Una de las preguntas del cuestionario para solteros por naturaleza era: «Cuando estás pensando en hacer un gran cambio en tu vida, como emprender una nueva carrera o mudarte al otro lado del país, ¿qué prefieres?». Casi todos los que eran evidentes solteros por naturaleza, el 96 %, eligieron «Tomar la decisión que te parezca correcta, sin preocuparte de si tu pareja la aprobaría o de si tu decisión podría interponerse en los objetivos de tu pareja». En cambio, el 70 % de los que no eran solteros por naturaleza dijeron que preferían «Tomar la decisión con una pareja, aunque eso signifique que no puedes elegir tu opción favorita».

Para Eva, tomar la decisión sola y luego planificar y viajar sola fueron claves para la alegría, la riqueza psicológica y la autenticidad de ese año mágico. «El tiempo que pasé sola me permitió pensar, reflexionar, observar y renovarme», afirma. Cuando, por ser una mujer que viajaba sola, se enfrentó a muchos retos y sobrevivió a algunas experiencias angustiosas, se vio recompensada con «una inmensa sensación de empoderamiento cada vez que pude decir: "¡Lo he logrado!"».

Eva sabe bien que la libertad «no es solo hacer lo que uno quiere». Para ella fue también una oportunidad de aprender muchísimo sobre otras personas, otros lugares y otras formas de pensar, sello distintivo de una vida plena a nivel psicológico. «También aprendí a crear mi propia felicidad y a hacerme cargo de ella», añadió, «y esa es la esencia de la libertad».

· ·

Nuestros modelos a seguir

Gracious fue mi profesora desde los doce a los diecisiete años. Además de dar clases de piano, era la dueña de un club de jazz y todos los años organizaba allí nuestros recitales. Tenía un montón de animales rescatados que se paseaban por su casa durante mis clases y no tenía hijos. Sin duda era una anomalía entre las mujeres de mi mundo. Casi todas las mujeres que conocía estaban casadas, lo habían estado o estaban a punto de hacerlo. Me intrigaba la vida de Gracious: vivía sola, tenía su propio negocio y parecía estar haciendo exactamente lo que quería. Se mudó a Francia más o menos al mismo tiempo que yo empecé la universidad, y me sorprendió su voluntad de cambiar de vida y mudarse a un lugar nuevo en la madurez. Para mí, tuvo una vida de plenitud y libertad, y ahora, después de haber encontrado mi propio camino hacia la soltería, a menudo pienso que, sin saberlo, ella fue una influencia positiva y un modelo para mí. Me enseñó lo que podía ser una vida de soltera.

—ELIZABETH (cuarenta y siete años, Newport, Rhode Island)

Trazar el rumbo de nuestra propia vida

En 1953, el año en que nací, el psicólogo Robert Havighurst publicó su influyente modelo de las etapas de la vida adulta. Proclamaba que las tareas de la edad adulta temprana consistían en tener pareja, aprender a vivir con un cónyuge y formar una familia.[96] Esa forma de pensar borraba a la gente como yo, que nunca quiso pareja, nunca tuvo que aprender a vivir con un cónyuge y nunca formó una familia (al menos, no en el sentido convencional). Es probable que haya contribuido a crear el estereotipo de que los solteros no son adultos completos.

Después se propusieron otros modelos por etapas, que luego cayeron en desgracia en los círculos académicos. Dan McAdams, profesor de la Universidad Northwestern y uno de los principales estudiosos del desarrollo y la identidad de los adultos, me dijo que «el gran problema es que las teorías de las etapas no dan cabida a trayectorias vitales no normativas. Y resulta que las trayectorias vitales no normativas son cada vez más la norma».

Fuera del mundo académico, el anticuado modelo por etapas de los años cincuenta sigue guiando las expectativas de mucha gente sobre cómo debe desarrollarse la vida adulta. A algunos les gusta la estructura que proporciona. Aprecian tener un camino claro que seguir.

Pero los solteros por naturaleza, no. Nos encanta la libertad de dejar a un lado las convenciones y trazar nuestro propio camino vital. Las etapas de nuestras vidas pueden incluir viajar por el mundo (como hizo Eva), mudarse a otro país a mediana edad (como hizo Gracious) o seguir algún otro camino que sea solo nuestro. Por ejemplo, cuando le pregunté a Sonya (cuarenta y siete años, Parkersburg, Virginia Occidental) cómo describiría las etapas de su vida, me dijo:

> La mía ha sido más o menos así: licenciatura; consolidar una carrera profesional; proyectos paralelos; autora, artista y diseñadora; madrina; máster; certificación de la Junta Nacional; propietaria de una vivienda; asumir funciones de liderazgo en organizaciones sindicales y comunitarias; las funciones de madrina van disminuyendo a medida que crecen los niños; mantener la carrera; cuidar de personas mayores; centrarme más en mi salud e intereses personales; planificar la jubilación; viajar; ¡lo que me dé la gana!

No existe una secuencia única de etapas vitales para los solteros. Dentro de las restricciones de nuestros recursos y oportunidades, las posibilidades son ilimitadas, y a los solteros por naturaleza esto nos resulta liberador y emocionante.

INVERTIR EL GUION

He estado soltero durante más de once años, con una sola relación antes de eso. Hace unos tres años empecé a viajar solo por primera vez, y allí descubrí la intensa alegría que sentía al estar solo por completo. Creo que realmente me cambió la vida. Sin embargo, a veces sigue apareciendo el anhelo de amor, de una conexión romántica. Y de vez en cuando se vuelve tan fuerte que a veces me pregunto si todos los viajes, todas las cosas divertidas que hago por mi cuenta son solo una forma de llenar el vacío en mi vida, cuando lo que en realidad quiero es una relación. ¿Cómo sabemos si de verdad nos gusta estar solteros o si solo estamos tapando el vacío de no tener una relación? —Simon

Le dije a Simon: «No creo que haya una respuesta obvia a tu pregunta, pero sí creo que, dado el condicionamiento cultural, hay mayor probabilidad de que pensemos que anhelamos una relación romántica en lugar de pensar que anhelamos la soledad».

Imagina que invertimos el guion y Simon preguntara lo siguiente: «Hace unos tres años, me casé por primera vez y descubrí la intensa alegría que sentía gracias a la conexión con mi cónyuge. Creo que realmente me cambió la vida. Sin embargo, a veces sigo añorando lo que tenía cuando era soltero. Y de vez en cuando se vuelve tan fuerte que a veces me pregunto si toda la atención que prodigo a mi cónyuge y todo lo que invierto en mi matrimonio no son más que una forma de llenar ese hueco en mi vida, cuando lo que en realidad quiero es estar soltero».

Hasta que la pregunta de Simon y mi versión invertida sean igual de plausibles, las personas que aman su soltería van a sentirse más presionadas a dudar de sí mismas que las personas que aman tener pareja. Y eso significa que ni las personas solteras ni las que tienen pareja son totalmente libres para saber lo que en verdad quieren y vivir de la manera más auténtica.

Tener un trabajo trascendente

En este momento de mi vida estoy casi jubilada y tengo un pequeño negocio propio de cuidado de animales. Es mi forma favorita de ganar dinero. Cuando le dije a la gente que dejaba la empresa para dedicarme al cuidado de mascotas, nadie se impresionó ni se alegró por mí. Pensaron que, si contrataba a otros, volvería a ser gerente y eso sería admirable. Les dije que, si lo hacía, estaría supervisando la tarea de esas personas con todo el estrés que eso conlleva, cosa que odiaba, y ellos pasarían todo el tiempo con los animales.

—Peggy (sesenta y siete años, Atlanta, Georgia)

A pesar de todos los mensajes culturales que insisten en que el matrimonio y la pareja romántica son esenciales para tener una vida plena, la mayoría de los adultos de los Estados Unidos no están de acuerdo. En una encuesta del Centro de Investigación Pew de 2019 donde se pidió que eligieran qué factores eran esenciales para vivir una vida plena de un listado de opciones, solo el 16 % de los hombres y el 17 % de las mujeres dijeron que el matrimonio era esencial, y solo el 26 % de los hombres y el 30 % de las mujeres dijeron que estar en una relación comprometida era esencial. El factor que fue elegido con mucha más frecuencia que cualquier otro resultó ser tener un trabajo o una carrera que te guste. El 57 % de los hombres y el 46 % de las mujeres afirmaron que eso era esencial.[97]

Un trabajo agradable o significativo no siempre es el más lucrativo. Creo que sería totalmente comprensible que los solteros se preocuparan más por el dinero que las personas en pareja, sobre todo si viven solos y tienen que cubrir todos los gastos por su cuenta. En un sorprendente análisis publicado en *The Atlantic*, Lisa Arnold y Christina Campbell calcularon que una mujer soltera, en comparación con una casada, puede incurrir en más de un millón de dólares en gastos extra a lo largo de su vida adulta. Esas penalizaciones en costos de vivienda, sanidad, impuestos y Seguridad Social —que no son específicas de las mujeres— están incluidas en las leyes del gobierno estadounidense y en las políticas de las empresas privadas.[98]

Y, sin embargo, un estudio tras otro ha demostrado que los solteros dan prioridad a la trascendencia sobre el materialismo. Por ejemplo, cuando se pidió a más de quince mil estadounidenses que clasificaran una lista de características laborales, las personas casadas eran especialmente propensas a poner los ingresos en lo alto de la lista. Los solteros priorizaban otras cosas, como tener un trabajo que «sea importante y parezca un logro».[99]

En un estudio que sondeaba a más de setecientos veinteañeros del centro de los Estados Unidos, quienes habían estado solteros toda su vida decían que valoraban más el trabajo trascendente y significativo que quienes se habían casado. A los casados les importaba más el dinero, la seguridad laboral y las oportunidades de ascenso.[100]

Lo sorprendente de este estudio es que a las mismas personas se les habían realizado las mismas preguntas sobre lo que les importaba cuando estaban en el instituto y aún nadie se había casado. Incluso entonces, las personas que permanecerían solteras por lo menos hasta casi los treinta años ya decían que les importaba tener un trabajo significativo, mientras que las personas que se casarían ya valoraban más el dinero y la seguridad laboral.

Una de las preguntas del cuestionario de solteros por naturaleza era: «Si tuvieras que elegir entre un trabajo trascendente y significativo, pero poco remunerado o un trabajo poco estimulante pero muy bien remunerado, ¿cuál elegirías?». De las personas claramente solteras por naturaleza, el 76 % eligió un trabajo significativo. Por supuesto, tenemos que poder mantenernos. David (sesenta y cinco años, Austin, Texas) dijo: «Puede que trabaje por el dinero durante un tiempo y luego me vuelque en lo trascendente».

Y a algunos nos lleva un tiempo desprogramarnos y dejar atrás las formas de pensar más convencionales. Como explica Donna, una residente de cuarenta y nueve años de Seattle, Washington: «Solía pensar que necesitaba ganar más dinero todo el tiempo, conseguir ascensos y aumentos, y lograr más. Y entonces me pregunté "¿por qué hago todo esto? ¿Es porque lo quiero o porque se supone que debo quererlo?". Ahora me doy cuenta de que tengo todo lo que quiero y más de lo que necesito».

Cuando Ginny (cincuenta y nueve años, Ontario, Canadá) terminó sus estudios de posgrado, encontró un trabajo acorde con sus credenciales sobresalientes. La contrataron como parte de un departamento de microbiología e inmunología, y luego trabajó para el gobierno federal en el marco del Tratado de Libre Comercio de América del Norte, registrando pesticidas en los Estados Unidos, México y otros veinte países. El trabajo le pagaba las facturas, pero no alimentaba su alma. Lo dejó y nunca miró atrás. Pronto consiguió un lugar en una feria de productos agrícolas, donde vendía muy contenta sus mermeladas, jaleas y conservas agridulces caseras, así como tarjetas y obras de arte con sus fotografías. Cuando su madre enfermó con demencia, Ginny se mudó para estar más cerca de ella. Allí encontró «el mejor trabajo» para alguien como ella, que siempre ha estado fascinada por la naturaleza. Realiza censos de aves para una fundación local. «Me pagan por observar pájaros en un prado con excelente clima», me contó.

El trabajo puede volverse transcendente cuando marca la diferencia. MaryL, una mujer de sesenta y dos años de Los Ángeles, California, me dijo: «Tuve la suerte de darme cuenta al principio de mi carrera profesional de que necesitaba que mi contribución fuera parte de la solución y no del problema. Dejé de perseguir el monedero (el dinero), y entonces empecé a tener ganas de levantarme cada día e ir a trabajar». Acadia (treinta y seis años, Melbourne, Australia) dijo: «Soy funcionaria pública y me encanta poder, de una manera muy pequeña, hacer de mi país un lugar mejor».

Del mismo modo que los solteros son más felices que los casados al abrazar la libertad, y están más al resguardo de sentimientos negativos gracias a su sentido de dominio personal y autosuficiencia, también obtienen más satisfacción de un trabajo que les llena y tiene sentido para ellos, así como de los sentimientos de trascendencia. La encuesta realizada a cientos de miles de adultos de treinta y un países europeos reveló que es muy probable que los solteros de toda la vida obtengan de felicidad de un trabajo que les da profunda satisfacción.[101] Un trabajo trascendente puede ser de gran ayuda para la realización de cualquier persona, pero los solteros de toda la vida parecen ser los más beneficiados.

Libertad financiera

Me encanta que mi tiempo y mi dinero sean míos y poder usarlos como quiero sin tener que consultar a nadie.

—ELEANORE (sesenta y cuatro años, Sídney, Australia)

Cuando le preguntaron qué consejo les daría a los jóvenes, la galardonada novelista Sandra Cisneros dijo que les diría que se ganaran su propio dinero. «No puedes ir tras tus sueños si otro te tiene que dar dinero», dijo.[102] Los solteros por naturaleza pueden elegir un trabajo significativo en vez de un trabajo lucrativo porque tienen su propio dinero y la libertad financiera que ello conlleva. Las decisiones sobre el dinero son suyas. Mary (treinta y tres años, Búfalo, Nueva York) dice: «No habría podido dejar mi trabajo en recursos humanos el año pasado con la facilidad con la que lo hice. Creo que si estuviera casada tendría que tener en cuenta las finanzas de otra persona».

Los solteros también tienen la libertad de embarcarse en proyectos que requieran recursos económicos si eso es lo que prefieren. En «Unmarried and Unbothered» (Sin matrimonio y sin problemas), Keturah Kendrick describió un perfil de mujeres negras que valoraban más la libertad que el matrimonio. En relación con una de las que entrevistó, una soltera de toda la vida de sesenta y dos años sin hijos, Kendrick dijo: «Ha sido capaz de asumir riesgos profesionales, acumular ahorros, hacer uso de los ingresos prescindibles e invertir en su propio negocio». Tuvo relaciones sentimentales cuando era más joven, pero «ninguna de esas relaciones fue más importante para [ella] que la libertad de controlar sus propias finanzas, su trayectoria profesional y todos sus movimientos a lo largo de la vida».[103]

La libertad económica de la soltería significa también liberarse de los riesgos de construir una vida con una pareja menos hábil en materia económica. Cuando Julie, una mujer de cuarenta y cuatro años de Raleigh, Carolina del Norte, tenía treinta y tantos, sintió la presión de que tenía que salir con alguien. Su relación más larga fue con un hombre mayor al que describió como una buena persona que nunca intentó controlarla. Sin embargo, estaba en bancarrota y con deudas. No tenía ahorros, ni dinero para la jubilación, y no ganaba mucho en su trabajo. Le propuso matrimonio, pero nunca se casaron. Julie explicó: «Yo tenía dos trabajos, ahorraba para la jubilación, hacía horas extras hasta que me dolían las manos y hacía inversiones inteligentes mucho antes de conocernos». Se separaron, y Julie nunca se ha arrepentido. Se dio cuenta de que aprecia estar soltera y puede seguir estándolo. Cuando le pregunté qué es lo que más le gusta ahora de la soltería, tenía una larga lista; el primer punto era: «Tomar decisiones financieras por mí misma y no tener que explicárselas a nadie».

Ser quien decide

Adoro decidir todo lo que hago con mi vida.

—AMY (cuarenta y cuatro, Frisco, Texas)

A los solteros por naturaleza les encanta ser los que deciden. En la vida laboral, por ejemplo, muchos queremos hacer el trabajo a nuestro tiempo y a nuestra manera. Es de gran ayuda ser nuestro propio jefe o tener un trabajo en el que no nos manden tanto. Joan, la profesora jubilada de setenta y tres años de Newark, Delaware, dice: «Un elemento muy importante de mi vida laboral es que tenía mucha autonomía. Mientras hiciera mi trabajo —publicaciones, docencia, evaluaciones de estudiantes, creación de nuevos cursos, comités—, a nadie le importaba cuándo lo hacía, ni dónde, ni qué llevaba puesto en ese momento. Además, fue importante para mí tener la oportunidad de reinventarme y probar nuevos intereses».

Jennifer (cuarenta y cinco años, Denver, Colorado) ha trabajado en el mundo empresarial y podría haber dirigido a personas, pero eligió trabajar sobre todo por su cuenta. También eligió trabajar de manera independiente, y tener la libertad de hacer su trabajo donde quiera, que a menudo es a distancia.

Steve, treinta y nueve años oriundo de Bolton, Inglaterra, es un aventurero infatigable que ha corrido maratones y medias maratones en catorce países, entre ellos Noruega, donde se celebra la media maratón más septentrional del mundo, y probablemente la más fría. Steve trabajaba en una oficina, pero le resultaba estresante y desalentador. «Ahora, como traductor, me he convertido en mi propio jefe y no contrato a nadie». Tiene que trabajar más horas para mantenerse que en su anterior empleo, pero cree que vale la pena. Atesora la oportunidad de trabajar a su propio ritmo y, cuando quiere marcharse a algún lugar lejano, puede llevarse su trabajo con él. «Creo que el dicho es cierto: si encuentras un trabajo que te gusta, no es trabajo en realidad. Para mí, es jugar con las palabras. Me pagan por jugar con las palabras. Hoy en día soy un hombre muy afortunado».

Al analizar los datos de encuestas realizadas en treinta y un países europeos, el sociólogo Elyakim Kislev descubrió que para las personas que no estaban casadas era más importante tomar sus propias decisiones y ser libres que para los casados. Cuando se centró en las personas más felices, descubrió que la diferencia era aún mayor: los solteros más felices consideraban que poder tomar sus propias decisiones y ser libres era más importante que para los casados con mayores niveles de felicidad.[104]

Contribuir a la comunidad

Participar en mi comunidad es importante para mí. Soy voluntaria en el refugio de animales. Cuando abrieron uno nuevo en mi ciudad, encargué a un artista que creara un portabicicletas con temática de mascotas cerca de la entrada. También asisto a las reuniones de la asociación de vecinos y ayudo cuando tengo tiempo. Después de doce años en la junta del bloque de apartamentos, dejé de participar de manera directa, pero me interesa seguir involucrada. Pertenezco a un grupo de base que asesora sobre transporte y participa en proyectos públicos durante las fases iniciales, cuando se puede hacer un aporte diferencial. Trabajé como supervisora de estudiantes en un programa de intercambio de estudiantes extranjeros en escuelas secundarias y pude ayudar a los jóvenes a sacar el máximo partido de su experiencia de intercambio (y, en un caso, llegué a rescatar a una estudiante que tuvo un problema con el alojamiento y se quedó en mi casa hasta que pude encontrarle una nueva familia anfitriona). Ahora vivo en una pequeña comunidad intencional, donde nos cuidamos entre todos y compartimos nuestros limitados recursos. Hace poco llevé comida a una familia de nuestra comunidad que estaba enferma de COVID. Ah, y cuido a la madre anciana del dueño de mi pequeña casita mientras ellos pasan sus vacaciones de invierno en Arizona, y también me encargo de la gestión de la comunidad durante ese tiempo.

—KRISTIN (cincuenta y cinco años, Bellingham, Washington)

Kristin no estaba presumiendo cuando dijo todo eso. Yo sabía que había contribuido a su comunidad de muchas maneras y le pedí que juntara todo. A menudo pienso en ella cuando leo estudios que demuestran que los solteros son particularmente generosos. Por ejemplo, en los Estados Unidos, son más los voluntarios solteros que los casados en organizaciones de servicio comunitario, en grupos culturales y deportivos, en organizaciones medioambientales, sanitarias y casi cualquier otro tipo de organización, excepto los grupos religiosos.[105] En la vida cotidiana, están más disponibles para ayudar a amigos, vecinos y compañeros de trabajo que necesitan que los lleven, o que les hagan algún recado o tarea doméstica, o que les brinden apoyo moral o emocional.[106] Contribuyen a la vitalidad de sus ciudades y pueblos con su participación en actos públicos y grupos cívicos.[107]

Para Yolanda, una joven de veintiséis años de Washington D.C., el voluntariado es una forma de vida. Como me contó: «A veces pienso en que cuando era adolescente, en lugar de empezar a salir con chicos, pasé gran parte de mi tiempo trabajando como voluntaria enseñando matemáticas y escritura. Y sigo siendo voluntaria hoy, más de una década después».

María, una mujer de cincuenta y dos años de Beverly, Massachusetts, dijo: «Para mí, el voluntariado es una parte integral de lo que soy. Cuando mi hija era más pequeña, trabajaba como voluntaria en las escuelas (era importante organizar ferias de ciencias en las escuelas primarias para que vieran a una mujer ingeniera). Ahora colaboro con las iniciativas ecológicas de mi ciudad. Cada experiencia es significativa a su manera».

Cuando impartí un curso de formación continua sobre la soltería, una mujer divorciada proclamó al resto de la clase que odiaba ser soltera. Era voluntaria en algunos lugares, dijo, pero era solo una forma de ocupar el tiempo, y lo encontraba aburrido e insatisfactorio. Todas las noches no veía la hora de que se hiciera tarde para poder irse a la cama. Para los solteros por naturaleza es distinto. Una de las razones por las que les atrae la soltería es que están en contacto con lo que son en realidad y con lo que les satisface. Su trabajo voluntario y otras contribuciones a la comunidad no son solo cosas que hacen para pasar el tiempo; son cosas que les encanta hacer.

Cuidar a los nuestros

Fue un honor haber podido ayudarlo.

—David (sesenta y cinco, Austin, Texas), al describir los últimos
años de vida de su padre quien tenía la enfermedad de Alzheimer.

Puede que los padres de los solteros les hayan insistido alguna vez para que se casen, pero cuando esos padres llegan a una edad avanzada y necesitan cada vez más ayuda, se sienten agradecidos de tener hijos adultos que no tienen pareja. Em, una mujer de cuarenta y cinco años de Cambridge, Inglaterra, que me dijo que se sentía bendecida por seguir teniendo a sus dos padres, se mudó para estar más cerca de ellos cuando se hicieron mayores. Un estudio estadounidense de casi cinco mil quinientos padres de sesenta y cinco años o más reveló que sus hijos solteros tenían muchas más probabilidades de proporcionarles la ayuda que necesitaban que sus hijos con pareja. Esto era así tanto en las familias negras como en las blancas, y tanto en el caso de los hijos como en el de las hijas.[108]

No son solo los padres los que pueden contar con las personas solteras cuando más ayuda necesitan. Cuando otras personas están enfermas, discapacitadas o son ancianas y necesitan ayuda continua durante al menos tres meses, las personas solteras son más propensas a prestar esa ayuda, según demostró un estudio de más de nueve mil adultos británicos.[109]

Me gustaría decir que los cuidados intensivos que prestan las personas solteras son algo bueno sin excepción, que no hay riesgos, pero no estoy tan segura. Ayudar puede parecer un honor, como lo piensa David, y puede provenir de un amor profundo y duradero. Pero junto a ese amor puede haber otras dinámicas psicológicas. En su estudio sobre mujeres solteras negras de clase media sin hijos, la socióloga Kris Marsh, de la Universidad de Maryland, descubrió que a menudo se sentían obligadas a ayudar a los miembros de su familia y a las personas que eran como su familia, incluso cuando tenía un costo a nivel económico, físico o psicológico.[110] Casi siempre es más complicado desde el punto de vista económico que una persona soltera se ausente del trabajo para ayudar a otras personas; no tienen un cónyuge que pueda pagar las facturas por ellos y, en los Estados Unidos, la ley de licencia médica o familiar solo cubre a quien debe cuidar de un cónyuge, padre o hijo.

A veces, los solteros se ven presionados a asumir el rol de ayudante designado porque las otras personas asumen de manera denigrante que, por ser solteros, no tienen vida. He oído historias así, pero rara vez de personas solteras por naturaleza. Como David, es más probable que digan que ayudar a alguien que les importaba, aunque fuera difícil y se prolongara durante años, fue su elección y su honor.

Sin embargo, ayudar a otras personas y vivir con ellas puede ser especialmente difícil para los solteros por naturaleza, que valoran mucho su libertad y soledad. Una mujer soltera de la India me envió un correo electrónico al respecto. Es hija única, vive sola y le encanta. Cuando está sola en casa, pinta y crea música. También sale a menudo con sus amigos. Me dijo que en la India, el concepto de deber filial es muy fuerte, y ella siempre le ha dedicado tiempo a sus padres. Los llama todos los días y suele ir a quedarse con ellos durante un mes más o menos, dos veces al año. Esta vez, ellos habían ido a pasar unos meses con ella. Funcionó bien en algunos aspectos. Fueron juntos a citas médicas y los llevó a lugares interesantes que disfrutaron. Pero ya no se dedica a sus aficiones artísticas porque necesita absoluta soledad para hacerlo. Sigue viendo a sus amigos de vez en cuando, pero ahora se siente un poco culpable por pasar ese tiempo lejos de sus padres. «También siento que mi casa no es mía; ellos tienden a adueñarse de todo y a hacer las cosas a su manera», dice. «Me entristeceré cuando se vayan, pero también me alegraré de recuperar mi casa».

Los solteros por naturaleza, incluida la mujer de la India, suelen hablar de las personas a las que ayudan con profundo amor. Algunos me han dicho que, de todas las cosas que podrían hacer con su libertad, lo que más deseaban era poder ayudar a las personas importantes de sus vidas cuando estas lo necesitaran. Carla, una joven de treinta y tres años de Essex, Inglaterra, dijo que la libertad significa «pasar todo el tiempo que quiera con mis padres y amigos. Esto es especialmente conmovedor para mí, ya que perdí a mi padre hace dos años y medio, y si hubiera tenido una pareja seria un año antes, no habría podido pasar tanto tiempo con papá, y ese tiempo es muy valioso para mí ahora».

En 2012, dos investigadores entrevistaron a veintiséis hombres y mujeres irlandeses de entre sesenta y cinco y ochenta y seis años que nunca habían estado casados. Muchos de ellos habían pasado gran parte de su vida adulta cuidando de sus padres u otros familiares. Algunos de ellos describieron esos cuidados con cierto resentimiento, como algo que tenían que hacer. Otros dijeron que estaban contentos de corresponder al amor y los cuidados de los que habían disfrutado de niños. La diferencia era evidente. Los ayudantes resentidos querían casarse. Los felices eran felizmente solteros.[111]

Hay excepciones, por supuesto, en especial cuando las exigencias del cuidado son particularmente onerosas, se prolongan durante mucho tiempo o cuando la relación del ayudante con la persona a la que ayuda es tensa. Iris, una madre soltera de sesenta y cinco años de Portugal que compartió que ella no era la hija que su madre siempre había querido, dijo: «No fue fácil cuidar de mi madre en los últimos diez años de su vida, ya que ella seguía "rezando por mí"... En cambio, cuidar de mi brillante hija siempre tuvo sentido para mí».

Personas como los solteros por naturaleza, que aprecian su libertad y abrazan valores individualistas como la creatividad, la expresión individual y la autonomía, están a la vanguardia del cambio social global. Medio siglo de datos de setenta y ocho naciones revela que los valores y las prácticas individualistas han ido en aumento en la mayoría de los países del mundo.[112] Para algunos investigadores y comentaristas culturales, esas tendencias son preocupantes. Consideran que las personas individualistas son egocéntricos a los que no les importan las familias, las comunidades ni nadie más que ellos mismos. Nos instan a cambiar nuestra «fácil deriva hacia la autonomía egoísta por una cultivada aceptación de la autodisciplina y la responsabilidad comunitaria».[113]

Sin embargo, como sugiere mi estudio sobre los solteros por naturaleza, esas preocupaciones son injustificadas. Los resultados de un estudio de ciento cincuenta y dos países corroboran que las personas más individualistas (que valoran la autonomía, la expresión personal y la persecución de objetivos personales) son más generosas. Es más probable que se ofrezcan como voluntarios, ayuden a desconocidos, hagan donaciones benéficas, apoyen el trato humanitario de los animales y donen sangre o incluso órganos.[114] Los científicos sociales que realizaron la investigación no saben a ciencia cierta por qué las personas que valoran la libertad son más generosas. Una de ellos, Abigail Marsh, profesora de la Universidad de Georgetown, cree que una posibilidad es que «el individualismo fomente el altruismo al liberar de manera psicológica a las personas que de esa manera pueden ir tras objetivos que les parezcan significativos, objetivos que pueden incluir cosas como aliviar el sufrimiento y preocuparse por los demás».[115]

Para los solteros por naturaleza, el individualismo puede ser psicológicamente liberador de otra manera. Sin las expectativas de la pareja convencional de que el cónyuge, la familia e incluso la familia política deben primar sobre todo lo demás, los solteros pueden establecer sus propias prioridades. Esas prioridades pueden incluir aspiraciones altruistas como contribuir a la comunidad y cuidar de los demás.

Elegir nuestros espacios, nuestros lugares y nuestros hogares

Cuando dejé el hogar de mi infancia, me mudé a una casa a una manzana de distancia que mis padres habían comprado para que viviera mi abuelo paterno hasta su fallecimiento. Aquella casita era mi tesoro. Podía decorarla a mi gusto, poner la música que quisiera y entrar y salir a mi gusto cuando iba a la universidad o a mi trabajo en la cadena de televisión. También aprendí a cuidar de una casa así: cometiendo errores en el proceso, pero aprendiendo. Seguía cerca de mis queridos padres, pero vivía solo por primera vez en mi vida. Mi propio espacio y lugar en el mundo. En todo momento, pude ser la persona que quería ser y no me vi obligado a seguir la opinión o las expectativas de otra persona.

—DAVID (sesenta y cinco años, Austin, Texas)

Como no tenemos una pareja romántica a quien hospedar, los solteros por naturaleza podemos, dentro de los límites de nuestros recursos y oportunidades, vivir como queramos. Como la soltería no es para nosotros una cuestión de hacer tiempo hasta que llegue esa persona especial, no posponemos la compra de una casa si es lo que queremos y podemos costearlo, y no tratamos los lugares donde vivimos como estaciones de paso, llenándolos de muebles improvisados y decoración desordenada. Muchos de nosotros cuidamos con cariño nuestros espacios vitales, convirtiéndolos en hogares que nos reconfortan, nos dan energía o nos inspiran y reflejan quiénes somos de verdad.

Como explicaré en el capítulo sobre la soledad, más de la mitad de las personas que son solteras por naturaleza viven solas. A veces eso significa vivir en un apartamento o en un barrio donde, al menos al principio, no conocemos a nadie más. Pero si queremos la libertad y la intimidad de un lugar propio, sin dejar de vivir cerca de las personas que nos importan, encontramos la manera de conseguirlo. Kristin, por ejemplo, vive en una casa diminuta en una comunidad de casas diminutas.

Tras años de pedirle a las personas solteras que compartieran sus fantasías sobre cómo les gustaría vivir, descubrí que una de las más populares consiste en planificar junto a amigos de toda la vida, que pueden haberse dispersado a lo largo de los años, volver a juntarse y vivir en un lugar donde todos estén cerca los unos de los otros. Eleanor Wilkinson ha estudiado a personas solteras del Reino Unido que no tienen pareja, ni hijos, ni deseos de emparejarse o tener una familia convencional. Describió a un grupo de cinco de esas personas solteras que se conocían desde hacía más de una década y que hicieron realidad esa fantasía. Se mudaron a una pequeña ciudad donde todos encontraron un hogar a poca distancia unos de otros.[116]

En mi investigación para *How We Live Now* (*Cómo vivimos ahora*), entrevisté a dos amigas, ambas viudas, que tienen casas propias una al lado de la otra. Otra pareja de amigas, ambas divorciadas, viven cada una en su propia casa en extremos opuestos de un dúplex que compraron juntas. Otra soltera, Lucy, no tenía pareja, ni hijos, ni padres vivos, ni parientes en un radio de mil trescientos kilómetros. Lo que sí tenía era amistades de toda la vida, y creó su propia comunidad segura para ella y otras seis lesbianas. Cuando tenía cuarenta y nueve años, compró varios acres de terreno abandonado, con algún que otro edificio en ruinas, y lo transformó en un exuberante paisaje con casas reconstruidas. Lleva décadas viviendo allí con sus amigas.

Algunas personas solteras por naturaleza no solo quieren vivir cerca de las personas importantes de su vida, sino que quieren vivir junto a ellas bajo el mismo techo. Es el caso de Andrea (veintinueve años, Nueva York), que compartió conmigo cómo disfrutó de vivir con amigos en la universidad:

El último año de universidad viví en una casa junto a siete chicas y siete chicos, una habitación para mí sola, la gente entraba y salía cuando quería, hacía lo que quería. A veces era una conversación profunda con otra persona en la cocina, otras veces hacíamos fiestas desenfrenadas, otras nos amontonábamos en el sofá y veíamos un programa de televisión absortos... ¡era un sueño! Me encantaría vivir así para siempre.

Los solteros de todas las edades comparten la fantasía de Andrea de vivir con amigos queridos y disfrutar juntos momentos divertidos y conversaciones íntimas. Es un sueño que trasciende continentes y culturas. En el grupo de Facebook Comunidad de Solteros, hay una historia que aparece una y otra vez, año tras año. En cada ocasión suscita una avalancha de «me gusta», «me encanta» y de comentarios envidiosos. Se trata de siete mujeres de China que eran amigas desde hacía más de veinte años y siempre habían fantaseado con la idea de encontrar un lugar para compartir cuando se jubilaran. Y un día lo encontraron: una casa abandonada de ladrillo rojo en un pueblo situado entre campos verdes y arrozales, a una hora de la ciudad de Guangzhou, en el sureste de China.[117]

Las mujeres juntaron todo su dinero, compraron la casa y la reconstruyeron por completo hasta convertirla en una mansión contemporánea de varios pisos, luminosa y abierta, con ventanas que van del suelo al techo, porches y balcones. Todas comparten la enorme cocina de la planta baja y cada una tiene su propia habitación privada en los pisos superiores. En el exterior construyeron un pabellón de té y una piscina. Aún no están jubiladas, pero ¿para qué esperar? Ya se juntan a cocinar y cantar; tal como soñó Andrea, se reúnen en la sala para disfrutar al calor de la mutua compañía.

Los solteros que me contaron sus anhelos de vivir con otras personas en general tenían a sus amigos en mente. Pero se puede compartir un hogar y una vida con cualquier ser humano cariñoso y compatible con uno (o animal doméstico). En *Gay and Single... Forever?* (*Gay y Soltero... ¿para siempre?*), Steven Bereznai describe a un hombre gay de sesenta y seis años, Wayson, que «en la actualidad es copropietario de dos casas, con dos familias diferentes, una con su "familia de la ciudad" y otra con su "familia del campo". En ambos casos se trata de una pareja heterosexual con uno o más hijos, y Wayson es su padrino. Las casas no están divididas en apartamentos, sino que viven todos juntos».[118]

•   •   •

Ahora que dejé mi trabajo de oficina, me voy a mudar a Nuevo México, donde puedo vivir en entornos naturales de desiertos, montañas y amplios cielos con puestas de sol y amaneceres que ahora sí puedo contemplar.

—DAVID (sesenta y cinco años, Austin, Texas)

He experimentado el amor a primera vista varias veces en mi vida. Mi experiencia más reciente fue hace ocho años, mientras buscaba una nueva vivienda después de que el alquiler de mi última casa se volviera inaccesible para mí. Cuando entré a la pequeña casa con habitaciones abiertas y espaciosas, llenas de luz que entraba a través de grandes ventanales con vista al océano Pacífico, lo supe. Esta casa sería mi hogar, mi nuevo amor. Y lo ha sido. Estoy muy apegada a ella. Me siento cómoda y segura cuando estoy aquí, y la echo de menos cuando me voy. Solo me mudaré si es necesario.

Es un error calificar a los solteros de «desapegados» porque, como explicaré más adelante, a menudo tenemos vínculos fuertes con las personas importantes de nuestra vida. Pero también es un error pensar que un vínculo afectuoso es algo específico que se tiene con personas. Podemos sentir cariño de otras maneras, por ejemplo, por nuestros hogares, países o regiones, nuestras comunidades y lugares como esa cafetería especial que sentimos como nuestro segundo hogar. Los solteros por naturaleza utilizamos nuestra libertad para honrar todos nuestros vínculos y apegos.

En busca de una vida con sentido

En el año 2000, me mudé de Virginia a California para lo que se suponía que iba a ser un año sabático en la Universidad de California en Santa Bárbara. Hasta entonces, solo había estado de visita en breves ocasiones, y conocía a la gente de manera superficial, como colegas a quienes había visto en conferencias. Pero pensé que como era tan solo un año, no importaba si no me gustaba.

Y me encantó. Podría deciros que me cautivó la belleza sobrecogedora, el clima que es, como mínimo, igual de asombroso que en las películas, la calidez y la inteligencia de mis colegas que se estaban convirtiendo en amigos, y una universidad adornada con banderas que honraban a sus Premios Nobel. Todo eso es cierto, pero sentía algo más profundo. Había encontrado un hogar.

Unas semanas antes de empezar a planear mi regreso a Virginia, paseaba por la playa con una amiga, contándole lo mucho que deseaba poder quedarme. A lo que ella respondió: «Pues quédate».

Quedarme supondría grandes cambios en mi vida, como dejar atrás una red de amistades que llevaba décadas forjando, una casa de la que era propietaria y un puesto de profesora titular en la Universidad de Virginia. En la UCSB era profesora visitante, un puesto no remunerado. A nivel financiero, sería un riesgo enorme. Lo hice de todos modos.

La gente que no me conoce muy bien ha señalado que habría sido más fácil si tuviera un cónyuge que pudiera pagar las facturas durante un tiempo. Siempre he dado la misma respuesta. No querría pedirle a una pareja, por muy cariñosa o dispuesta que fuera, que se mudara al otro lado del país y me cubriera económicamente para que yo pudiera hacer lo que quisiera.

En realidad, nunca quise una pareja romántica, así que nunca hice esa aritmética psicológica. Mis cálculos mentales se centraban en lo trascendente. Mi mudanza a California fue un punto de inflexión. Me comprometí con un nuevo lugar y un nuevo espacio mental. Cada vez me apasionaba más mi trabajo sobre las personas solteras. En pocos años, dejaría atrás (en su mayor parte) mis estudios sobre la psicología de la mentira y la detección de mentiras que había tardado muchos años en desarrollar y dedicaría el resto de mi vida al estudio y la práctica de la soltería.

Reimaginar las festividades

Me siento libre para pasar los días festivos y las vacaciones como quiero. No me siento obligado a «volver a casa» a repetir «tradiciones» festivas idénticas y poco estimulantes.

—EVAN (cuarenta años, San Francisco, California)

Cuando era pequeña, me encantaban las fiestas tradicionales y repetitivas. En Acción de Gracias, mis padres, abuelos, tíos, hermanos y primos se reunían en torno a una gran mesa que crujía bajo el peso del pavo y todos los adornos, un festín que solo se servía después de que todos hubiéramos devorado un primer plato de raviolis y albóndigas.

Una de mis primas había permanecido soltera toda su vida y, gracias a su presencia en la mesa de Acción de Gracias, rara vez me aburría. A diferencia del resto de nosotros, para quienes la cena era el primer y único acontecimiento del día, Karen ya había estado fuera, a menudo en un partido de fútbol, y nos obsequiaba con historias de las travesuras dentro y fuera del campo. Era directora de instituto y los alumnos la querían mucho. Se jubiló hace años y, a día de hoy, la siguen buscando en Facebook para contarle lo mucho que significó para ellos.

Si todos mis parientes hubieran vivido para siempre y se hubieran quedado en Pensilvania, quizá yo seguiría volviendo allí cada noviembre. Sin embargo, con el tiempo, incluso cuando la celebración tradicional seguía siendo una opción, otras posibilidades me intrigaban. Cuando vivía en Charlottesville, formé parte de un club de cocina que duró una década. La comida era fascinante —cada vez elegíamos una cocina diferente— y la conversación también. Un año, alguien propuso juntar al club de cocina para Acción de Gracias. Lo rechacé. Esa fue la primera vez que sentí que, si volvía a mi ciudad natal por la fiesta familiar tradicional que se celebra, venera y romantiza, me estaba perdiendo algo que podría haber disfrutado más.

Tuve una de mis mejores experiencias navideñas en uno de mis viajes por carretera a través del país. Me quedé varada (por una tormenta de nieve) en el aparcamiento de un Walmart y acabé entablando conversación y posterior amistad con la única persona que también estaba atrapada en el aparcamiento. Intercambiamos historias de viajes durante horas. Se trató de una serie de circunstancias divertidas y fortuitas. Creo que soy tan flexible, versátil y abierta de mente como para poder divertirme y relacionarme con gente en cualquier lugar, incluso en condiciones desfavorables como estar atrapada en el aparcamiento de un Walmart.

—MARY (treinta y tres años, Buffalo, Nueva York)

En respuesta a mi pregunta: «¿Qué opinas de los días festivos y las vacaciones?», Yolanda (veintiséis años, Washington, D.C.), Harini (cuarenta y siete años, Nueva York), Julie (cuarenta y cuatro años, Raleigh, Carolina del Norte) y Eva (cuarenta y cuatro años, Londres, Inglaterra) respondieron con alguna variación de «¡Me encantan!». Claudia (sesenta y nueve, Washington, D.C.) añadió: «Acción de Gracias de 2018, pasé ocho días en París. Me lo pasé genial».

Carmela, una mujer de cuarenta y cuatro años de Nayarit, México, ha sido tratada como parte de la familia por varias familias diferentes que viven cerca de ella. Las visita a todas durante las fiestas. A Sophia (cincuenta y siete años, Inglaterra) le gusta pasar con sus hijos las fechas festivas. Además, añade, «cada día es un día de vacaciones cuando trabajas a tiempo parcial». Beth (cincuenta y seis años, San Mateo, California) pasa las fiestas con su padre; las vacaciones son para viajar o quedarse en casa. Sonya (cuarenta y siete años, Parkersburg, Virginia Occidental) dice: «Mi familia "de sangre" solo se reúne dos veces al año, para Acción de Gracias y para una reunión familiar. Me alegro de verlos. También me alegra que se vayan».

No hay una única forma de pasar las vacaciones o las fiestas. Esa es una de las alegrías de la soltería. Tenemos la libertad de explorar opciones, crear nuestras propias tradiciones o aprovechar la oportunidad de estar completa y felizmente solos.

Armando nuestras propias vidas

Me gusta irme a la cama cuando quiero, que nadie interrumpa mi sueño, despertarme cuando quiero. Comer lo que quiero, cuando quiero. Hacer ejercicio cuando quiero, como quiero. No tengo que sentirme culpable por querer hacer algo por mi cuenta. No hay interrupciones ni distracciones mientras leo o medito.

—ANDREA (veintinueve años, Nueva York)

Aprovechar la libertad de la soltería al máximo no tiene por qué significar viajar por el mundo, convertirse en una estrella del rock o dedicar años de vida al cuidado de uno de los padres o de un familiar o amigo muy querido. A veces, la satisfacción y la plenitud vienen de las pequeñas cosas, como organizar nuestros horarios, nuestras casas y las estructuras de nuestra vida cotidiana tal y como nos gustan.

Mi tío Joe pasó toda su vida adulta casado con una mujer a la que le encantaba ir de compras, visitar parientes, hacer excursiones, contar historias y reír. Él era una persona más tranquila y sosegada, pero no importaba; la adoraba y se alegraba de estar ocupado con lo que ella quería. Cuando ella murió, él estaba desconsolado. Unos meses después, le pregunté cómo era su vida. Me dijo: «Me levanto. Me preparo el café y el desayuno. Luego me siento en silencio y lo disfruto. Cuando estoy listo, paso a la siguiente etapa del día». Todavía estaba de duelo y nunca se habría identificado como soltero por naturaleza, pero hizo algo típico de los que lo son al encontrar consuelo en una rutina tranquila y sin prisas que se adaptaba a su temperamento.

Me preocupa que las personas solteras se sientan a veces presionadas a tener vidas geniales, sorprendentes y magnánimas, casi como si pensaran que tienen que compensar su soltería. En cambio, las personas con pareja rara vez sienten que tengan que justificar su vida; el mero hecho de tener pareja les proporciona una legitimidad automática. Como afirma Christina Campbell, bloguera de *Onely* (*Solteramente*), en el artículo «¿Es guay sentarse en el sofá con pantalones de estar en casa llenos de manchas?», «Una persona soltera relativamente sedentaria que vive una vida que no alucinaría a nadie es tan digna de respeto como la persona soltera que martilla postes para construir una valla en Namibia. Las actividades no importan: lo importante es la brújula moral interior y la bondad hacia los demás».[119]

¿Quién puede disfrutar de toda esa libertad?

Puede ser molesto tener que hacerlo todo uno mismo: no dividir las facturas, conseguir ayuda para cortar el césped, etc. Pero me gano bien la vida, así que puedo contratar gente y Amazon ahora me entrega medicinas para la tos y sopa de pollo cuando estoy enferma. Este nuevo mundo de automatización y comodidad ha hecho que sea mucho más fácil estar soltero. Sería muy duro si no tuviera los recursos para vivir esta vida, y entiendo por qué algunas personas se casan por seguridad.

—DONNA (cuarenta y nueve años, Seattle, Washington)

Para poder disfrutar con plenitud de la libertad que aprecian los solteros por naturaleza hacen falta recursos y oportunidades que no todo el mundo tiene. Vivir la versión más libre de la soltería es más difícil para las personas con dificultades económicas, obligaciones familiares, discapacidades o problemas de salud física o mental.

Los obstáculos no son solo personales. En muchas sociedades existen impedimentos institucionales como leyes, políticas y prácticas que solo benefician a las personas casadas. Los solteros se ven desfavorecidos de manera sistemática: eso es el «solterismo» (la discriminación que sufren las personas solteras). Esta discriminación puede verse exacerbada por muchos de los otros «ismos» que se entrecruzan, como el racismo, el sexismo, el clasismo, el edadismo y el capacitismo. Abrazar la soltería también puede ser difícil en lugares donde muy pocas personas son solteras o viven solas, o donde la vida familiar se valora profundamente y la soltería no.

Y, sin embargo, como demostraré, incluso en las circunstancias más difíciles, muchas personas abrazan su soltería. Lo hacen como un acto de fidelidad a sí mismos, de querer vivir la vida que es mejor para ellos, aunque desearían que no fuera tan desalentador hacerlo.

En teoría, cualquiera puede identificarse como soltero por naturaleza. No hace falta tener dinero, salud o cualquier otra ventaja para *querer* llevar una vida sin pareja. En teoría, no deberían ser solo las personas más privilegiadas las que piensen en una dulce soledad, las que disfruten de ser quienes deciden y las que ven la soltería como su forma de vida más auténtica y significativa.

De hecho, el privilegio no es un requisito previo para identificarse como soltero por naturaleza y vivir la soltería con alegría y sin pedir disculpas. En el cuestionario, personas de todo el mundo, y no solo de los países más ricos o más individualistas, resultaron ser solteros por naturaleza. Por término medio, las personas que se calificaban como ello no tenían mayores ingresos que las que no lo eran, no tenían más probabilidades de estar empleadas y solo tenían un nivel educativo apenas superior.

Frente a los obstáculos personales o más sistemáticos de la soltería, muchas personas solteras por naturaleza persisten, no obstante, en vivir la versión más extensa de la soltería que pueden sacar adelante. La soltería es su vida más auténtica, significativa y plena, por lo que no renuncian a ella a la ligera. Vivir encerrados meses y meses durante la pandemia, por ejemplo, no les motivó a dejarlo todo y sucumbir a la pareja.

Las obligaciones asistenciales pueden coartar nuestras libertades, como me explicó la mujer que me envió un correo electrónico desde la India, pero a veces cuidar de los demás es la manera en que elegimos utilizar nuestra libertad. La necesidad de cuidados también puede ser limitante; sin embargo, personas con lesiones devastadoras y enfermedades potencialmente mortales, por ejemplo, han seguido llevando una vida de solteros satisfactoria, incluso en el contexto de sistemas sanitarios mucho más complacientes con las personas que tienen pareja.

Muchas políticas y prácticas deben cambiar para crear un mundo más justo y acogedor para las personas solteras. Mientras tanto, los solteros por naturaleza persisten en abrazar su soltería, a pesar de los obstáculos, como ilustran las dos historias a continuación.

● ● ●

No siempre he asociado la soltería con la libertad. Mi libertad suele sufrir severas restricciones según las necesidades que tengamos mi reluciente silla de ruedas azul y yo para salir aireosas en un momento concreto y en un lugar concreto. Mis espacios vitales se adaptan a mis capacidades físicas y dependo de la amabilidad de los demás para definir dónde, cómo y si puedo viajar. Cuando no puedo encontrar un trabajo que cumpla con los requisitos de modificación y adaptación de mi discapacidad, no tengo trabajo. Si siempre voy a ser dependiente, al menos hasta cierto punto, ¿por qué no me convierto en el tipo de persona dependiente más valorada socialmente, como la Cenicienta? Para mí, mi preciada soltería es la oportunidad de redefinir cada día mi relación con la independencia y poder honrar mejor mi cuerpo, mi mente y mi espíritu. Estoy orgullosa de la hermandad con las personas que han luchado por las libertades que me permiten elegir la soltería. En su honor, intento ser mi yo más vibrante y alegre, alguien que aporta una presencia amorosa en todo tipo de relaciones.

—DRA. JILL SUMMERVILLE

La marginalidad, sostiene bell hooks, es «mucho más que un lugar de privación». En cambio, «ofrece la posibilidad de perspectivas radicales desde las que poder ver y crear, imaginar alternativas, nuevos mundos».[120] Jill Summerville ha reimaginado la libertad. Nada le impide ser su «yo más vibrante y alegre, alguien que aporta una presencia amorosa en todo tipo de relaciones».

A menudo las personas que permanecen solteras son objeto de representaciones estereotipadas donde no se las considera como adultos plenos, porque no cumplen con el hito convencional de casarse. Los solteros por naturaleza estamos reescribiendo lo que significa ser adulto, ya que creamos trayectorias vitales trascendentes y satisfactorias más allá de los confines de la vida familiar convencional. Desde el punto de vista de la discapacidad, personas como Jill nos enseñan a reflexionar aún más sobre estas cuestiones. En un ensayo que escribió para la página web de la organización «Unmarried Equality» («Igualdad sin matrimonio»), que defiende la igualdad y la justicia para los estadounidenses solteros, señaló que «alguien que cronológicamente es adulto puede necesitar ayuda para realizar tareas físicas, como caminar, comer o meterse en la cama, [y] no obtener nunca el carné de conducir… En los "tiempos de la discapacidad", todas estas personas están "ejerciendo la adultez" con éxito».[121]

Otros grupos desvalorizados también han contribuido de manera muy significativa a nuestra comprensión de cómo puede llegar a ser una vida plena y satisfactoria para los solteros por naturaleza. Por ejemplo, las comunidades *queer* y las comunidades de color han estado a la vanguardia de la creación y la valoración de las familias de elección.[122] Las comunidades indígenas nos enseñan a concebir las relaciones de forma más amplia, a considerar que nosotros mismos no estamos solo conectados con otras personas vivas, sino también con los antepasados, las figuras espirituales, los animales domésticos y el mundo natural.[123] Y, como ha demostrado la socióloga Kris Marsh, las mujeres negras han sido pioneras a la hora de forjar vidas plenas y satisfactorias siendo solteras.[124]

En su contribución a una antología de ensayos de mujeres felizmente solteras, Bama, de sesenta años, daba las gracias por todas las cosas que tenía. «Mi casa es un nido acogedor, donde puedo cantar, bailar, reír o llorar con libertad. Otra bendición que me ha dado esta vida es la oportunidad de vivir en armonía con la naturaleza. Me despierto con el gorjeo de los gorriones y el sonido conmovedor del pájaro cuco… La soltería me ha ayudado muchísimo a ser una profesora consciente de sus deberes, responsable y dedicada… Cuidé a todos mis alumnos como a mis propios hijos y me preocupaba por su bienestar».[125]

Resumiendo, Bama añadió: «Me siento orgullosa de mi vida en solitario. La considero una vida bien vivida. Ha sido una vida de inmensa satisfacción y trascendencia».

El relato de Bama se parece mucho al de quienes compartieron sus historias de vida conmigo. Sin embargo, lo que a ella le costó poder elegir la soltería es una historia totalmente distinta. Bama vive en la India, donde solo el 1 % de las mujeres permanecen solteras. Es dalit, miembro de una casta estigmatizada. Cuando quiso vivir sola, nadie le alquilaba una casa. Al final, consiguió una pareja dalit que le alquiló una pequeña habitación en su casa, pero la sometieron a lo que ella describe como «humillaciones y restricciones indescriptibles». Luego, sin previo aviso y sin indicar los motivos, le ordenaron que desalojara la habitación de inmediato. A continuación, asumió el enorme reto de construir una pequeña casa por su cuenta. Lo logró, pero en lugar de felicitarla, se burlaban de ella. En voz alta, delante de ella, la gente hacía comentarios como: «Está malgastando su dinero construyendo esta casa solo para una persona soltera», y «Debería casarse; de lo contrario, se quedará sentada en su casa vacía como un búho solitario».[126]

A Bama le asignaron un cargo en la escuela de un pueblo remoto y la obligaban a quedarse hasta tarde por la noche para cumplir con tareas de la escuela, incluso cuando eso significaba volver a casa caminando sola por carreteras oscuras y peligrosas. Le dijeron que tenía que cubrir esas tareas porque no tenía responsabilidades familiares; sería demasiado difícil para las mujeres casadas.

El acoso sexual que sufrió Bama fue implacable. Incluso se mofaron de ella por tener que operarse para que le extirparan unos fibromas. En su pueblo corrió el rumor de que se había sometido a un aborto y no a una histerectomía.

Bama dijo que había elegido ser soltera. Me pregunto si, en las mismas circunstancias, yo sentiría que no tengo más remedio que casarme. La historia de Bama es un importante recordatorio de que «elegir» la soltería no es una simple cuestión de tener acceso a tu auténtico yo interior y abrazar a la persona soltera por naturaleza que encuentres allí. Las barreras sociales, culturales, religiosas y estructurales —incluso aquellas menos onerosas que las que tuvo que afrontar ella— pueden ser formidables. Su historia es también una inspiración, pues demuestra lo que algunas personas están dispuestas a hacer para reivindicar su soltería incluso en las circunstancias más desalentadoras.

Consejos para los solteros por naturaleza

¿Has podido aprender y crecer, dedicarte al trabajo y a las pasiones que te parecen más significativas, vivir dónde y cómo quieres, decidir por ti mismo cómo administrar tu dinero, contribuir a tu comunidad de la forma que más te importa o estar ahí para las personas que quieres? Son logros genuinos que merecen ser apreciados y aplaudidos.

Comparte las experiencias que te han parecido más alegres y trascendentales. Seguro que por lo menos son igual de interesantes que las historias que la gente cuenta sobre sus parejas, y quizá mucho menos predecibles. Agradece que puedes elegir un trabajo que es para ti y no para mantener a una pareja o financiar partes de una vida que no quieres o no necesitas.

¿Has sentido que las leyes y políticas que perjudican a los solteros se volvían obstáculos para tus esfuerzos por vivir tu soltería de manera gratificante? Recuerda que tus dificultades no tienen que ver con la soltería, sino con el modo en que las sociedades favorecen de manera deliberada a las personas casadas y a sus familias y marginan a los solteros.

Puesto que vas a mantenerte a ti mismo, edúcate sobre planificación financiera para que siempre puedas costear tus aventuras, pasiones, cuidados y contribuciones a la comunidad.

Para nuestros aliados

Preguntadle a los solteros qué les gusta hacer, qué es lo que más disfrutan de su trabajo, si hay algo que hayan hecho que les dé especial orgullo. Celebrad sus logros. Tened en cuenta que tener libertad no es lo mismo que tener todo el tiempo del mundo. Los solteros que viven solos no tienen a otra persona que les ayude a hacer la compra, a cocinar o a realizar cualquier otra tarea doméstica. Recordad también que sus proyectos de vida son tan importantes como los de las personas con pareja; no hay por qué esperar que sustituyan a otros en el trabajo o que sean los últimos en elegir cuándo irse de vacaciones. Tened cuidado con el estereotipo que relaciona la libertad con el egoísmo y no os olvidéis de los estudios que demuestran que una mayor libertad suele conllevar más acciones desinteresadas.

Para personas a las que les intriga la soltería, pero tienen dudas

Piensa en todas las cosas que siempre has querido hacer y que nunca has llegado a hacer. ¿Sería más probable que las hicieras si estuvieras soltero?

¿Te encanta la libertad que te da la soltería, pero te sientes culpable? Nunca deberías sentirte culpable por vivir tu vida más auténtica, alegre, trascendental y gratificante. Vivir sin autenticidad es el verdadero riesgo, tanto para ti como para los demás.

4

Soledad

Al despertar sola no tengo sensación de soledad, ni deseo de tener a alguien con quien hablar. La soledad me parece inherente, un rasgo más que un acontecimiento. Puedo pasarme días enteros sola escribiendo, trabajando en el jardín, haciendo ejercicio, paseando, leyendo o viendo películas. Tengo un grado de intimidad, tranquilidad y tiempo de reflexión que es incompatible con una vida compartida. Sin esa capacidad de contemplar, de ser en lugar de hacer, y sin la posibilidad de que sea algo cotidiano, no disfrutaría de la vida tanto como lo hago. No sería la misma persona.

—JOAN (setenta y tres años, Newark, Delaware)

Que le guste pasar tiempo a solas no es un dato curioso de Joan, como su color o sabor de helado favorito. Es, como ella dice, inherente. Es definitorio. Es necesario. Ketaki (treinta y cuatro años, Manipal, la India) está de acuerdo. Sin tiempo a solas, dijo, «no me siento completa».

Las personas solteras por naturaleza compartimos una afinidad con la gente que Fenton Johnson llama «solitarios». En su libro *At the Center of All Beauty: Solitude and the Creative Life* (*En el centro de toda belleza: la soledad y la vida creativa*), Johnson describe a los solitarios como aquellos «que eligen vivir solos o que deciden hacer tiempo para disfrutar de periodos de soledad dentro de lo que, de otro modo, sería solo una vida de pareja convencional».[127] Según el autor, experimentan su soledad «no como tragedia o mala suerte o tristeza, sino como un aspecto integral y necesario de lo que son».[128]

Si pudierais observar a los solteros por naturaleza con una cámara secreta que nos siguiera a todas partes, todo el día, todos los días, descubriríais que algunos pasamos mucho tiempo solos. Veríais que muchas de nuestras actividades, tanto en casa como fuera, son solitarias. Si sabéis leer el lenguaje corporal, probablemente también os dareis cuenta de que nos sentimos cómodos en nuestra soledad. Rara vez nos sentimos tristes cuando estamos solos.

Esto sorprendería a todos aquellos que dependen de estereotipos para entender la soltería. Cuando Wendy Morris y yo le pedimos a los participantes de nuestra investigación que nos dijeran qué les venía a la mente cuando pensaban en personas solteras, y las respuestas podían ser cualquier cosa, una de cada seis dijo que pensaba en personas que se sentían solas y tristes. En cambio, cuando les pedimos que nos dijeran qué les venía a la mente cuando pensaban en personas casadas, solo una de quinientos cincuenta y dos participantes dijo que las personas casadas se sentían solas y tristes.[129]

Me imaginaba que la soledad era importante para los solteros por naturaleza. Pero no tenía ni idea de lo fundamental que sería para casi todas las personas que se identifican como tal, ni de lo mucho que apreciarían su tiempo a solas, hasta que empecé a relevar los datos. En el cuestionario, pregunté: «Cuando piensas en pasar tiempo a solas, ¿qué es lo primero que te viene a la mente?». Las alternativas eran «¡Ay, no, tal vez me sienta solo y triste!» y «Ah, dulce soledad». De los que eran definitivamente solteros por naturaleza, un asombroso 98 % eligió la dulce soledad. De los que estaba claro que *no* pertenecían a ese grupo, la mayoría, el 59 %, se preocupaba por sentirse solo y triste.

Cuando les pregunté a los cuarenta y un solteros por naturaleza que compartieron sus historias de vida qué importancia tenía, si es que tenía alguna, tener tiempo para sí mismos, todos y cada uno de ellos dijeron que tenía importancia. Algunos escribieron en mayúsculas cosas como MUCHA, MUCHÍSIMA y FUNDAMENTAL. Tres dijeron que era tan importante como respirar.

La distinción entre la soledad placentera y la soledad triste ha resonado a lo largo de décadas de escritos sobre la soledad. En su libro de 1965, *Mrs. Stevens Hears the Mermaids Singing* (*La señora Stevens oye cantar a las sirenas*), May Sarton escribió: «La soledad triste es la pobreza de uno mismo; la soledad placentera es la riqueza de uno mismo».[130] En el libro *The Stations of Solitude* (*Las estaciones de la soledad*), de 1990, Alice Koller escribió: «Ser solitario es estar solo bien; es darse el lujo de sumergirse en actividades de tu propia elección, consciente de la plenitud de tu propia presencia más que de la ausencia de los demás».[131] En *Alone Together* (*Juntos en soledad*), una antología de ensayos sobre la pandemia, Anna Quinn señaló: «Son tan diferentes, la soledad triste y la soledad plena, una es algo que falta, la otra algo que se encuentra».[132]

Cuando intento comprender por qué los solteros por naturaleza estamos tan enamorados de la vida en soledad, nada —excepto, quizá, el aprecio por la libertad— parece más significativo que el amor por el tiempo dedicado a nosotros mismos. Debido a que vivimos el tiempo a solas como una experiencia llena de riqueza y plenitud, como algo encontrado y no algo que nos falta, no nos asusta la soledad ni nos molesta la tristeza.

Nuestra experiencia de la soledad no se ve empañada por las preocupaciones que tan a menudo se asocian con estar solo. En comparación con otras personas solteras que también disfrutan del tiempo a solas pero quisieran estar en pareja, nuestro disfrute del tiempo en soledad no se ve socavado por la incómoda sensación de que deberíamos estar buscando una pareja romántica. En comparación con las personas comprometidas, no es una preocupación tener que acortar el tiempo que nos dedicamos a nosotros mismos porque debemos estar con nuestra pareja.

Nuestro amor por la soledad ya nos ha sostenido durante una pandemia. También nos inmuniza contra las historias destinadas a asustarnos y convencernos de buscar pareja. Más vale que nos demos prisa en encontrar a alguien, porque si no acabaremos solos… Eso no es una amenaza. Nos gusta estar solos. Y no nos tragamos la visión estrecha de miras de que, sin una pareja romántica en el centro de nuestras vidas, estamos solos en el mundo.

~~Uno es el número más solitario.~~
¡Corregido!
Uno es un número entero.

También nos gusta la compañía

Todo el mundo tiene un equilibrio óptimo entre la cantidad de tiempo que le gusta tener para sí mismo o para socializar con otras personas. Los solteros por naturaleza se inclinan por preferir en proporción más la soledad, pero algunos de nosotros también apreciamos mucho la compañía. Joan, que describió su amor por la soledad de forma tan conmovedora al principio de este capítulo, también dijo lo siguiente: «A menudo soy de las últimas en irme de una fiesta, y me siento decepcionada cuando estoy comiendo o cenando con amigos y alguien mira el reloj y emprende el éxodo».

Es probable que el equilibrio que preferimos entre soledad y compañía esté determinado por nuestra cultura, nuestros orígenes y nuestra educación, y que pueda cambiar con el tiempo a medida que desarrollamos nuestra vida. En mi juventud, cuando era profesora universitaria, me conformaba con tener un día a la semana para mí sola. Ahora, como jubilada a punto de cumplir los setenta, soy perfectamente feliz cuando tengo un evento social programado para un solo día a la semana.

Los solteros por naturaleza tenemos un vínculo especial con la soledad, pero no por la cantidad de tiempo que pasamos solos, ni por el equilibrio perfecto entre soledad y compañía, sino por cómo vivimos ese tiempo a solas. Nos encanta. Pero eso no es incompatible con querer a otras personas y mantener relaciones satisfactorias. Los estudios demuestran que quienes disfrutan del tiempo a solas no son menos propensos a tener relaciones positivas y de alta calidad con otras personas.[133] De hecho, los solteros por naturaleza probablemente seamos mejores amigos, más atentos y comprometidos con las personas de nuestra vida, porque disfrutamos de la soledad con plenitud. El tiempo que pasamos con nosotros mismos nos hace sentir felices, sanos y completos.

. . . .

Nuestros modelos a seguir

A los sesenta años, Andriette ya había corrido ochenta y cinco maratones, incluyendo veinticuatro maratones consecutivas en Boston, y apareció en la revista *Runner's World* (*El mundo de los corredores*).

Andriette contó a la revista que, cuando iba al colegio, era un ratón de biblioteca que trabajaba entre los libros. La lectura y la reflexión siguen siendo importantes para ella. Tiene una colección de más de trescientos libros sobre correr. En la universidad local donde enseña, su curso favorito es «Correr, leer y reflexionar».

La soledad parece ser un componente importante de su vida de corredora. A veces corre sola de madrugada, llevando una linterna y buscando monedas, que recoge todo el año y luego dona a un refugio de animales. Cuando va en coche a las maratones, a veces se queda a dormir con amigos o familiares, pero lo más frecuente es que duerma en el propio coche.

También le gusta estar acompañada. Su arma secreta, según cuenta a la revista, es el grupo que la alienta cuando llega a la marca de 36,2 kilómetros cada vez que corre cerca de la ciudad donde vivió.

Danielle, de cincuenta y un años y de Minneapolis, ha corrido con Andriette y la ha elegido como su modelo a seguir:

> Es la que más se parece a mí, o al menos a quien quisiera ser: amable, de espíritu libre, divertida. La conocí cuando me separé después de cinco años de matrimonio y me mudé a la región del Medio Oeste de los Estados Unidos. Cuando nos juntamos para hacer carreras largas, carreras por senderos o entrenamientos en pista, hablamos más que nada sobre correr, y no tanto sobre el trabajo o familia. Este cambio de enfoque me alentó mientras me disponía a rehacer mi vida. Me parecía que estaba bien centrar mis objetivos en torno a lo que me gusta hacer, los lugares que quería ver y la optimización de mi salud y mi cuerpo, en lugar del tradicional sueño americano de carrera-casa-marido-mascotas-hijos.

Hace unos años, Andriette se presentó a una carrera en Duluth con un apuesto compañero de carreras. «Es un amigo», me confesó. «No salgo con nadie».

Lo que la soledad nos brinda

Me siento más en paz, más relajada, más alegre, cuando estoy sola o con mi gato. Me encanta hacer cosas por mi cuenta: ver películas, salir a cenar, leer, ver la tele, viajar.

—ACADIA (treinta y seis años, Melbourne, Australia)

La descripción de Acadia, como la de Joan (citada al principio de este capítulo), destila calma. Las investigaciones demuestran que las personas que disfrutan de estar solas se sienten especialmente tranquilas y relajadas cuando han pasado tiempo en soledad.[134] Las personas solteras por naturaleza también afirman que rara vez se aburren cuando están solas. Como dijo Carmela (cuarenta y cuatro años, Nayarit, México): «Puedo permanecer mucho tiempo conmigo misma sin aburrirme».

La experiencia de pasar tiempo a solas es muy diferente para quienes no lo disfrutan, según han demostrado los psicólogos.[135] Se aburren. Se sienten tristes. No saben qué hacer consigo mismos. Caen en la reflexión y se obsesionan con pensamientos negativos sobre lo horribles que son o sobre lo mal que les han tratado los demás. Al no tener a nadie a su alrededor, ni siquiera se interesan por las actividades que suelen parecerles significativas. En lugar de eso, navegan sin cesar por las redes sociales, no porque estén en verdad interesados en algo de lo que encuentran allí, sino porque cualquier distracción es mejor que sentarse con sus propios pensamientos. A veces hacen las cosas que otras personas esperan o quieren que hagan, aunque nadie las esté vigilando.

Lo que me distrae a mí no son mis propios pensamientos, sino la presencia de otras personas. Cuando hay otros seres humanos cerca, me roban un trozo de mi mente, aunque solo estén tranquilos, ocupándose de sus propios asuntos. Están en mi conciencia. Puedo concentrarme mejor cuando estoy totalmente sola. Soy más productiva. Puedo profundizar más en los estudios, en lo que escribo y en mis pensamientos.

La soledad es buena tanto para la amplitud como para la profundidad. Mientras que las parejas pueden mirarse a los ojos y sentirse profundamente conectadas, los solteros por naturaleza atesoran lo que ven y experimentan cuando otra persona no les bloquea la vista. En *Alone Time*

(*Tiempo a solas*), Stephanie Rosenbloom escribió: «Cuando no estás sentada frente a alguien, estás sentada frente al mundo».[136] Estaba escribiendo sobre una cena a solas, pero creo que estaría de acuerdo con la interpretación más amplia de Fenton Johnson: «En la soledad, el mundo, y no otro individuo, se convierte en el centro de nuestro corazón ardiente y respetuoso».[137]

Estar solo, para las personas solteras por naturaleza, es liberador. Les habilita a cultivar su creatividad. Jennifer (cuarenta y cinco años, Denver, Colorado) dice que se siente «más creativa e inspirada cuando paso tiempo a solas». Sara Maitland, autora de *How to Be Alone* (*Cómo estar a solas*), cree que la soledad es especialmente propicia para la creatividad. «Para crear algo uno mismo, algo propio, único, se necesita cierta clase de libertad personal, una falta de inhibición, una capacidad para no mirar por encima del hombro a ver qué opinan los demás».[138]

Creo que Marie, una mujer de cuarenta y seis años del norte de California, describía algo parecido cuando dijo que apreciaba ese «"espacio" en el que el acceso a mi mundo interior es fluido. Puedo residir allí sin interrupciones».

La soledad puede ser un espacio sagrado para la espiritualidad y la comunión con lo divino. También es un lugar especial para estar en comunión con nosotros mismos. Las investigaciones demuestran que nos sentimos más auténticos cuando estamos solos que cuando estamos con otras personas.[139] Con tiempo para la reflexión personal, podemos comprender mejor cómo nos sentimos y qué queremos en realidad. Las personas que viven la soledad de manera significativa suelen tener una relación más consciente con lo que les sucede en la vida cotidiana, en sintonía con los sentimientos de cada momento, más allá de que haya otras personas cerca.[140]

La soledad es nuestro spa para la salud mental, nuestro lugar de paz. Carmela dijo: «Soy mejor persona cuando todo está en calma». Pasar tiempo a solas nos protege de las personas desagradables en las que podríamos convertirnos si no lo tuviéramos. Como dijo Carla (treinta y tres años, Essex, Inglaterra), «es absolutamente esencial para no estar de mal humor o deprimida, y para que no sea una pesadilla convivir conmigo». También nos ayuda en más aspectos que solo no volvernos horribles y gruñones. De nuevo, fue Sara Maitland quien lo entendió: «La alegría que me generan largos períodos de soledad también ha aumentado mi alegría que experimento cuando no estoy en soledad: quiero a mis hijos, a mis amigos, a mis colegas tanto como siempre, y los atiendo mejor cuando estoy con ellos… y los disfruto más».[141]

Se considera que las actitudes positivas hacia la soledad tienen una conexión directa con una buena salud mental. Las personas que experimentan el tiempo a solas como lo hacen los solteros por naturaleza (quienes cuando están a solas son más creativos o se concentran mejor, y disfrutan de tener tiempo para sí mismos en un entorno agradable) demuestran tener una mejor salud física y psicológica, más sentimientos positivos y menos negativos.[142]

La soledad puede ser sublime, pero también ordinaria. Los solteros por naturaleza apreciamos la libertad que nos da para poder escuchar música, ver la televisión, navegar por Internet, jugar a juegos en línea, perder el tiempo en casa, salir a correr, hacer recados y ocuparnos de las rutinas diarias.

> ~~La soledad es un gusto adquirido.~~[143] —*Washington Post*
> **¡Corregido!**
> *La soledad es una comida reconfortante para el alma.*

Los perfiles de personalidad de las personas que disfrutan de la soledad

La soledad es la riqueza y la moneda de la soltería positiva.

—DAVID (sesenta y cinco años, Austin, Texas)

Cuando analicé por primera vez los datos del cuestionario que creé y vi que casi todos los que se identificaban como solteros por naturaleza consideraban su tiempo a solas como una dulce soledad, y luego descubrí que las cuarenta y una personas que compartieron sus historias de vida hacían lo mismo, pensé que sabía lo que eso significaba: todos somos introvertidos.

Bueno, no del todo. No pregunté por la introversión en el cuestionario, pero sí le pregunté a las cuarenta y una personas que compartieron sus historias de vida. Se identificaron de manera desproporcionada como introvertidos. Algunos, sin embargo, dijeron que eran ambivertidos, con tendencias tanto introvertidas como extrovertidas. Unos pocos se consideraban extrovertidos.

¿Qué era lo que aún no entendía sobre la personalidad de las personas que disfrutan de su tiempo a solas? Thuy-vy T Nguyen y sus colegas llevan años estudiando la psicología de la soledad. Ellos también querían saber más sobre el tipo de personas que pasan tiempo a solas porque lo disfrutan y lo valoran, y no solo porque quieren evitar a otras personas.

En cuatro estudios, seleccionaron a personas para que registraran en diarios cómo pasaban el tiempo, con quiénes estaban y cómo se sentían, día tras día, durante un máximo de dos semanas.[144] Los participantes completaron una serie de pruebas de personalidad. Los introvertidos tendían a describirse a sí mismos con mayor frecuencia como callados, reservados y a veces tímidos, y no tanto como comunicativos, sociables o habladores.

Los investigadores descubrieron que la introversión tenía poco que ver con apreciar la soledad. Las personas extrovertidas, sociables y habladoras no eran menos propensas a disfrutar de su propia compañía y a valorar tener tiempo para sí mismas que las calladas y reservadas. Se puede ser extrovertido, hablador y enérgico y, aun así, disfrutar de pasar el tiempo a solas.

En cambio, lo que importaba estudio tras estudio era la autenticidad. Las personas que eran fieles a sí mismas eran las que buscaban la soledad porque la valoraban y disfrutaban de su propia compañía. En los tests de personalidad, las personas auténticas tendían a estar de acuerdo con afirmaciones como «Mis acciones son congruentes con quien soy en realidad» y «Todo mi ser respalda las decisiones importantes que tomo». Son personas que se resisten a la presión de sentirse o comportarse de determinada manera. Tienden a estar en desacuerdo con afirmaciones como «Creo en ciertas cosas para agradarle a los demás» y «Hago cosas para no sentirme mal conmigo mismo».

Vivir tu vida con autenticidad, de acuerdo con lo que en verdad eres, y hacerlo a pesar de todas las normas, expectativas y presiones para vivir una vida en pareja, es el verdadero territorio de los solteros por naturaleza. Los estudios sobre la soledad a través de diarios que realizó Nguyen demuestran que las personas auténticas buscan la soledad y le sacan mucho partido.

Cuando Joan dijo que su soledad es inherente y que sin ella no sería la misma persona, creo que nos estaba diciendo, a su manera, que la autenticidad es importante. Mary (treinta y tres años, Buffalo, Nueva York) expresó algo parecido cuando dijo: «Me siento más cómoda y más fiel a mí misma cuando estoy sola».

Pero ¿por qué a las personas que son fieles a sí mismas les gusta más la soledad y le sacan más partido? Creo que es porque cuando estás solo, te encuentras cara a cara con una única persona: tú mismo. Si llevas una vida inauténtica, te sientes incómodo. A solas con tus pensamientos, te obsesionas con lo que no te gusta de ti mismo. Te dedicas a consumir malas noticias en las redes porque te distrae de enfrentarte a tu falso yo.

En el capítulo 2 compartí historias de personas que se sentían desgraciadas cuando intentaban vivir la vida en pareja que se esperaba de ellas. Se liberaron de esa desgracia y experimentaron la verdadera alegría una vez que reconocieron y abrazaron su identidad de solteros por naturaleza.

No estoy diciendo que los solteros por naturaleza nunca encontremos nada que nos disguste cuando miramos en nuestro interior. Tampoco estoy diciendo que nunca experimentemos tristeza, dolor, ansiedad, pena o cualquier otro sentimiento perturbador. Por supuesto que sí. Pero en lo que respecta a las decisiones sobre la pareja, cualquier insatisfacción con nosotros mismos no se ve exacerbada por tratar de vivir la versión que otra persona tiene sobre lo que una buena vida debe ser, en lugar de vivir nuestra propia versión. Nuestra angustia puede estar provocada por todo tipo de experiencias y dinámicas psicológicas, pero llevar adelante una vida inauténtica de ninguna manera es una de ellas.

En nuestra experiencia con la soledad no solo importa lo que vemos en nosotros mismos cuando nos miramos de cerca, sino también nuestra actitud hacia el autoexamen. ¿Le damos la bienvenida o nos resistimos? Los estudios sobre la soledad demostraron que las personas que disfrutaban de su tiempo a solas sentían curiosidad por sí mismas. En los tests de personalidad, tendían a estar de acuerdo con afirmaciones como: «Me interesa saber por qué actúo como actúo».[145]

Las personas reflexivas sobre sí mismas no solo disfrutan más de su tiempo a solas, sino que también aprecian las experiencias más puras de la soledad. Muchas personas a las que les gusta estar solas se sienten satisfechas mientras leen, se sumergen en las redes sociales o ven películas. Las personas que sienten curiosidad por sí mismas también se sienten cómodas simplemente sentadas en silencio.[146]

Nguyen cree que las personas que son fieles a sí mismas y sienten curiosidad por sus propias reacciones tienen un enfoque de la vida que se caracteriza por «interesarse por cada parte de su experiencia».[147] Observé algo parecido en las historias que los solteros por naturaleza compartieron conmigo. Parecen tener la capacidad de disfrutar la vida, fijarse y apreciar incluso los pequeños placeres de la vida cotidiana. Cuando le pregunté qué la hacía feliz, Ginny (cincuenta y nueve años, Ontario, Canadá) dijo: «Me encanta el color azul del pájaro que está en el comedero ahora mismo. Me encanta cómo se recuperó Yo-Yo Ma cuando se le resbaló el violonchelo mientras lo tocaba. Me encanta el sonido de las aves nocturnas en verano. Me encantan las arañas en mi cocina, los pájaros en los comederos, mis gatos durmiendo bajo las mantas».

Eva (cuarenta y cuatro años, Londres, Inglaterra) dijo: «Hay belleza y felicidad en todas partes», y luego desplegó una larga lista, que incluía, por ejemplo, «un paseo por el parque en un día frío pero soleado, el ruido crujiente de las hojas, los ciervos a mi alrededor y una taza de café fuerte y caliente en la mano».

La autenticidad y la curiosidad que caracterizan a las personas que disfrutan de su tiempo a solas es un notable repudio a los estereotipos condenatorios que se tienen de ellas. En *How to Be Alone* (*Cómo estar a solas*), Sara Maitland se lamentaba de que las personas que ejercen su libertad para estar solas sean consideradas «"tristes o locas o malas". O las tres cosas a la vez».[148] En *Party of One: The Loners' Manifesto* (*Mesa para uno: el Manifiesto de los solitarios*), Anneli Rufus observó que a las personas a las que les gusta estar solas se las suele tildar de criminales, locas, odiosas y marginadas.[149] Algunas personas que pasan mucho tiempo solas en realidad son problemáticas. Pero no son personas que quieren estar solas. Anhelan estar en pareja o ser incluidos por otros, pero en lugar de eso se suele ignorarlos o rechazarlos.

Hay otra característica de la personalidad que separa de manera significativa a las personas que disfrutan del tiempo a solas de las que no: no son muy neuróticas.[150] No son especialmente tensas, malhumoradas ni tienden a preocuparse tanto. Una vez más, abrazar la soledad por motivos positivos es señal de una persona con una buena salud mental.

Para las personas con bajos niveles de neuroticismo, el mero hecho de pensar en estar solas puede ser motivador. En una serie de estudios, el psicólogo Liad Uziel puso a los participantes en la situación imaginaria de estar solos pidiéndoles que completaran la frase: «Cuando estoy solo, yo...». Hizo lo mismo con una situación social imaginaria pidiéndoles que completaran otra frase: «Cuando estoy en compañía de otros, yo...». Las personas que no eran neuróticas tenían al menos la misma fuerza de voluntad, si no más, cuando pensaban en estar solas que cuando pensaban en estar con otras personas. Estaban más dispuestos a hacer una larga cola o a leer un libro aburrido por completo. Cuando se les planteaban anagramas difíciles, les dedicaban más tiempo y podían resolver más cantidad. Se parecen a las personas solteras por naturaleza que me dijeron que son más productivas cuando están solas y que rara vez se aburren.

Nuestra soledad es algo preciado, por eso la protegemos

La escritora y ensayista Meghan Daum escribió que algunos de los hombres con los que había salido eran «interesantes e inteligentes...». «Pero», añadió, «seguían sin ser rival para el solaz de mi apartamento y los ritmos familiares de mi propia compañía. No podía imaginarme volviendo a casa con ninguno de ellos, en parte porque no hay nada que me guste más que volver a casa sola».[151]

Los que vivimos solos tenemos mucho control sobre nuestra soledad. Podemos decidir si queremos recibir gente en casa, cuándo y durante cuánto tiempo. Es más difícil cuando no estamos en casa.

Cuando vivía en Charlottesville, Virginia, uno de los mejores momentos de mis veranos era alquilar una casa en la playa durante una o dos semanas en Duck, Carolina del Norte, un pueblecito de Outer Banks tan adorable como su nombre*. Un año alquilé la casa con unos amigos. Son gente maravillosa y divertida, y me encantaba la idea de pasar las vacaciones con ellos. Pero no quería pasar todo el tiempo con ellos. Sabía que algunas veces querría estar sola.

No sabía cómo decírselo. Me parecía tan raro, tan antipático. Pero no tenía nada que ver con ellos. No me gustaría pasar una o dos semanas enteras con nadie, compartiendo la casa, las comidas, el tiempo en la playa, los paseos y todo lo demás. La vida compartida que tantas parejas atesoran es justo el tipo de vida que yo nunca querría, ni siquiera por poco tiempo, ni siquiera con amigos a los que adoraba.

En los años siguientes decidí alquilar la casa yo misma. Así podía tener invitados algunos días y dejarme otros días para mí sola. Un año me reservé el primer día e invité a mis padres a venir después. Mientras me instalaba la primera noche y me regocijaba en el lujo de tener una casa grande y bonita en la playa para mí sola, un coche se detuvo en la entrada. Mis padres habían decidido darme una sorpresa y venir antes.

Al año siguiente, invité a unos amigos a venir conmigo todos los días excepto los últimos. La noche antes de que se marcharan, una de ellas me pidió quedarse el resto del tiempo. No entendía por qué quería unos días para mí sola.

Ojalá hubiera sabido en aquel momento —y ojalá lo supieran mis amigos y mi familia— que hay otras personas que cuidan su preciada soledad con tanta devoción como yo. De las historias de vida que la gente compartió conmigo aprendí que esto no es nada raro entre las personas solteras por naturaleza.

Ginny (cincuenta y nueve años, Ontario, Canadá) me contó que cuando planea unas vacaciones con otras personas, «les hago saber por adelantado que habrá momentos en los que necesitaré irme sola por ahí». A ella no parecía costarle tanto como a mí. Carla (treinta y tres años, Essex, Inglaterra), que ahora vive sola, pero solía vivir con amigos, dijo: «Siempre que vivo o me quedo con otras personas, mi propia habitación es un requisito mínimo para evitar que me vuelva loca al instante».

---

* N. de la T.: *Duck* significa «pato», de ahí el comentario sobre lo adorable del nombre.

Algunas personas idean estrategias para asegurarse el tiempo a solas que anhelan. Beth (cincuenta y seis años, San Mateo, California) permanece más tiempo en la cama cuando visita a amigos o se va de vacaciones con ellos. Carla dice: «Cuando vivía con gente, y cuando me quedo con mamá en Navidad, me refugio en los libros y utilizo un firme sistema de cerrar la puerta como señal de que necesito tiempo a solas, y/o salgo a dar una vuelta yo sola».

Cuando sí nos sentimos solos

> Los que se sienten más solos entre nosotros no son necesariamente aquellos que están en realidad solos, sino más bien aquellos que están haciendo todo lo posible por no estar solos.[152]
>
> —MICHAEL COBB, *Single: Arguments for the Uncoupled*
> (*Solteros: Argumentos para los que tienen pareja*)

Las personas que son solteras por naturaleza a veces se sienten solas, pero esto tiende a suceder cuando no están solteras o no viven solas. «Comencé a sentirme muy sola. No tenía tiempo para mí misma y no tenía amigos propios», me dijo Kendra, una mujer de sesenta y nueve años de San Francisco, California. Estaba describiendo un momento en el que estaba casada.

Ketaki (treinta y cuatro años, Manipal, la India) dijo: «Comencé a vivir sola por primera vez en julio de 2019. Me sentí tan feliz. Solía sentirme sola durante mis días de doctorado, a pesar de vivir con compañeros de cuarto. Me siento libre y para nada sola cuando vivo sola».

Los solteros por naturaleza valoramos la autenticidad no solo en nosotros mismos, sino también en las demás personas en nuestras vidas. Marie (cuarenta y seis años, norte de California) dijo que a veces experimenta soledad «en multitudes grandes o incluso en aparentes reuniones "íntimas" cuando el grupo parece forzado, falso, hostil, manipulado, pasivo-agresivo o crítico». Después de un tiempo, la charla superficial también puede sentirse solitaria y aburrida. A algunos de nosotros simplemente no se nos da muy bien.

A solas en público

Viajo por todo el mundo sin compañía, como donde me apetece y acudo sola a actos sociales o eventos públicos sin pensarlo dos veces, tanto si conozco a alguien que vaya a estar allí como si no. Eso nunca fue un problema para mí, ya que nunca sentí la necesidad de organizar mi vida en torno a lo que pudieran pensar personas a las que nunca había visto y que nunca volvería a ver.

—JOAN (setenta y tres años, Newark, Delaware)

Joan no deja que los posibles juicios que los demás hagan sobre ella se le metan en la cabeza y la disuadan de hacer las cosas que le gustan, aunque eso signifique hacerlas sola y en público. Las personas solteras por naturaleza son menos propensas a dejarse llevar por las opiniones y expectativas de los demás. Si vamos a reivindicar nuestro amor por la soltería en lugar de intentar restarle importancia, es casi una obligación tener ese tipo de resiliencia, porque está claro que nos enfrentaremos al escepticismo y el rechazo de la gente que se niega a creer que alguien quiera de verdad ser soltero.

Lo más normal es que a la gente le preocupe que la juzguen si van solos a lugares de diversión como a un restaurante o al cine. Las profesoras de marketing Rebecca K. Ratner y Rebecca W. Hamilton llevaron a cabo una investigación en los Estados Unidos, China y la India, y descubrieron que, en los tres lugares, a la gente le preocupaba que, si iban solos al cine, se les juzgara peor que si iban con amigos.[153] Si iban solos, elegían las horas en las que el cine estaba menos lleno, presumiendo que así menos gente los veía solos. Temían que los demás pensaran que estaban solos porque no tenían amigos. Aparecer con otras personas es una declaración: «¿Ves? ¡Tengo amigos!». Creo, en cambio, que hacer cosas divertidas por tu cuenta es una afirmación más audaz: «Me siento cómodo estando solo».

Fijaos en la seguridad en sí mismo que desprende el relato de David sobre su práctica de cenar solo: «Comer fuera es mi forma favorita de entretenimiento. Llevo décadas cenando solo y nunca he tenido ningún problema ni ningún inconveniente real por hacerlo en solitario. Es más fácil, creo, para un hombre seguro de sí mismo entrar y ser dueño de mi presencia en un restaurante».

A David (sesenta y cinco años, Austin, Texas) no solo le parece bien cenar solo. Es su actividad favorita. Mary (treinta y tres años, Buffalo, Nueva York) opina lo mismo acerca de viajar:

Me encanta viajar sola. Es mi forma favorita de viajar. No hay nada mejor que tener la libertad total que te da viajar por tu cuenta. Puedes cambiar el itinerario del día en cualquier momento y hacer lo que quieras cuando quieras. Nunca tienes que adaptar tus planes a las preferencias de otra persona.

Kendra (sesenta y nueve años, San Francisco, California) dice: «Hay eventos a los que prefiero ir sola porque así puedo ir a mi ritmo». Carla describe otra ventaja: «Hacer cosas sola es especialmente agradable si se trata de algo como un espectáculo de danza, ya que puedo poner toda mi concentración en lo que estoy viendo y experimentando en lugar de prestar atención a mi acompañante». En *Single & Happy: The Party of Ones* (*Solteros y felices: La fiesta de los solitarios*), J. Victoria Sanders comparte: «Excepto cuando voy al cine con uno o dos de mis amigos introvertidos, la mayoría de las veces me encanta estar en un cine sin nadie sentado a mi lado quejándose de las palomitas o de los avances y los anuncios o lo que sea».[154]

David, Mary, Kendra, Carla y Victoria descubrieron por sí mismos una verdad que la ciencia ha comprobado: algunas cosas son más divertidas si se hacen solos, y también más memorables. También tienen razón sobre la psicología de las experiencias. Otras personas pueden ser una distracción, incluso cuando son personas que nos caen bien y cuya compañía disfrutamos a menudo.[155]

Los científicos sociales que llevaron a cabo la investigación que lo demuestra no niegan que muchas experiencias de ocio sean, de hecho, más divertidas con otras personas. Tampoco los solteros por naturaleza. La clave está en entender la diferencia:

En la universidad era crítica de cine y de manera instintiva sabía que debía ir sola a cualquier proyección para poder escuchar mis propios pensamientos y escribir una crítica exhaustiva. Sigo enfocando las salidas de esa manera: ¿es una experiencia para ahondar en mi viaje insular sin interrupciones o algo para compartir, digno de ser discutido con otros? ¿Deseo profundizar y quedarme tranquila con esta experiencia o deseo explorar la profundidad a un nivel diferente en el ir y venir con el punto de vista de otros? —Marie (cuarenta y seis años, norte de California).

¿Mesa para una persona? No es tan malo como suena.[156]
—*New York Times*
¡Corregido!
¿Mesa para una persona? Suena divino.

Nuestros hogares son nuestros santuarios

Siempre me pregunto por qué la gente piensa que me causa tristeza vivir sola cuando lo único que siento es alivio y paz cuando vuelvo a casa.

—Liz (sesenta años, Washington, D. C.)

Cuando estaba en primaria recibí un premio por ser mediocre. Mi profesora estaba organizando una exposición de obras de arte de alumnos de distintos cursos, y eligió ejemplos de trabajos sobresalientes y también de trabajos «representativos». Para la tarea, podíamos dibujar lo que quisiéramos. Yo elegí una escena de un viaje que mi familia hacía muy a menudo a casa de mis abuelos, a lo largo de un tramo de autopista en el noreste de Pensilvania bordeado por densos bosques. En medio de una espesura de árboles había una casa. Una casa sola. Me cautivó y la dibujé.

Salvo un año que compartí apartamento cuando iba a la universidad porque era lo único que podía permitirme, he vivido sola toda mi vida adulta. Espero poder seguir haciéndolo hasta el día de mi muerte. Para muchos solteros por naturaleza, vivir solo no es algo a temer. Es algo que anhelamos y atesoramos si lo conseguimos.

No es indispensable tener un lugar propio para dedicarnos tiempo y espacio a nosotros mismos. Nadie lo necesita. Daz (treinta y ocho años, del norte de Inglaterra), que vive con sus padres, me dijo que siempre ha tenido tiempo y espacio para sí mismo. Cuando entrevisté a gente para *How We Live Now: Redefining Home and Family in the 21st Century* (*Cómo vivimos ahora: Redefiniendo el hogar y la familia en el siglo* XXI), descubrí que incluso las personas que vivían en hogares grandes y bulliciosos encontraban formas de asegurarse algo de soledad. Se levantaban antes que los demás, salían a pasear, se daban largos baños, armaban un cobertizo en el patio trasero o encontraban un lugar especial junto a un arroyo.

Sin embargo, las personas solteras por naturaleza se sienten atraídas de forma desproporcionada por la vida en solitario. De las miles de personas que respondieron al cuestionario, el 56 % de los que se declararon solteros por naturaleza vivían solos. No es un gran porcentaje. No se acerca ni de lejos al 98 % que considera su tiempo a solas como una dulce soledad. Pero es más de la mitad, y mucho más que el porcentaje de adultos que suelen vivir solos. En los Estados Unidos en 2020, por ejemplo, de una población de 251,9 millones de adultos mayores de dieciocho años, 36,2 millones vivían solos. Es decir, el 14,4 %. De los adultos que no estaban casados, que eran 118,8 millones, el porcentaje era del 30,5 %.

A mucha gente le gusta tener tiempo para sí misma, independientemente de su situación sentimental o de si vive sola o acompañada. En una encuesta realizada por el Centro de Investigación Pew a una muestra representativa de adultos de los Estados Unidos, el 85 % afirmó que era muy importante o algo importante pasar algún tiempo solo por completo.[157] Y, sin embargo, muchas personas se hartan de la soledad mucho antes que los solteros por naturaleza.

●   ●   ●

La autora australiana Donna Ward, en *She I Dare Not Name: A Spinster's Meditations on Life* (*Ella a quien no me atrevo a nombrar: meditaciones sobre la vida de una solterona*), describió su visita a un hombre que tenía hijos y nietos, pero que decidió vivir solo. «Decía que en soledad la vida se vuelve vibrante, ardiente, todo sabe más a sí mismo». Ward se mostró escéptica, así que preguntó:

¿Y qué sucede en ese momento al final del día cuando entras en esta quietud, donde todo está como estaba cuando te fuiste, y la pesada puerta se cierra detrás de ti, y hay que atizar el fuego y cocinar la col rizada, y encender las velas… ¿cómo es ese momento para ti?

Ah. Bueno, me dijo, has encontrado el punto débil en mi armadura de soledad.[158]

Los solteros por naturaleza no tienen ese punto débil. Las historias que me contaron estaban llenas de odas a la vuelta a casa, a sus santuarios. Esa es la palabra que surgía una y otra vez cuando hablaban de sus hogares: santuario. Carla me contó: «Me encanta el santuario de mi casa y la paz que siempre me espera allí después de un día ajetreado». Peggy (sesenta y siete años, Atlanta, Georgia) comentó de manera efusiva lo mucho que le gustaba «llegar a casa del trabajo y cerrar la puerta tras de mí. Sin dramas ni conflictos constantes. Los gatos y los perros durmiendo en la cama. No tener horarios específicos para las comidas. Decorar mi casa como me gusta». Ketaki (treinta y cuatro años, Manipal, la India) dijo: «Soy más feliz cuando llego a casa y está vacía». Algunas personas dejaron claro que les gusta socializar, pero, aun así, su santuario los llama. Amy, una mujer de cuarenta y cuatro años de Frisco, Texas, por ejemplo, compartió: «Me encanta pasar tiempo con la familia y los amigos, pero me gusta aún más volver a casa y tener tiempo para mí misma para reorganiarme».

A mí también. También me encanta todo lo que debilita la armadura de ese hombre. Me encanta encontrar todo justo como lo dejé cuando la puerta se cierra tras de mí. Me reconforta ser la única que decide cómo adornar e iluminar mi hogar. Cocinar me relaja, aunque no sería una col rizada y me encantaría que luego descendiera un hada de la limpieza que ordenara todo y se marchara sin decir palabra.

Durante el almuerzo, una persona a la que estaba empezando a conocer me dijo que, en general, se sentía bien siendo soltera, pero que echaba de menos llegar a casa al final del día y encontrarse con una pareja romántica que le preguntara por su día. Entiendo que para algunas personas que están felizmente en pareja, ese sea uno de sus placeres cotidianos.

Sin embargo, el resto de nosotros saboreamos la libertad de prescindir de ese ritual. En *Gay and Single... Forever?* (*Gay y soltero... ¿para siempre?*) Steven Bereznai reflexiona: «Me pregunto si algunos de nosotros simplemente obtenemos nuestros opiáceos reconfortantes del Zen de la soledad, libres del bullicio de la charla sin sentido y de las exigencias que las parejas a menudo parecen imponerse unos a otros, robándose la posibilidad de sumergirse en el placer de la propia compañía».[159] La soledad tranquila puede resultar especialmente atractiva para los solteros por naturaleza cuando ya nos hemos saciado de socializar. «No soporto las conversaciones intrascendentes y las fiestas me resultan frustrantes», me dijo David. «Cuando estoy en una de esas situaciones, no veo la hora de estar felizmente en casa otra vez, solo con mis libros, mis obras de arte, mis escritos, mis comidas y comodidades, y mi propio horario».

Podemos decidir cómo utilizar nuestro espacio

Cuando voy al baño medio dormida en mitad de la noche, nunca tengo que encender la luz para ver si la tapa está levantada. Si meto un refresco en la nevera y me voy a trabajar, cuando llego a casa, ¡sigue ahí! Soy la reina del control remoto y de mis finanzas. La única ropa interior que lavo es la mía. Controlo el termostato y el menú de la cena. No tengo que aclarar mis horarios con nadie.

—SONYA (cuarenta y siete años, Parkersburg, Virginia Occidental)

Los solteros por naturaleza adoramos la autonomía y la independencia que tenemos cuando estamos solos, la forma en que podemos organizar nuestra vida de la manera que nos plazca, incluso en los aspectos más mundanos. Para los que vivimos solos, la autonomía y la independencia también significan utilizar nuestro espacio como nos plazca: al diablo con las convenciones.

Si entras en el salón de mi casa, lo primero que notas es que mi escritorio en forma de L domina la habitación. Las dos estanterías altas también tienen algo que decir. Por supuesto, mi salón tiene un cómodo sofá y una silla, una mesa baja y un televisor, pero en realidad es ante todo mi oficina y mi estudio.

Me dirijo a mi escritorio en cuanto me levanto. A veces llevo allí mis tentempiés. Desde mi escritorio, puedo ver la televisión, así que, si hay algo que quiero supervisar a la distancia sin dejar mi trabajo, también puedo hacerlo.

Poner mi oficina en el salón no fue mi única opción. Tengo un dormitorio para invitados que podría haber utilizado. Pero el salón es el espacio más grande y luminoso, con vistas a una exuberante vegetación e incluso a una cresta del océano Pacífico. Tanto si estoy trabajando como relajándome, es el lugar donde quiero estar.

No es muy convencional poner la oficina en el salón. Sugiere un criterio más amplio para definir el uso de un salón. También es una muestra de autenticidad: me encanta mi trabajo. Es una parte importante de lo que me define. Merece un lugar destacado en mi casa y en mi vida. Aprecio poder tomar decisiones independientes sobre mi espacio, sin consultar antes a nadie. No tengo miedo de lo que piense la gente. Todas esas cualidades —autenticidad, amplitud, independencia, ser poco convencional y no tener miedo a desafiar las normas— son características de las personas solteras por naturaleza.

En realidad, el ejemplo de mi oficina está solo un poco fuera de la norma, y es apenas un ejemplo de cómo las personas solteras por naturaleza hacen de su casa un hogar propio de verdad. Cuando le pregunté a Kendra qué la hacía feliz, me dijo: «Poder ocupar casi todo mi salón para aprender a pintar». Kendra se divorció por segunda vez a finales de sus veinte y crio a su hijo sola. Una vez que su hijo creció y tuvo la casa para ella, al principio no estaba tan segura de si le iba a gustar vivir sola. Ahora lo disfruta a lo grande.

Para Amy (cuarenta y cuatro años, Frisco, Texas), el salón es para sus perros. «Mi perra pequeña está aprendiendo agilidad canina, así que tengo todo el equipamiento necesario instalado en el salón. He movido la mesa baja y he colocado el equipo de agilidad que estaba en el patio. Mi sala de estar parece una locura ahora, pero a mí me funciona, y a mis perros les encanta poder jugar con el equipamiento en el interior de la casa (¡especialmente cuando hace tanto calor fuera!)».

A Acadia, de treinta y seis años, le encanta la música; su piano está en su dormitorio. Su mesa de trabajo está en el comedor.

David lleva casi medio siglo trabajando en la industria de la comunicación. Ha sido director de producción de una cadena de televisión, presentador de la emisora de música clásica de Austin y presentador local de las retransmisiones en directo de la Metropolitan Opera. Tras décadas de galardonada labor creativa, creó su propia empresa de producción de programas y anuncios. Está ubicada en el salón de su casa. Cuando David se siente inspirado en mitad de la noche, se levanta y va a su lugar de trabajo, donde se dedica a sus proyectos creativos durante todo el tiempo que le da la gana. Y le encanta. Antes estaba casado. Sabe que montar su oficina de trabajo en el salón o tener horarios extraños e impredecibles no siempre es tan sencillo con un cónyuge en casa.

Desmitificar las historias de terror sobre vivir solo y pasar tiempo a solas

En la importancia suprema que le concedemos a las relaciones íntimas, ¿hemos pasado por alto el profundo poder sustentador que tiene la soledad en la vida humana?[160]

—Anthony Storr

Storr planteó esa pregunta en su obra clásica de 1988, *Solitude: A Return to Self* (*La soledad: Volver a uno mismo*), quizá el libro más importante jamás escrito sobre el tema. En su opinión, la capacidad de estar solo es un signo de madurez emocional. Sin embargo, en las décadas que siguieron a la publicación del libro, hemos permanecido consumidos por la supuesta importancia suprema de las relaciones románticas íntimas. En lugar de celebrarla, tenemos miedo del lugar que ocupa la soledad en nuestras vidas.

Vivir solo, pasar tiempo solo, el aislamiento social y la soledad se han mezclado en el mismo guiso que nos sirven desde una olla llena de estadísticas desgarradoras. Una de esas estadísticas, procedente de una seria revista académica, se escapó de las ataduras de las páginas enmohecidas y aterrizó en el *New Yorker* en forma de esta afirmación: «El aislamiento social es tan mortal como fumar hasta quince cigarrillos al día».[161]

De hecho, algunos estudios demuestran que pasar tiempo a solas está relacionado con la ansiedad, la depresión, la soledad y toda una serie de enfermedades, y que el aislamiento social puede ser mortal.[162] Sin embargo, otra serie de estudios demuestran lo enriquecedor que puede ser pasar tiempo a solas.[163] La soledad fomenta la creatividad y la espiritualidad. Libres de la presencia de los demás quienes podrían distraernos o juzgarnos, podemos pensar con más claridad, acceder a nuestros sentimientos con más profundidad y reflexionar acerca de quiénes somos y quiénes queremos ser. La soledad es también un lugar de tranquilidad y paz, de descanso, restauración y relajación. A solas, somos libres de hacer lo que más nos gusta.

Un estudio de más de dieciséis mil personas derribó el mito de que las personas que viven solas son más solitarias.[164] Se comparó a los solitarios con personas que convivían con otros y que se parecían a ellos en varios aspectos, como la seguridad económica, y se comprobó que las personas que vivían solas se sentían *menos* tristes en soledad.

Entonces, ¿qué es? ¿La soledad es perjudicial o beneficiosa? Las últimas investigaciones indican que lo que importa no es solo la cantidad de tiempo que las personas pasan solas, sino cuánto de ese tiempo equivale a tiempo que desean y necesitan estar a solas. Robert J. Coplan, profesor de la Universidad de Carleton, y sus colegas han demostrado que las personas que no disponen de todo el tiempo que desearían para sí mismas presentan los mismos efectos secundarios que las que pasan demasiado tiempo a solas: se sienten estresadas, deprimidas e insatisfechas con su vida.[165]

El factor más poderoso que separa a la soledad de riesgo de la soledad satisfactoria a nivel psicológico es el factor «por qué», las razones por las que las personas están solas. Las personas que anhelan ser incluidas, por ejemplo, pero que en cambio son olvidadas, condenadas al ostracismo o rechazadas, a menudo encuentran la soledad devastadora.[166] Es totalmente diferente para los solteros por naturaleza que aman el tiempo que tienen para sí mismos, que han elegido la soledad y que la protegen como el preciado recurso que es para ellos. Son los que cosechan las recompensas de las que disfrutan todos los felices buscadores de soledad.

Las personas solteras por naturaleza no están condenadas a sufrir el mismo destino que las personas que fuman quince cigarrillos al día. Nuestro amor por la soledad no es una vulnerabilidad. Es uno de nuestros superpoderes.

INVERTIR EL GUION

«En el último año que hemos estado en aislamiento, he cocinado la mayor parte del tiempo solo para mí... y lo he disfrutado muchísimo. Del mismo modo, siento que se está manifestando una tendencia preocupante y relativamente nueva para mí de poder estar sola durante bastante tiempo sin sentirme sola».[167]

—NIGELLA LAWSON

La capacidad de estar solo sin sentirse solo es una gran habilidad, no algo preocupante. Imagina que en vez de eso hubiera dicho esto: «En el último año que hemos estado en aislamiento, he cocinado la mayor parte del tiempo para otras personas. Lo he disfrutado muchísimo. Del mismo modo, siento que se está manifestando una tendencia preocupante y relativamente nueva en mí de poder estar bastante tiempo con otras personas sin sentir el deseo de estar soltera y vivir sola».

Consejos para los solteros por naturaleza

Reconoce que tu amor por la soledad es algo excepcional y valioso. Mientras muchas personas buscan la confirmación de que es posible estar solo sin sentirse solo, tú ya lo has comprobado con tu propia vida. Mientras tantos otros buscan orientación sobre cómo disfrutar del tiempo a solas, tú no necesitas instrucciones.

Enseña, desafía los mitos y sé embajador de la soledad. ¿Acabas de tener una semana muy ajetreada en la que has pasado mucho tiempo con otras personas? No dudes en mencionar lo mucho que te apetece tener tiempo para ti. Luego, cuando te pregunten por tu fin de semana, ofrece la respuesta que casi nadie espera: «Ha sido glorioso, ¡fue todo para mí!».

¿Eres una persona a la que le encanta la soledad, pero no tienes necesidad de estar solo demasiado tiempo, ni siquiera después de una semana ajetreada? Si hablas sin reparos de lo mucho que disfrutas tanto de la soledad como de la vida social, ayudarás a la gente a entender que es perfectamente natural disfrutar de ambas cosas.

Para nuestros aliados

Comprended que nos gusta estar solos: no nos da miedo ni nos sentimos solos y tristes, sino que nos da satisfacción. A la mayoría de nosotros también nos gusta socializar, así que incluidnos en vuestros planes y aceptad nuestras invitaciones (¡y no os echéis atrás en el último momento!).

Si eres padre o maestro, o tienes algún otro papel en la vida de los niños, sé sensible a las diferencias naturales y psicológicamente sanas entre los niños. Algunos niños se sienten a gusto pasando tiempo a solas; no están solos porque hayan sido condenados al ostracismo o victimas de *bullying*.[168] Permite que los niños pasen tiempo a solas en lugar de intentar programar cada momento; les servirá a lo largo de su vida para sentirse cómodos cuando están solos. No utilices el aislamiento (como cuando se los envía solos al dormitorio) como castigo. Deja que los niños te vean inmerso en la lectura, trabajando en proyectos en solitario o perdiéndote en tus propios pensamientos.

Si eres terapeuta u otro profesional de la salud mental, ten en cuenta lo que Anneli Rufus dice de ti en *Party of One: The Loners' Manifesto* (*Mesa para Uno, el manifiesto de los solitarios*), su libro sobre las personas a las que les gusta estar solas: «Si nos preguntan si estamos solos por elección propia, están haciendo su trabajo. Si no intentan disuadirnos, bien. Si luego comienzan a elogiar el grado de conciencia de nosotros mismos que tenemos, nuestra habilidad para elegir y vivir como elegimos, están haciendo su trabajo. Si nos enseñan cómo manejar la calumnia, la censura, las bromas y los malentendidos… entonces están haciendo su trabajo».[169]

Para quienes están intrigados por la soltería, pero se preguntan si alguna vez se sentirán tan cómodos en soledad como los solteros por naturaleza

Recordad las cosas que os gusta hacer a solas, como entrenar o ir de compras, o ver películas en casa cuando no hay nadie.

Haced planes para pasar algo de tiempo a solas, poco a poco. Es más probable que disfrutéis de ese tiempo en soledad si hacéis algo que se os da bien o que os resulta atractivo. No lo utilicéis para ocuparos de tareas que detestéis.

No olvidéis que, cuando estéis solos, también podéis estar conectados de forma significativa con otras personas, pensando en ellas, enviándoles correos electrónicos o mensajes de texto, o participando en debates en línea.

También podéis olvidaros de los demás. Pensad en el tiempo a solas como la libertad para hacer lo que uno quiere y ser quien uno quiere ser, sin preocuparse de lo que piensen los demás.

¡No lo forcéis! En el momento en que se empieza a pensar en el tiempo a solas como algo que se *debe* hacer, se abandona la tierra de los solteros por naturaleza.

El mejor consejo para vivir sin miedo a la soledad puede ser también el más difícil: descubrid quién sois en realidad y vivid vuestra vida en consecuencia. Así, cuando estéis a solas con vosotros mismos, estaréis con alguien auténtico.

5

Los Elegidos

Estas mujeres son la absoluta base de mi vida actual. Gracias a ellas, tuve la confianza para comprar una casa por mi cuenta y echar raíces en un lugar. Gracias a ellas, me siento inspirada para construir una vida que sea la que yo quiero de verdad, y no lo que la gente espera. Gracias a ellas, por fin vuelvo a usar la cámara de fotos tras años de miedo y me animo a dar rienda suelta a esa pasión. Gracias a ellas, ahora soy más feliz que nunca.

—CARLA (treinta y tres años, Essex, Inglaterra)

Cuando pienso en personas que son buenas en el arte de la amistad, pienso en Carla. Me encanta cómo ella y sus amigas se han apoyado mutuamente en temas importantes y sin importancia. Me encanta cómo Carla reconoce lo mucho que le importan sus amigas. Me encanta que compartiera su vulnerabilidad con ellas, y ahora con los lectores de este libro. Me encanta cómo, con la ayuda de esas amigas, el miedo de Carla se transformó en fuerza, pasión y alegría.

En el capítulo 1, describí la alegría, la riqueza psicológica y la autenticidad que constituyen el núcleo de la vida de un soltero por naturaleza. Las amistades de Carla contribuyeron en todas esas dimensiones de su vida. Gracias a sus amigas, es más feliz que nunca. También tiene una vida rica a nivel psicológico gracias a ellas. Se compró una casa, volvió a usar su cámara y fue tras sus pasiones. El hecho de tener esas amigas en la vida es en sí mismo una fuente de riqueza psicológica. Y lo que es más importante, las amigas de Carla defendieron su búsqueda de autenticidad: «Gracias a ellas, me siento inspirada para construir una vida que sea la que yo quiero en verdad, no solo lo que la gente espera».

Las personas que no entienden lo que significa prosperar en la vida siendo una persona soltera no pueden imaginar historias como la de Carla. Nunca han cuestionado el argumento predominante que insiste en que, si quieres tener a alguien con quien contar, tienes que encontrar una pareja romántica, dar prioridad a esa persona y construir tu vida en torno a ella. Muchos se sienten seguros en ese enfoque convencional de la vida, y rara vez reconocen el riesgo que implica invertir casi todo el capital emocional y relacional en una sola persona. Puede que ni siquiera importe que comprendan la propia vulnerabilidad: es la vida que quieren en realidad, igual que mi vida de soltera es la vida que realmente quiero.

En el cuestionario, pregunté: «Idealmente, ¿quiénes serían los adultos más importantes de tu vida?». De las personas que demostraban con claridad no ser solteros por naturaleza, el 88 % dio la respuesta que, para ellos, debía parecer evidente: querían que su cónyuge o pareja fuera el adulto más importante de su vida. Pero entre los que claramente lo eran, un número casi idéntico, el 89 %, dijo que no querían que su pareja fuera la persona más importante de su vida. Prefieren otras opciones.

Tener una pandilla de amigos, como Carla, es una de esas opciones. Muchas otras personas que son solteras por naturaleza tienen todo un convoy de seres humanos y no humanos que han pasado toda la vida con ellas, entre los que se incluyen, por ejemplo, familiares, mentores, figuras espirituales, mascotas y puede que incluso parejas románticas ocasionales, además de amigos. Algunos solteros por naturaleza tienen en su vida a personas que no son familia en el sentido habitual del término, pero que se parecen tanto en todos los sentidos que los consideran su familia elegida. Otros no organizan su vida en torno a otras personas, y eso también funciona.

Nuestros amigos

En contra del orden de cosas aceptado, para muchos de nosotros son las amistades las que tienen que estar en lo más alto de nuestra jerarquía amorosa si queremos vivir una vida larga y feliz. Los amigos pueden ser nuestra fuente de intimidad y apoyo sin prejuicios, pueden ser nuestros compañeros de vida, pueden ser nuestra familia y nuestros compañeros de crianza de los hijos. Dicho sin rodeos, son nuestro medio de supervivencia.[170]

—Anna Machin, «Treasure them» («Atesóralos»)

Tras décadas de obsesiva preocupación por el estudio del matrimonio y las parejas románticas, los investigadores han comenzado a prestarle cada vez más atención a la amistad. A partir de los hallazgos, deben estar preguntándose por qué han tardado tanto. En una extraordinaria encuesta realizada a más de trescientos mil adultos, que incluía muestras nacionales representativas de noventa y nueve naciones, Peiqi Lu, de la Universidad de Columbia, y sus colegas descubrieron que la amistad era importante en todo el mundo.[171] Las personas que afirmaban que los amigos ocupaban un lugar más importante en sus vidas eran, en general, más felices, más sanas y estaban más satisfechas con su vida.

El lugar especial que ocupan los amigos en nuestras vidas queda en evidencia en los estudios que buscan un promedio entre todo tipo de personas, independientemente de su estado civil o relación, como hizo el estudio de los noventa y nueve países. Cuando se compara a las personas solteras con las casadas o en pareja, las solteras son las que tienen más probabilidades de tener más amigos, de conservarlos y de disfrutar aún más del tiempo que pasan con ellos.[172] Para las personas que no solo son solteras, sino que lo son por naturaleza, la dedicación que damos a nuestros amigos y las recompensas que obtenemos por tenerlos en nuestras vidas suelen ser aún mayores.

No es que quisiera menos a mis amigas, pero no podía mantener ese nivel de compromiso cotidiano con ellas si también iba a hacer tiempo para mi novio.[173]

—Rebecca Traister, autora de *All the Single Ladies: Unmarried Women and the Rise of an Independent Nation* (*Todas las solteras: las mujeres que no se casan y el auge de una nación independiente*)

Cuando dijo eso de sus amigas, Traister estaba explicándole a la autora de éxito en ventas Roxane Gay cómo había cambiado su vida al dar prioridad a su novio y luego casarse con él. Las personas solteras por naturaleza no hacemos eso. No aspiramos a poner a una pareja romántica en el centro de nuestras vidas, por lo que es poco probable que degrademos a nuestros amigos para hacer lugar a esa pareja.

Las sociólogas Naomi Gerstel y Natalia Sarkisian han llevado a cabo una investigación sobre un fenómeno que denominan «matrimonio avaro», en referencia al modo en que las parejas casadas invierten la mayor parte de su tiempo y atención en el otro, y marginan a otras personas como amigos, vecinos, hermanos y padres.[174] Utilizando datos de dos encuestas representativas a nivel nacional de adultos en los Estados Unidos, compararon los esfuerzos de los solteros de toda la vida, los separados y los casados para mantener sus vínculos con las personas de su vida. En todas las comparaciones, los solteros hicieron más que los demás. Por lo general, los casados eran los que menos se esforzaban, y los que habían estado casados se situaban en un punto intermedio. Por ejemplo, los solteros tenían más probabilidades de socializar con vecinos y amigos por lo menos unas cuantas veces al mes. Eran los más propensos a ver a sus padres al menos una vez a la semana. Son los primeros en ofrecer a amigos, vecinos, compañeros de trabajo, hermanos y padres «consejos, ánimos y apoyo moral o emocional; ayuda con las compras, los recados o el transporte; ayuda con las tareas domésticas, el jardín, las reparaciones del coche u otros trabajos de la casa; o ayuda con el cuidado de los niños», y en recibir de ellos una ayuda comparable.[175]

Los resultados fueron los mismos para los hombres que para las mujeres, para ricos y pobres, y para negros, blancos e hispanos: Los solteros de toda la vida eran los que más cuidaban sus vínculos sociales. Gerstel y Sarkisian intentaron determinar si otros factores que no fueran el estado civil podían explicar los resultados, pero ninguno sirvió.[176] Por ejemplo, los mayores esfuerzos de los solteros por mantener vivos sus distintos vínculos no podían explicarse por el hecho de que se encontraban en un momento distinto de la vida, porque trabajaban menos horas o porque no tenían hijos. (Incluso las parejas que no tienen hijos hacen menos esfuerzos por mantener sus relaciones sociales que los solteros).

En *Friends: Understanding the Power of Our Most Important Relationships (Amigos: el poder de nuestras relaciones más importantes)*, el aclamado psicólogo evolutivo británico Robin Dunbar afirma que «enamorarte te costará dos amistades».[177] Al parecer, las personas que siguen una trayectoria vital convencional (ser soltero y no salir con nadie, luego tener citas y salir con personas, después convivir o casarse, tener hijos y por último, sufrir el síndrome de nido vacío) se deshacen o marginan a sus amigos a lo largo de todo el camino.

El profesor de demografía Matthijs Kalmijn, oriundo de Holanda, documentó ese patrón cuando comparó a diferentes personas que se encontraban en cada una de esas categorías.[178] Las personas solteras y sin pareja mantenían contacto con sus amigos íntimos un promedio de trece o catorce veces al mes; las personas con el síndrome de nido vacío solo se comunicaban cinco o seis veces al mes. El mayor descenso en el contacto con amigos se evidenciaba en la comparación entre los solteros que no tenían pareja y los que sí. En el caso de los hombres, sobre todo, se veía una clara baja entre los solteros que salían con alguien y los que se iban a vivir con su pareja o se casaban con ella.

En los Estados Unidos, Kelly Musick y Larry Bumpass se centraron en ese segundo momento de descenso en la frecuencia de contacto. Hicieron un seguimiento de más de dos mil setecientas personas durante años, empezando cuando tenían menos de cincuenta años y no estaban casadas ni vivían en pareja. Descubrieron que las personas que se casaban o se iban a vivir con una pareja se mantenían más aisladas.[179] Pasaban menos tiempo con sus amigos que cuando eran solteros. También estaban menos en contacto con sus padres. No era solo una cuestión de enamoramiento temporal. Seis años después, seguían pasando menos tiempo con sus amigos y poniéndose en contacto con sus padres con menos frecuencia que cuando eran solteros.

● ● ●

Cuando era pequeña, una de mis personas favoritas era el vecino de al lado. Pasábamos largos días de verano con los otros niños del barrio, jugando al béisbol hasta que oscurecía y apenas podíamos ver. Cuando éramos adolescentes, nos pasamos al tenis.

Nunca fue mi novio. Éramos amigos. Toda mi vida he tenido importantes amistades platónicas que eran hombres. Nunca he experimentado que la amistad masculina estuviera teñida de ninguna dinámica interpersonal extraña. La pregunta popular: «¿Pueden de verdad los hombres y las mujeres ser "solo amigos"?» me parecía desconcertante. ¿Por qué no iban a serlo?

Otras personas solteras por naturaleza parecen sentir lo mismo. Por ejemplo, Sonya (cuarenta y siete años, Parkersburg, Virginia Occidental) dijo: «Tengo amigos de todos los géneros». Joan (setenta y tres años, Newark, Delaware) ha mantenido relaciones platónicas e íntimas en sentido emocional con más de una decena de hombres. Como ella misma dijo: «El hecho de que fueran hombres es en gran medida irrelevante, porque aceptan el hecho de que no quiero una relación romántica y valoran mi amistad en sus propios términos».

Mientras que las personas que buscan una relación romántica a largo plazo dejan de lado a sus amigos, los solteros por naturaleza siguen con su práctica de toda la vida de abrir los brazos a todo tipo de amigos potenciales. Somos especialmente expansivos en nuestras amistades *porque* somos solteros por naturaleza. Si en el fondo no estás interesado en una relación romántica a largo plazo, el mundo no se divide entre posibles parejas románticas y posibles amigos platónicos. Todo el mundo es un amigo potencial, y su género, identidad de género u orientación sexual simplemente no importan.

> Me maravilla el apoyo que he recibido de mis amigos. En su abrazo constante, nunca me he sentido sola.[180]
>
> —SONIA SOTOMAYOR, jueza del Tribunal Supremo de los Estados Unidos.

Las personas que dejan la soltería y luego marginan a sus amigos se pierden muchos de los regalos que nos brinda la amistad. No pueden disfrutar del placer de estar con amigos y la protección contra la soledad y la depresión que ofrece la amistad. No obtienen los mismos estímulos a su autoestima. Puede que su vida no les resulte tan satisfactoria. Tal vez estén renunciando a algunas de las mejores oportunidades de ser quienes son en realidad.

Cuando Daniel Kahneman, ganador del Premio Nobel, y sus colegas les consultaron a novecientas nueve mujeres con quién habían estado el día anterior y cómo se habían sentido durante cada una de sus interacciones sociales, descubrieron que las mujeres eran más felices cuando estaban con sus amigas.[181] Pasar tiempo con otro tipo de personas, como cónyuges, parejas, parientes, hijos o compañeros de trabajo, no parecía ser tan gratificante a nivel emocional.

En los primeros años de la edad adulta, las personas sin pareja comienzan a acercarse más a sus amigos, mientras que las personas con pareja se van alejando de ellos. Eso es lo que descubrieron la psicóloga social Alexandra N. Fisher y sus colegas cuando estudiaron a doscientos setenta y nueve estudiantes a lo largo de dos años de universidad, entrevistándose con ellos ocho veces durante ese período.[182] Con el tiempo, los estudiantes que no tenían pareja se sintieron cada vez más cerca de sus amigos, y cualquier duda sobre esas amistades empezó a disiparse. Habían invertido en la amistad. Al hacerlo, también habían invertido en sí mismos: cuanto mejor se sentían con sus amistades, mejor se sentían consigo mismos. En el caso de los estudiantes con pareja, la calidad de sus amistades disminuyó. Su autoestima no aumentó como la de sus compañeros sin pareja. Mientras tanto, la calidad de sus relaciones sentimentales tampoco mejoraba.

En su análisis de los datos de una encuesta realizada a más de doscientos cincuenta mil adultos mayores de treinta años en treinta y dos países europeos, el sociólogo de la Universidad Hebrea Elyakim Kislev descubrió que, para las personas de todos los estados civiles, pasar más tiempo socializando con amigos (y familiares y compañeros) estaba relacionado con una mayor felicidad.[183] Sin embargo, las personas sin pareja socializaban más que las que vivían en pareja o estaban casadas. Pasaban más tiempo haciendo aquello que llena de felicidad la vida de todo el mundo: socializar. Es más, el vínculo entre socialización y felicidad era más fuerte para ellos. Los solteros disfrutaban aún más del tiempo que pasaban con sus amigos.

Los solteros que quieren serlo ponen más empeño en sus amistades y sacan más provecho de ellas que los solteros que quieren tener pareja. A lo largo de un estudio de nueve años sobre casi seis mil alemanes divorciados y solteros de toda la vida, Kislev descubrió que el deseo de ser soltero y la valoración de los amigos se entrelazaban en un círculo virtuoso.[184] Cuanto más deseaban ser solteros, más valoraban a sus amistades y, a su vez, cuanto más satisfactorias les parecían sus amistades, más satisfactorias les parecían sus vidas de solteros. Mientras tanto, los que añoraban tener pareja estaban cada vez más desilusionados con sus amistades. Las valoraban menos, invertían menos en ellas y anhelaban aún más esa relación romántica especial.

Anna Machin, que ya ha explicado en este capítulo por qué las amistades pueden ocupar el lugar más alto de nuestras jerarquías amorosas, también cree que las amistades honran de manera maravillosa la autenticidad que tanto valoran los solteros por naturaleza: «Mi trabajo ha demostrado que las amistades pueden proporcionar un nivel de comprensión e intimidad emocional que puede eclipsar cualquier experiencia con un amante. De hecho, los amigos son a menudo la fuente más fiable de una comodidad interpersonal que nos permite ser nosotros mismos».

Se refería a todas las personas, no solo a los solteros por naturaleza, y señalaba que casi todo el mundo se siente más auténtico cuando está con sus amigos. Pero los solteros por naturaleza tienen una ventaja. No pensamos en ninguno de nuestros amigos como posibles parejas románticas a largo plazo, así que no intentamos presentar una versión de nosotros mismos que pueda transformar a un amigo en una pareja romántica. Queremos a nuestros amigos tal y como son, como amigos. Cuando estamos con ellos, podemos ser tal y como somos, nuestro verdadero yo.[185]

Las personas que entrevistamos buscaban de manera consciente crear un modo de vida que satisficiera su necesidad de conexión con los demás, preservando al mismo tiempo su autonomía e independencia. Daban mucho valor a la forma en que los amigos ofrecen cuidado y apoyo, amor y afecto sin infringir los límites personales... [Valoraban] tanto los vínculos con los demás como la autodeterminación.[186]

—Sasha Roseneil, «Why We Should Care About Friends» («Por qué debemos preocuparnos por los amigos»)

Las personas que la profesora Roseneil había entrevistado, junto con su colega Shelley Budgeon, eran un grupo diverso de cincuenta y tres personas del Reino Unido, de edades comprendidas entre los veinticinco y los sesenta años, que no vivían con una pareja romántica. Algunos tenían hijos y otros tenían parejas sentimentales con las que no convivían, pero «muy pocos mostraban deseos de formar parte de una pareja o familia convencional».[187] Amaban y valoraban a sus amigos, y su compromiso con ellos era profundo. «Eran los amigos, mucho más que los parientes biológicos, quienes ofrecían apoyo a los que sufrían angustia emocional o problemas de salud mental», relató Roseneil. «Los amigos eran invitados a quedarse en momentos en los que no tenían dónde vivir, de desocupación, depresión o soledad»[188]. Algunos incluso se habían mudado o habían convencido a sus amigos para que se mudaran, para poder estar cerca unos de otros en caso de enfermedad o para ayudar con el cuidado de los niños en el caso de los que tenían hijos, así como para disfrutar de su compañía en los buenos y en los malos momentos.

Dieciocho meses después de entrevistar por primera vez a esas cincuenta y tres personas, Roseneil y Budgeon volvieron a ponerse en contacto con ellas y comprobaron que seguían dando prioridad a sus amigos. «No se trataba de una fase temporal y la gente no volvía a las relaciones de pareja convencionales en cuanto surgía la oportunidad».[189]

Para los solteros por naturaleza, los amigos son personas maravillosas que queremos tener en nuestras vidas. En la búsqueda de vidas alegres, ricas a nivel psicológico y auténticas, llenas de libertad y autonomía complementadas con la cantidad justa de compañía y cercanía, es probable que ningún otro tipo de relación sea tan estupenda como la de un amigo. Apreciamos la compañía, el calor y los cuidados que nos proporcionamos mutuamente con los amigos, y en particular apreciamos el hecho de poder sentir conexión y apoyo sin perder la libertad y la autonomía que nos son tan importantes para nosotros.

Las amistades no vienen cargadas con los roles y expectativas de género que pueden plagar incluso las relaciones románticas heterosexuales más progresistas. Las amistades no están cargadas con las expectativas y obligaciones normativas de otras relaciones, como los lazos familiares. Es muy posible que ayudemos a nuestros padres y demás parientes incluso con más frecuencia que las personas con pareja, como sugieren las investigaciones, pero preferimos ayudar porque queremos y no porque sea lo que «debemos» hacer.

No aspiramos a enredarnos en la vida de otra persona, como hacen algunas parejas. Preferimos el espacio que nos ofrecen las amistades para apartarnos y saborear sin culpa nuestra soledad cuando queramos, o para socializar con tantas personas diferentes como queramos, de cualquier sexo, tan a menudo como queramos. Es menos probable que los amigos se sientan amenazados por estas decisiones que una pareja sentimental. No van a pedirnos que tomemos asiento y tengamos la charla sobre hacia dónde va la relación.

Nuestras amistades pueden pasar por malas rachas e incluso volar en pedazos de manera estrepitosa, dejándonos devastados, como le ocurre a cualquiera. Pero la muerte de nuestras amistades no va a suceder a manos de una pareja romántica celosa, o al menos no de *nuestra* pareja romántica celosa.

No, es tan solo un amigo.

¡Corregido!

Deberíamos decir tan solo un novio, porque la amistad dura más.[190] —STEVEN BEREZNAI, *Gay and Single… Forever?* (*Gay y soltero… ¿para siempre?*)

Las familias que elegimos

Lo que me encanta de la familia encontrada es que hay lugar para todo el amor, las comidas, las vacaciones y las visitas al hospital igual que en cualquier otra familia: todas las confesiones sinceras y las conversaciones a altas horas de la noche, el caos infantil y el desorden cotidiano, los abrazos, las muestras de cariño y el tiempo de calidad; y, sin embargo, a menudo es más amable que la familia original, y más milagrosa, porque es un regalo que llega cuando se tiene la edad suficiente para apreciarlo, un compromiso que renovamos una y otra vez cuando ya sabemos lo que cuesta y significa ese compromiso. Una familia encontrada en la edad adulta nunca podrá alcanzar la intimidad involuntaria de los hermanos que te conocen desde que naciste, y se pelean contigo en los baños y en las mesas de desayuno desde tiempos inmemoriales. Pero a veces, quizá por este motivo, una familia encontrada puede conocerte y quererte por lo que eres, no por lo que fuiste o por lo que nunca fuiste.[191]

—BRIALLEN HOPPER, *Hard to Love* (*Difícil de amar*)

Se espera que las personas que desempeñan los roles familiares convencionales, como hermanos y hermanas, esposos y esposas, y padres e hijos, ocupen un lugar especial en nuestras vidas y en nuestros corazones. Esa es la versión sentimentalizada de la familia. A veces, sin embargo, las familias que elegimos como adultos, que incluyen a personas que no están emparentadas con nosotros por sangre, adopción o matrimonio, se encuentran entre las personas que amamos y apreciamos más que a nadie. Hopper las llama «familias encontradas», pero también existen otros términos, como «familias por elección», «familias lógicas» y la que menos me gusta, «parientes ficticios» (suena como si las personas fueran de mentira).

Los miembros de una familia elegida pueden fomentar la alegría, la riqueza psicológica y la autenticidad que son tan significativas para los solteros por naturaleza. Hopper documentaba la alegría de la familia encontrada cuando señalaba el amor, los abrazos, las muestras de cariño, el tiempo de calidad y la amabilidad. Hay una riqueza psicológica, una atención plena, en lo que ella describió como «un compromiso que renovamos una y otra vez», el proceso de volver a elegir todo el tiempo estar ahí para el otro, cuando ni la ley ni la costumbre lo exigen. Y quizá el factor más importante que Hopper describe es la manera en que las familias encontradas honran la autenticidad; «te conocen y te quieren por lo que eres, no por lo que fuiste o por lo que nunca fuiste».

Cuando elegimos a nuestras familias, a menudo estamos eligiendo amigos, pero la elección puede incluir a casi cualquier persona en cualquier rol. Cuando Sonya (cuarenta y siete años, Parkersburg, Virginia Occidental) me habló de la familia que había elegido, empezó hablando de amigos y luego incluyó también a los hijos:

> Mi mejor amiga desde hace más de treinta años y su marido son mi
> familia elegida. Nos hemos ayudado mutuamente en mudanzas, en

tareas domésticas que requerían más de una persona, en temas financieros, acompañándonos a citas médicas, etc. Somos el contacto en caso de emergencia del otro. El marido tiene mi poder notarial médico. También vamos juntos de vacaciones, pasamos juntos las fiestas de fin de año y nos reunimos a menudo. Mi mejor amiga y yo trabajamos juntas y charlamos todos los días fuera del horario laboral. Como madrina de sus tres hijos, hice de «madre de fútbol sustituta» durante varios años mientras crecían. Cuando los tres tenían eventos al mismo tiempo, sabían que mamá, papá o la tía Sonya estarían allí animándolos. Ahora que los hijos han crecido, siguen viniendo a verme, asisten a eventos sociales en mi casa, etc. En todos los sentidos, excepto en el sanguíneo, somos familia.

Carla es hija única, pero tiene tres «hermanas por elección». Son las amigas que dejarían todo para estar a su lado en un momento de crisis, y ella haría lo mismo por ellas. Su madre las considera «hijas extra». Liz (sesenta años, Washington, D. C.) dice: «Me considero miembro de dos familias: una es de parientes consanguíneos y por matrimonio, formada por mis hermanos, sus cónyuges, sus hijos, mis primos, etc., y otra igual de importante que está formada por muy buenos amigos que son como mi familia». Carmela (cuarenta y cuatro años, Nayarit, México) tiene amigos íntimos que son parte de cinco familias que viven cerca de ella. Esas familias, dice, la «adoptaron». Pasa los fines de semana y las vacaciones con ellos.

> Tarde o temprano… no importa en qué parte del mundo vivamos, debemos unirnos a la diáspora, aventurarnos más allá de nuestra familia biológica para encontrar nuestra familia lógica, la que realmente tiene sentido para nosotros.[192]
>
> —ARMISTEAD MAUPIN, *Logical Family: A Memoir*
> (*Memorias de una familia lógica*)

Cuando las personas solteras por naturaleza eligen a las personas que más les importan, y no caen en la opción por defecto de la pareja romántica convencional o una familia nuclear, continúan una tradición que otros grupos han creado y defendido. En el premiado libro de 1991 de la antropóloga Kath Weston, *Las familias que elegimos: lesbianas, gays y parentesco*, muestra cómo los miembros de las comunidades *queer* de los Estados Unidos crean sus propias familias.[193] La homofobia estaba más extendida en los años noventa, y muchas lesbianas y gays se vieron motivados a crear sus propias familias porque las de origen los rechazaban. Pero aún hoy en día, muchos miembros de minorías sexuales o de género, incluidos aquellos que son plenamente aceptados e incluso abrazados por sus familias de origen, también encuentran valor en crear y mantener sus propias versiones de familia. Otras personas *queer*, en particular, pueden proporcionar un tipo de apoyo y aserción que las familias originales a menudo no pueden.

En su revisión general de las nociones históricas y contemporáneas del parentesco afroamericano, la profesora de la Universidad de Georgia Chalandra M. Bryant señaló que a los niños esclavizados se los alentaba a referirse a los adultos que no eran parientes con los títulos de «tía» y «tío».[194] Esa práctica fomentaba lazos estrechos y creaba redes de apoyo vitales. La importancia que sigue teniendo la familia elegida se pone de manifiesto hoy en día en un rico vocabulario de términos de afecto e inclusión. Por ejemplo, a los grupos de amigos varones negros con lazos de lealtad especialmente fuertes se les denomina «hermanos que se eligen». «Otras madres» son mujeres que ayudan a cuidar a niños que no son suyos y que también apoyan a las madres de esos niños. Los «hermanos de juego» o las «hermanas de juego» empiezan como amigos y luego se convierten en familia: «juegan» a ser hermanos. Los «círculos de hermanas», que son redes de amigas, han sido importantes para las mujeres afroamericanas durante ciento cincuenta años, señala Bryant.

En su estudio de 2020 sobre las mujeres negras solteras, Jessica D. Moorman, investigadora de la Universidad Estatal de Wayne, descubrió que muchas de ellas tenían sólidas redes sociales que a veces incluían a parientes y parejas románticas anteriores, además de amigos.[195] Cuando estas mujeres necesitaban que las llevaran en coche, que les echaran una mano con las tareas domésticas, el cuidado de los niños, ayuda económica o apoyo cuando estaban enfermas o se enfrentaban a una crisis, tanto su familia convencional como su familia elegida solían estar disponibles para ellas.

A la pregunta de si tenían a alguien con quien no estaban emparentados, pero a quien trataban como a un pariente, nueve de cada diez adultos de una muestra nacional representativa de afroamericanos, negros caribeños y blancos no hispanos respondieron que sí.[196] Los afroamericanos y los negros caribeños tenían incluso más personas en esa categoría que los blancos. También era más probable que se sintieran cerca de las personas de sus iglesias u otros lugares de culto; esas personas también pueden ser honradas como familia elegida.

La fuerza de las redes de amistad —y su capacidad para promover el sentido de comunidad— reside en su separación de la familia y la cohabitación.[197]

—E. Kay Trimberger, *The New Single Woman*
(*La nueva mujer soltera*)

Durante siglos, la gente ha utilizado el lenguaje de la familia para describir a las personas importantes de su vida que no son familia en ningún sentido convencional. Llamar a alguien «hermana» o «hermano», «tía» o «tío», sugiere cierta calidez y cercanía que no se asocia con tanta frecuencia a los amigos, a quienes en general se los nombra como «solo amigos». «Familia» implica seguridad: estarán ahí si los necesitas. Ese es su rol. «Familia» también confiere legitimidad. Es la familia, y no la amistad, la que está protegida por las leyes en países como los Estados Unidos y la que se reconoce y valora en nuestra vida cotidiana.

La profesora E. Kay Trimberger quiere que esto se acabe. Cuando describimos de manera cariñosa a nuestros amigos como familia, estamos resaltando la noción sentimentalizada de familia y ocultando las formas en que las familias pueden infligir dolor, causar daño y perpetuar la desigualdad. Nadie dice nunca: «Para mí es como de la familia. Abusó de mí una y otra vez». Estamos fingiendo que en verdad se puede contar con un cónyuge o familiar para que esté ahí cuando se le necesite, en todo momento y para siempre, y que no existe la posibilidad de sentir distanciamiento de la familia. Estamos dándole nuestro respaldo a la Mágica y Mítica Pareja Romántica.

Cuando utilizamos el lenguaje de la familia para describir a nuestros amigos, Trimberger cree que estamos contribuyendo sin darnos cuenta a devaluar a la amistad enmascarando su importancia. Nuestras redes de amigos suelen estar menos aisladas que las familias convencionales y, por tanto, pueden conectarnos con nuestras comunidades con mayor agilidad. A menudo son nuestras amistades quienes nos ayudan cuando lo necesitamos; cuando las llamamos amigas en lugar de hermanas, honramos lo que han hecho por nosotros, aunque los términos familiares pretendan pasar como grandes cumplidos y expresiones de amor especiales.

Trimberger a la vez reconoce que con las amistades podemos tener compañía y amor, y también mantener nuestra libertad y autonomía. Sobre todo, cuando no vivimos juntos. Señala que las comunas que se hicieron populares en los Estados Unidos en los años 60 y 70 rara vez duraban más de algunos años. Las personas que se unieron a esas comunas eran a menudo jóvenes blancos de clase media que anhelaban una forma alternativa a las familias nucleares en las que crecieron. De lo que no se percataron es que la cercanía que anhelaban no era tan maravillosa cuando no se equilibraba con la intimidad, la libertad y la autonomía.

Para los solteros por naturaleza, la libertad y la autonomía son esenciales. Sonya dijo que su mejor amiga, el marido de su mejor amiga y sus tres hijos eran familia «en todos los sentidos excepto en la sangre». Sonya, sin embargo, tenía un lugar propio.

Ya he mencionado a las amistades de Carla, incluidas las tres que describió como hermanas. También tiene otros seres humanos y no humanos queridos en su vida.

Y lo que es más importante, también tiene su libertad. «Tengo compromisos: con mi madre y mi abuela, con muchos amigos y familiares y con mis gatos», dice, «pero tengo la libertad para organizar mi vida como yo quiera».

Nada de esto significa que las personas solteras por naturaleza no puedan vivir con otras personas de forma amistosa y cariñosa. Algunos lo hacen. Yogesh, de veintiséis años, por ejemplo, vive con sus padres en Karnal, la India. Andrea (veintinueve, Nueva York), Yolanda (veintiséis, Washington D.C.) y Alyssa (veintisiete, Los Ángeles) tienen compañeros de piso. Las personas que tienen pareja, pero que insisten con que «su naturaleza» es en verdad la de una persona soltera, a veces comparten piso con una pareja romántica. Y, por supuesto, algunas personas solteras por naturaleza están criando a sus hijos. Pero, por lo general, a los solteros por naturaleza les resulta más difícil llevar la vida alegre, auténtica y rica a nivel psicológico que les gusta cuando no tienen su lugar propio.

Nuestros convoyes de humanos y no humanos

Siempre mantengo una relación con mis antepasados o mis guías espirituales. Tengo una relación con el sol. Y tengo una relación con los miembros de mi familia, mis amigos, mis mascotas y mis plantas. Así que nunca estoy del todo sola en este mundo.[198]

—Jayda Shuavarnnasri, «Tía asiática», radio APEX.

Ser soltero por naturaleza es tener una actitud abierta hacia las relaciones. Para nosotros, la palabra «relación» no es sinónimo de relación romántica. Podemos tener relaciones con todo tipo de seres humanos y no humanos.

La profesora de la Universidad de Michigan Toni C. Antonucci y sus colegas llevan décadas estudiando los «convoyes sociales», las personas que nos acompañan a lo largo de nuestra vida.[199] A diferencia de otros estudiosos, la profesora Antonucci nunca ha dado por sentado que determinadas categorías de personas sean más importantes que otras. Por el contrario, fiel al espíritu de la soltería por naturaleza, les pregunta quién forma parte de su círculo íntimo («personas a las que te sientes tan unido que te cuesta imaginar la vida sin ellas»), de su círculo medio (no tan unido como el íntimo, pero importante) y de su círculo externo (no tan unido como las personas de los otros círculos, pero parte de tu red personal).

Nuestros convoyes sociales pueden incluir a cualquiera: amigos, padres, hermanos, hijos, otros parientes, familia política, parejas y exparejas, vecinos, mentores, ayudantes profesionales, compañeros de equipo y de trabajo, entre otros. Las personas que no están incluidas pueden ser tan reveladoras como las que sí lo están; por ejemplo, las personas casadas no siempre incluyen a su cónyuge. La composición de nuestro convoy social cambia a lo largo de la vida, ya que algunas personas mueren o se marchan, en sentido geográfico o emocional, y otras adquieren nueva importancia para nosotros. Pero también suele haber cierta estabilidad.

A los participantes en la investigación sobre los convoyes sociales se les pregunta por las personas de su vida, pero no siempre se limitan a nombrar a seres humanos o a seres humanos vivos. Del mismo modo, cuando las personas solteras por naturaleza me hablan de quiénes son importantes para ellas, algunas nombran entidades como mascotas y figuras espirituales, así como también a amigos, familiares y mascotas que fallecieron, además de a seres humanos vivos. Cuando la «tía asiática» Jayda Shuavarnnasri dijo que mantenía una relación con antepasados, guías espirituales, la familia, los amigos, los animales domésticos, las plantas y el sol, estaba describiendo lo que había aprendido de las tradiciones indígenas, como las que describe, por ejemplo, la profesora de Estudios Nativos Kim TallBear.[200] Las perspectivas más inclusivas, expansivas y abiertas sobre las relaciones son las que tienen más probabilidades de resonar con las personas solteras por naturaleza.

~~A pesar de ser soltero, era parte de una comunidad de gente a la que quería.~~[201] —VIVEK H. MURTHY, MD, *Juntos.*
¡Corregido!
Como tantos otros solteros, era parte de una comunidad de gente a la que quería.

¿No es más fácil tener al «Elegido» que a varios «Elegidos»?

Una periodista que me entrevistó me dijo que había hablado con muchos solteros y que todos hablaban maravillas de sus amigos. Ella seguía escéptica. Tenía un novio —«El Elegido» en lugar de «Los Elegidos»— y pensaba que eso funcionaba mejor. Si quería salir a cenar, al cine o a ver un partido de fútbol, tenía a alguien que la acompañara. ¿No era diferente para mí? Cuando quería hacer cosas divertidas, ¿no tenía que averiguar quién estaba disponible, si es que había alguien, y luego planear el evento desde cero cada vez? ¿No era todo eso un poco agotador?

En los veinte años que viví en Charlottesville, Virginia, tenía eventos sociales regulares que requerían poca o ninguna planificación. Entre semana almorzaba con colegas. Unas cuantas veces a la semana quedaba con amigos para cenar en el centro comercial de la ciudad. Los domingos solía organizar una velada para ver telebasura en mi casa. También formé parte de un club de cocina que se reunió cada dos meses durante diez años. Unos años después de mudarme a Summerland, California, conocí a un hombre en una conferencia de escritores que era la única otra persona entre cientos que estaba interesada en la escritura de ciencias sociales. Desde entonces, hemos cenado juntos una vez al mes, desde hace dieciocho años y lo seguimos haciendo.

Aunque no tuviera eventos sociales programados con regularidad, no querría lo mismo que la periodista. Casi de manera unánime, las personas solteras por naturaleza tampoco lo desean. Una de las preguntas del cuestionario era: «Muchas parejas esperan ser el "acompañante" del otro en cualquier ocasión. ¿Qué opinas al respecto?». El 94 % de los solteros por naturaleza dijeron que preferirían tener más opciones. De las personas que no lo eran, el 68 % dijo que les reconfortaba tener a una persona en su vida que fuera su «acompañante».

A muchos de nosotros nos gusta la riqueza psicológica de socializar con gente diversa. Nos gusta la flexibilidad y la libertad de hacer lo que queramos, incluso de no ir a esa fiesta y quedarnos en casa. Creo que también nos asusta menos la perspectiva de hacer cosas en público por nuestra cuenta. He asistido a muchos eventos sociales dominados por parejas y, en lugar de sentirme cohibida, me siento orgullosa. No he sucumbido a la presión de emparejarme para tener más facilidades en ese tipo de eventos, y no me escabullo antes de tiempo ni dejo de ir por vergüenza. A veces me pregunto cuántas de las otras personas presentes en el evento tienen pareja no porque disfruten de una relación profundamente satisfactoria, sino porque tienen miedo de estar solteras.

● ● ●

Como soltera, no tengo ninguno de los límites tradicionales, lo que significa que tengo amigos de todo tipo. Todos mis amigos tienen sus propias especialidades. Si tengo una necesidad espiritual, tengo un puñado de amigos a los que acudiría. Puede que no sean los mismos amigos a los que acudiría cuando se trata de una necesidad intelectual o emocional. Es más probable que los solteros recurran a alguien que realmente pueda ayudarles, en lugar de depender de una pareja monógama para que les ayude en un área que quizá no sea su fuerte... y luego sentir resentimiento porque no tienen esa capacidad.

—SONYA (cuarenta y siete años, Parkersburg, Virginia Occidental)

No tengo tanta gente en mi red personal como otros solteros por naturaleza. Pero tengo a alguien a quien acudo cuando tengo buenas noticias. Sé que se va a alegrar por mí, sin complicaciones. Tengo otra persona a la que recurro cuando algo me angustia. Sé que puedo contar con ella. Sin embargo, cuando estoy a punto de explotar de cólera justificada, quiero desahogarme con quien es más probable que comparta mi indignación, y en general es otra persona.

No es muy eficiente por mi parte buscar a diferentes personas para diferentes necesidades emocionales. Si tuviera una pareja romántica a largo plazo, podría simplemente deslizar mis sentimientos en la continua conversación acerca de nuestras vidas. ¿No sería mejor? Los estudios demuestran que no. Un trío de científicos sociales comparó a personas con una cartera diversa de lo que ellos llaman «relaciones emocionales» con quienes comparten con la misma persona la mayoría de las veces, más allá de cómo se sientan. Comprobaron que las personas con el abanico de «Los Elegidos» solían estar más satisfechas con su vida.[202]

Creo que Marie (cuarenta y seis años, norte de California) describía las «relaciones emocionales» cuando dijo: «Estoy más unida a mi hermana, pero tengo un deliberado círculo pequeño de amigos eclécticos. Me permiten explorar mis múltiples capas». Liz (sesenta años, Washington D. C.) tiene diferentes amigos para diferentes intereses: «Está el gay con el que hago viajes por carretera, el amigo con el que voy a ver películas, el aficionado al teatro que es mi acompañante cuando quiero ver obras, los amantes de la comida a los que les gusta probar nuevos restaurantes como a mí, y las cenas donde todos traen algo y demás comidas que compartimos entre amigos». Tener una variedad de experiencias interesantes y

únicas es una de las señas de identidad de una vida rica a nivel psicológico, y las personas que comparten con varios «Elegidos» en lugar de
solo con «El elegido» tienen más probabilidades de vivir ese tipo de experiencias.

> No tengo a nadie con quien compartir la carga si se rompe el calen-
> tador de agua, o si el coche no arranca, o si hay un ratón muerto en
> el garaje; pero tampoco tengo que consultarles lo que piensan del
> calentador de agua, del coche, o del ratón.
>
> —JOAN (setenta y tres años, Newark, Delaware)

Hay muchas veces en las que desearía tener a otra persona cerca para
que me ayudara con las tareas domésticas y esas cosas aleatorias que salen
mal. Pero en la disyuntiva que describe Joan entre tener a alguien que
ayude y tener que tener en cuenta las preferencias de esa persona, los
solteros por naturaleza nos inclinamos por querer hacer las cosas a nuestra manera. Nos gusta ser los que deciden. Además, para muchos de nosotros, nuestro deseo de vivir solos supera todo lo demás. No quiero que
nadie me ayude con los platos o con el coche si eso significa que tengo
que vivir con alguien.

Las encuestas que preguntan a los solteros si quieren casarse revelan
de manera sistemática que la respuesta depende de si la persona soltera
se ha casado alguna vez.[203] Las personas que nunca se han casado son
mucho más propensas a decir que quieren casarse que las personas divorciadas o viudas. Tal vez se deba en parte a que las personas que ya
han estado casadas no se sienten tan atraídas por la mítica y mágica
pareja romántica. Saben que el sueño de tener una pareja con quien
compartir las tareas domésticas por partes iguales y en completa armonía puede resultar ser tan solo una fantasía. Para las parejas, la división
del trabajo es un tema con tanta carga emocional que los científicos
sociales han publicado miles de artículos, libros y disertaciones tratando de entenderlo. Y no han ayudado mucho. Las cargas desiguales (y
las batallas por esa desigualdad) siguen formando parte de la vida en
pareja.

Cuando programo una operación menor ambulatoria, tengo que demostrar que tengo contactos suficientes para que me lleven de regreso a casa. Como trabajadora autónoma soltera, que acaba de mudarse, no tiene parientes que vivan cerca y tengan tiempo libre, este requisito resulta más estresante que la propia operación. ¿Por qué se me debe negar la atención si soy soltera y nueva en la ciudad? De hecho, ¿por qué tengo que ser una persona amigable y sociable que atrae a decenas de amigos solidarios? ¿No puedo ser una ermitaña cascarrabias y seguir recibiendo atención médica?[204]

—CATHY GOODWIN, «How Hospitals Do Us Wrong» («Cómo nos maltratan los hospitales»)

La periodista que he mencionado antes y que me hizo preguntas escépticas sobre el valor de las amistades también se preguntaba otra cosa. Hacía poco había tenido una cita médica y necesitó que la llevaran a casa. No hubo problema; por supuesto, su novio la llevó. ¿No es más complicado para los solteros?

Puede serlo. Es un tema que surge repetidamente en mis conversaciones con solteros, y no solo con los que lo son por naturaleza. Para algunos procedimientos médicos ambulatorios en los Estados Unidos, los pacientes están obligados a tener a alguien que los lleve, y los taxistas o conductores de Uber no están permitidos. El problema se agrava cuando la hora exacta del procedimiento no se fija hasta el último minuto, de modo que la persona que necesita que la lleven tiene que pedir a alguien que se reserve un día entero para ellos.

Muchos solteros por naturaleza tienen amigos que los ayudarían, pero como señaló Cathy Goodwin, no debería ser una obligación tener amigos para recibir atención médica. Además, nuestros amigos tienen vidas. Puede que no queramos pedirles que se tomen el día en el trabajo o que se liberen de cualquier otro compromiso. ¿Y si no quisiéramos compartir la razón por la que necesitamos un determinado procedimiento médico, ni siquiera con un amigo?

No se trata de un problema que afecte solo a los solteros. Las parejas románticas también tienen una vida, que a menudo incluye un trabajo. Para muchas personas con pareja, en especial las mayores, su cónyuge o pareja puede no tener capacidad para ayudar, por muy dispuestos que estén. Es un problema estructural, no de los solteros. Los hospitales y otros centros sanitarios que exigen que los pacientes tengan alguien que los recoja del médico, deberían disponer de un servicio de transporte gratuito o asequible para todos.

¿Tenemos los solteros por naturaleza nuestra propia versión de «El Elegido»?

Creo en las almas gemelas, pero no creo que tengas que tener sexo o casarte con tu alma gemela… En este momento tengo cuatro almas gemelas. Son personas por las que daría la vida. Pero no quiero que vengan a vivir conmigo a mi casa. No quiero casarme con ellos. De todos modos, están casadas con otras personas.[205]

—WHOOPI GOLDBERG, *If Someone Says «You Complete Me», RUN!*
(*Si alguien te dice: «Tú me completas», ¡CORRE!*)

«¿Qué pasaría si la vida tuviera como eje central a la amistad, y no al matrimonio?», se preguntaba Rhaina Cohen en un artículo publicado en 2020 en el periódico *The Atlantic*.[206] Cohen hizo un perfil de parejas de amigos —«parejas platónicas»— cuyas vidas estaban tan interconectadas como las de cualquier pareja casada, salvo por el sexo. Por ejemplo, las parejas platónicas podían «vivir en casas que habían comprado juntos, criar a los hijos del otro, utilizar tarjetas de crédito conjuntas y ejercer poder médico y legal el uno para el otro»[207]. La idea de dar prioridad a un amigo en lugar de a una pareja romántica resonó con mucha gente por todas partes. El artículo de Cohen fue muy popular. Al mismo tiempo, en TikTok, millones de personas veían vídeos sobre parejas platónicas.

Ninguno de los solteros por naturaleza que compartieron sus historias de vida conmigo tenía una pareja platónica. Es probable que algunos tengan este tipo de pareja y que yo no me haya enterado, o que tengan una relación así en el futuro. Las parejas platónicas ofrecen más libertad que las románticas, algo que los solteros por naturaleza aprecian.

La pareja platónica no espera ser el único amigo importante del otro. Sentir afecto por otro amigo no sería hacer trampa. Los amigos platónicos también suelen ser del mismo sexo, por lo que no adoptan los roles de género convencionales característicos de muchas parejas románticas heterosexuales, roles que no resultan muy atractivos para los solteros por naturaleza.

En general, creo que los solteros por naturaleza son más propensos a tener «Elegidos» que optar por «El Elegido», incluso si «El Elegido» es una pareja platónica en lugar de romántica. Carla, por ejemplo, tiene tres «hermanas por elección», no una. Y Whoopi Goldberg tiene cuatro almas gemelas, no una. Como muchas personas solteras por naturaleza, Goldberg no quiere vivir con ninguna de esas personas, aunque daría su vida por ellas. Carla también vive sola. Necesitamos y amamos nuestra soledad, y eso es más difícil de conseguir si construimos una vida en torno a una pareja platónica. Podemos seguir teniendo a muchas personas en nuestras vidas a las que queremos y apreciamos sin necesidad de convertir a nadie en El Elegido.

INVERTIR EL GUION

«Para un número significativo de personas... los amigos cumplen el rol de una pareja romántica».[208]

—ANNA MACHIN, «Treasure Them» («Atesorarlos»)

La profesora Machin, que ha escrito de forma tan convincente sobre el poder de la amistad, parece seguir ubicando a la pareja romántica en un lugar clave, una relación que todo el mundo espera tener; y en caso de que no esté, los amigos pueden reemplazarla. Pero los amigos no deben considerarse sustitutos. Son importantes en sí mismos. Imaginemos si lo hubiera dicho al revés: «Para un número significativo de personas, la pareja romántica cumple el rol de los amigos».

Cuando los demás no son tan importantes

Yo soy mi propia familia. Confío en mi. Me cuido a mí misma.

—CLAUDIA (sesenta y nueve años, Washington D. C.)

He dicho que las personas solteras por naturaleza tienen más probabilidades de optar por varios «Elegidos» que por «El Elegido», y argumenté que esa predilección puede tener sus ventajas. Sin embargo, algunos solteros por naturaleza no tienen ni Los Elegidos ni El Elegido. Para ellos, el resto de personas simplemente no desempeñan un papel tan importante en sus vidas.

Claudia, que dijo «Yo soy mi propia familia», es un ejemplo. Otro es Ginny (cincuenta y nueve años, Ontario, Canadá), que dijo estar «interesada en casi todos los aspectos del mundo natural, pero la vida de las personas no me interesa». Acadia (treinta y seis años, Melbourne, Australia) solía experimentar sentimientos de pavor cuando iba a ver a sus amigos, a pesar de que le caían bien. Para ella, la pandemia fue transformadora:

> Por primera vez en mi vida, me liberé de la ansiedad. Me siento completamente tranquila y en paz sabiendo que no hay nadie a quien conocer, nadie con quien interactuar, ninguna obligación de ponerme la máscara para «salir a la calle» y fingir que estoy disfrutando.
>
> 2020 me ha hecho confiar más que nunca en que una vida solitaria es para mí. Espero que cuando acabe la pandemia, se respete a quienes han encontrado consuelo en la soledad y se les permita conservar ese espacio para ser ellos mismos.

En cierto modo, siento que debo defender más a estas personas solteras por naturaleza que a las otras. Sospecho que es muy probable que sean estigmatizados por quienes no pueden entender cómo alguien llega a decir «yo soy mi propia familia» y aun así ser una persona sana y feliz. Algunos científicos sociales también se muestran escépticos. Una y otra vez, se ha conectado a la socialización con una mejor salud y una vida más larga.[209] No dudo de la veracidad de esos hallazgos como principio general. Pero cuando se leen los resultados de un estudio, nos llegan los resultados combinados, promediados entre todas las personas que participaron en la investigación. Siempre hay personas que se desmarcan de las tendencias, a las que, por ejemplo, les va bien, aunque socialicen mucho menos que la mayoría de la gente, o que no buscan a ninguna persona o red de personas en quien confiar para que estén a su lado cuando lo necesitan.

La cuestión clave es si el tipo de vida que han elegido estas personas les funciona. A los solteros por naturaleza, sí. Ninguno de los solteros por naturaleza con los que he hablado está descontento con su vida. Aunque, como cualquier otra persona, pueden no estar satisfechos con ciertos aspectos de la vida que suponen un reto (como las dificultades económicas o los problemas de salud), disfrutan del poder, la libertad y la alegría rebosante que brinda la soltería. Florecen en la soledad, no se sienten solos y son personas curiosas, con una mente provista de riqueza psicológica. Ginny, por ejemplo, puede ser sociable, incluso el alma de la fiesta, pero solo durante un tiempo. En cambio, su capacidad para dejarse cautivar por el mundo natural no tiene límite de tiempo.

Algunos, como Acadia, se esforzaron mucho por ser una persona sociable como se espera que sea casi todo el mundo, el tipo de persona a la que de inmediato se admira y comprende. La pandemia le dio no solo la oportunidad de vivir de la forma en que siempre se sintió más cómoda, sino también el valor de mantenerse firme en su elección de vida en soledad incluso después de que pasara lo peor del COVID.

Acadia también es profundamente religiosa. Solía ir a la iglesia en forma presencial, pero durante la pandemia eso ya no fue posible. «Ahora me siento mucho más cerca de Dios», afirma, «ya que puedo concentrarme por completo en Su Palabra sin sentirme nerviosa por toda la gente que me rodea ni perder la concentración». Al experimentar una profunda espiritualidad en soledad, Acadia forma parte de una larga tradición que trasciende cualquier religión o práctica espiritual. En esas tradiciones, el tiempo a solas y en silencio se venera, no se teme.

Ninguna de estas personas se siente perdida ante los desafíos. Tienen sus propios métodos para afrontar las dificultades. «Confío en una comunidad de expertos, socios, amigos y conocidos para que me ayuden a superar estas cosas», dice Claudia. «También leo mucho sobre el tema en cuestión y planifico las posibles dificultades. Si parece que las cosas se me van de las manos, pido ayuda a un profesional».

Los científicos sociales están empezando a cuestionar la afirmación de que socializar más siempre es mejor. Por el contrario, están descubriendo que a veces tan solo un poco de socialización logra mejores marcas. Un estudio de casi cuatrocientas mil personas de treinta y siete países europeos demostró que las personas que socializaban varias veces al mes gozaban de mejor salud que las que lo hacían con menor frecuencia, pero que socializar más de algunas veces al mes casi no aportaba beneficios adicionales para la salud.[210] Los resultados fueron aún más notables en un estudio en el que se sondeó a cerca de cincuenta mil alemanes durante años. Una vez más, se demostró que ver a la gente alrededor de una vez al mes era mejor que verla con menor frecuencia. Pero, por otro lado, socializar con familiares más seguido se asocia en realidad a una peor salud. Y las personas que socializaban más de una vez al mes —ya fuera con familiares, amigos, vecinos o compañeros— no vivían tanto como las personas menos sociables.[211]

Como siempre, las conclusiones se basan en promedios de todas las personas del estudio, y siempre hay excepciones. Algunas personas pueden socializar todo el tiempo, incluso con familiares, y vivir bien. Sin embargo, la investigación nos advierte de que debemos reflexionar con más detenimiento sobre lo que implica pasar mucho tiempo con otras personas. A veces, nuestras interacciones con otras personas son más estresantes que reconfortantes. E incluso si disfrutamos de cada momento de nuestro tiempo con otras personas, no podemos dedicar ese tiempo a otras actividades que también valoramos, como tener más tiempo para nosotros mismos.

Podemos ser nuestra propia fuente de consuelo y seguridad

En 1991, mi padre murió en lo que pareció un instante. Tuvo un aneurisma que reventó y ahí se acabó todo. Solo tenía sesenta y cuatro años. Yo estaba en Virginia y mis padres vivían a cientos de kilómetros, en Pensilvania. Antes de que mi madre me llamara para decírmelo, llamó a una de mis amigas para que alguien estuviera conmigo si yo así lo quería.

Yo no lo quería. Era la noticia más sorprendente y devastadora que había recibido en mi vida, pero no quería recurrir a nadie para que me consolara... no al principio. Quería empezar a procesarlo por mi cuenta. Más tarde, iba a tener muchas ganas de contárselo a la gente que me quería.

Lo mismo me ocurre con otras noticias difíciles, e incluso con noticias maravillosas. Quiero reflexionar sobre lo malo o saborear lo bueno, y luego compartirlo con las personas importantes de mi vida.

Siempre pensé que era otra forma de no ser como los demás. Luego, en 2011, me pidieron que fuera miembro externo del comité de tesis de Carol Kahn en la Universidad de Drexel. Kahn planteó una pregunta radical sobre el apego: ¿Podrían las personas solteras ser su propia fuente de consuelo y seguridad? Realizó entrevistas en profundidad a catorce personas, de edades comprendidas entre los cuarenta y los ochenta años, que siempre habían sido solteras, no tenían hijos y no habían mantenido una relación sentimental durante al menos los cinco años anteriores.[212]

Una de las preguntas que planteó Kahn fue: «Si recibiera ahora mismo una noticia muy buena o muy mala, ¿qué haría?». Ocho de las catorce personas dijeron que lo primero que querrían hacer es sentarse a solas con la noticia. Después, como yo, querían compartirla con los demás. En lugar de tener una sola figura de apego, los solteros que estudió Kahn tenían una comunidad de apego. Tenían a «Los Elegidos», no solo a «El Elegido».

Kahn descubrió que los solteros de toda la vida a los que entrevistó parecían conocerse a sí mismos de un modo especialmente profundo. Para ella, ese autoconocimiento no era una alternativa a la búsqueda de otras personas, sino una mejora de esa búsqueda:

La comunidad de apego se hace más plena y significativa gracias a la interdependencia entre dirigirse hacia adentro para el cuidado personal y la conexión con uno mismo y dirigirse hacia afuera para la conexión con los demás.

Cuando les ocurre algo de profundo significado, estas personas solteras primero querían estar con una sola persona: ellas mismas. Luego se volvían hacia su comunidad, «los Elegidos» con los que pueden contar y que, a su vez, pueden contar con ellos.

Consejos para los solteros por naturaleza

Si los amigos son el centro de tu vida, ya los tomas en serio. Cuéntaselo a los demás. Menciona a tus amigos en las conversaciones con la misma facilidad con la que las personas comprometidas mencionan a su pareja. Habla de las comidas que habéis compartido, de las salidas que habéis disfrutado juntos, de cómo celebrasteis los cumpleaños y de cómo estuvieron a tu lado cuando los necesitabas de verdad. Muestra las fotos con tus amigos para que los demás recuerden sus caras y vean el tipo de experiencias que compartís juntos.

Haz lo mismo con todos los demás seres humanos que te importan, y también con los no humanos. Los parientes, colegas y mentores son algunas de las personas importantes para algunos de nosotros. Los antepasados y las figuras espirituales también pueden ser importantes. Así como las mascotas. Hazte cargo de tu amor por ellos.

Si los demás no ocupan un lugar especialmente importante en tu vida y así es como te gusta, reconócelo también. A lo largo de los siglos, muchas personas han disfrutado de vidas significativas y satisfactorias centradas en la espiritualidad, el trabajo, las pasiones u otras actividades en las que los demás no ocupaban un lugar destacado. Puedes estar orgulloso de formar parte de esa tradición.

Para nuestros aliados

Sé un buen amigo de las personas solteras de tu vida. Acude a sus cumpleaños y otras ocasiones importantes. Pregúntale a tus amigos y familiares solteros por sus amigos, y por sus mascotas, si las tienen. Hazles saber que un amigo es tan bienvenido como una pareja romántica. Reconoce que las rupturas entre amigos pueden ser dolorosas y ofrece la misma simpatía y consuelo que ofrecerías a una persona cuya relación romántica hubiera terminado. Comprende que la muerte de amigos íntimos y familiares —y de mascotas— puede ser devastadora. Si empleas gente, ofrece las mismas cortesías, consideraciones, prestaciones y protecciones a las personas importantes en la vida de tus empleados solteros que a los cónyuges de tus empleados casados. Si eres profesor, utiliza ejemplos y asigna materiales que destaquen a todas las personas importantes de nuestras vidas, no solo a las parejas románticas. Si eres escritor o artista, incluye a las amistades en tu obra creativa.

Para los que sienten intriga por la soltería, pero también preocupación

Si te preocupa saber si tendrías amigos que estarían a tu lado si te comprometieras con la soltería, puedes probar durante un tiempo. Adopta la mentalidad del soltero por naturaleza: invierte tiempo en tus amigos, dales prioridad y estate presente cuando te necesiten. Si has descuidado tus amistades, puede que te lleve tiempo reconstruirlas o hacer otras nuevas. Con el tiempo, sin embargo, verás si te compensa, no solo con amigos que te apoyen, sino también con una mayor autoestima y una soltería más satisfactoria.

6

Nuestros hijos, hijos ajenos y sin hijos

No tengo hijos y nunca he querido tenerlos. Soy hija única, así que no soy tía ni nada por el estilo. Estoy completamente satisfecha con la idea de no tener hijos.

—LAURIE (treinta y cinco años, Michigan)

Es sorprendente cuánto se parecen las presiones psicológicas y los mandatos culturales que se acumulan en torno a la paternidad a los que acechan nuestras decisiones sobre estar o no en pareja. Sabemos que se espera que queramos tener hijos, en particular las mujeres, de la misma manera que se espera que anhelamos tener pareja. Sin embargo, como personas solteras, la cuestión de los hijos es una proposición que implica una condena: «maldito si quieres, maldito si no quieres». Se supone que debemos tener hijos (así que está mal si no los tenemos), pero se supone que debemos tenerlos con una pareja (así que está mal si los tenemos). Por suerte, los solteros por naturaleza no nos dejamos llevar por la sabiduría popular sobre cómo se supone que debemos vivir, así que persistimos en vivir de forma auténtica, decidiendo por nosotros mismos qué papel desempeñarán los hijos en nuestras vidas, si es que desempeñarán alguno.

No querer poner a una pareja romántica en el centro de nuestras vidas es una característica que define a las personas solteras por naturaleza. Pero no querer tener hijos no lo es. Es menos probable que tengamos hijos si nos comparan con otras personas solteras, pero entre nosotros hay gente que tiene hijos y gente que no, gente para la que los niños ocupan un lugar destacado en su rol de tíos, profesores, entrenadores o mentores, gente que no tiene ningún interés en los hijos de nadie, y casi cualquier otra permutación.

¿Por qué no quieres tener hijos?
¡Corregido!
¿Por qué quieres tener hijos?

Sin hijos

Para algunos solteros por naturaleza, como Laurie, la cuestión de los hijos no es un tema relevante. Nunca tuvieron interés. «Los niños no son una parte importante de mi vida, y me gusta que así sea», me dijo Evan (cuarenta años, San Francisco, California). Anna (cincuenta y tres, Fayetteville, Tennessee) dijo que simplemente «no es una persona a quien les gusten los niños». Donna (cuarenta y nueve, Seattle, Washington) dijo: «Me alegro de no haber sucumbido a esa presión social». Peggy (sesenta y siete, Atlanta, Georgia) cree que podría haber sucumbido si se hubiera casado, «aunque en el fondo no deseaba tener hijos». Dudo que Steve (treinta y nueve años, Bolton, Inglaterra) lo hubiera hecho; se describe a sí mismo como una persona «decididamente sin hijos».

Algunas personas solteras por naturaleza no están tan seguras de querer tener hijos. Cuando deciden no hacerlo, es la reticencia a renunciar a la soledad y a la libertad lo que domina la toma de posición. David (sesenta y cinco años, Austin, Texas) dice:

> Mis padres, y sobre todo mi madre, quien hizo de nuestra crianza y cuidado su profesión, estaban tan a favor de sus hijos y se dedicaron con tanta felicidad a nosotros, al trabajo y a los costos que representábamos para ellos y para nuestra familia en general, que parecía casi impensable no replicar ese paradigma yo mismo. Pero ese no era mi camino. Si de todos modos lo hubiera seguido, creo que habría tenido que sobrellevar una serie de

duelos emocionales por la pérdida de mi independencia y de las libertades de las que ahora disfruto.

Sentir paz y alegría con nuestra decisión requiere un balance equilibrado de las cuentas emocionales. Es un verdadero peligro que quedemos atrapados en la contemplación de todo lo que perdimos por no tener hijos sin honrar y alabar también las ganancias positivas por las que uno ha elegido «hacer el trueque».

Andrea (veintinueve años, Nueva York) se considera una persona a la que les gustan los niños. Le encantan y quiere tenerlos en su vida, pero no a costa de su soledad o la riqueza psicológica de su vida de adulta soltera:

Trabajé en un campamento de verano con niños durante dos años y *adoraba* a mis scouts. Tengo un instinto innato muy fuerte que me permite empatizar con los niños y la idea de criar niños me parece interesante en teoría. Pero también sé que me consumiría (¡me encanta dormir y pasar tiempo a solas y tener conversaciones inteligentes y hacer cosas de adultos!), y no es una decisión que se pueda deshacer. He luchado con el conflicto interno que me genera la creencia de que *podría* ser una gran madre, pero no *quiero* serlo. Espero ser una «tía guay» para los hijos de mis primos y amigos.

Me resulta difícil ver a mis amigos, que ni siquiera son «gente que les guste los niños» como yo sí lo soy, resignarse de manera automática y tener hijos.

●　　●　　●

Ser una niña en mi clase de sexto curso era algo muy especial. Todos los días, durante una hora, mientras los profesores almorzaban, una de nosotras cuidaba a los niños de preescolar en el patio. A cada una se le asignaba un día para hacerlo. A mi amiga Lynn le encantaba cuidar a los niños. Deseaba que llegara su día. A mí no me molestaba la tarea, pero no compartía el entusiasmo de Lynn. Cuando llegó mi día, le dije a Lynn que podía ocupar mi lugar.

Después de comer, mi profesora se paró delante de la clase y anunció con un tono de voz que mostraba su tremenda decepción: «Bella no ha cuidado hoy a los niños de preescolar. No quiso hacerlo».

Me avergonzaron en público porque no me interesaban los niños de formas más explícitas que porque no me interesaba el matrimonio. Quizá mi profesora pensó que, como niña, era maleable. Pero MaryL (sesenta y dos años, Los Ángeles, California) seguía siendo ridiculizada cuando ya era una adulta:

En la época en la que crecí, si no estabas casado a los treinta y no habías tenido uno o dos hijos, algo te pasaba. Este tipo de pensamiento era especialmente brutal dentro de la comunidad afroamericana. Como me espetó un tipo con el que salí (poco tiempo): «¡¿Qué clase de negra eres que no quieres tener un bebé?!».

A veces no les creen a las mujeres que dicen que no quieren tener hijos. Keturah Kendrick nunca ha querido tener hijos. En *No Thanks: Black, Female, and Living in the Martyr-Free Zone* (*No, gracias: mujer, negra y lejos de una vida de mártir*), explica que los demás son escépticos. Creen que cambiará de opinión. Creen que se arrepentirá de su decisión. No lo hace y no lo hará. En el libro se pregunta: «¿Cómo puedo arrepentirme de no tener algo que nunca he querido?».[213]

A Carla (treinta y tres años, Essex, Inglaterra), que «nunca ha sentido el instinto maternal», la han cuestionado los profesionales médicos durante años. Al intentar abordar el tema de la esterilización, una vez le dijeron que no, que no era una buena idea porque algún día podría conocer a un hombre y él querría tener hijos. La página web del Servicio Nacional de Salud del Reino Unido, donde vive Carla, le deja en claro que no puede contar con que le practiquen el procedimiento si así lo desea. «Su médico de cabecera puede negarse a llevar a cabo el procedimiento o a remitirla para que se lo realicen si no cree que es lo mejor para usted», revela la página, y añade: «Es más probable que le acepten el procedimiento si tiene más de treinta años y ya ha tenido hijos».[214] Pero Carla no quiere tener hijos; para ella, esa es la cuestión.

Las presiones para casarse y tener hijos pueden dificultar que las personas que no quieren ni uno ni lo otro se den cuenta de que no hay nada malo en ello. Como mostré en el capítulo 2, sobre cómo llegar a entender que uno es soltero por naturaleza, podemos pasar años intentando arreglarnos con terapia, libros de autoayuda, obligándonos a persistir en salir con alguien o casarnos o incluso volver a casarnos, antes de aceptarnos como somos en realidad.

Y no siempre termina ahí. Sabemos que lo que queremos no es lo que se supone que deberíamos querer. Por lo cual, la tentación de interpretar el papel socialmente esperado es grande. Fingimos que de verdad nos interesa encontrar a alguien, pero que estamos muy ocupados. Hablamos con efusión sobre la maravilla de los niños. Todo eso aplacará a nuestros amigos, parientes y conocidos durante un tiempo y nos evitará algunas conversaciones difíciles. Pero no ayudará en nada a las otras personas que de verdad no quieren ni pareja ni hijos y que sentirían consuelo y aliento al saber que, ahí fuera, hay más almas afines de las que se imaginan.

INVERTIR EL GUION

«Una de las razones por las que las mujeres jóvenes de hoy en día tienen menos probabilidades de planear tener o adoptar hijos que sus antepasadas es que su participación en redes de amistad y profesionales es una especie de sustituto de la necesidad de crear una familia propia».[215]

—STEWART FRIEDMAN, profesor de Gestión de la Universidad de Pensilvania

Para las mujeres (y los hombres) que no quieren tener hijos, no hay «necesidad» de crear una familia propia. Decir que sus redes de amistad y sus redes profesionales, que seguro que valoran mucho, son meros «sustitutos» para crear la familia que ni siquiera desean es no entender a estas personas. También es condescendiente. Imaginemos que Friedman hubiera dicho: «Una de las razones por la que algunas mujeres jóvenes de hoy en día planean tener o adoptar hijos es que su

189

necesidad de crear una familia propia es una especie de sustituto de la participación en redes de amistad y en redes profesionales que no tienen y puede que nunca tengan».

La buena noticia para las personas que no quieren tener hijos y no quieren que las acosen por ello es que la presión para tenerlos parece estar disminuyendo un poco. En muchos lugares del mundo, la tasa de natalidad está bajando, ya que los adultos tienen menos hijos o no tienen ninguno.[216] Los adultos más jóvenes son especialmente propensos a no tener hijos o a decir que no quieren tenerlos. Por ejemplo, un informe de 2021 de la Oficina del Censo de los Estados Unidos centrado en adultos mayores mostraba que entre los que tenían setenta y cinco años o más, el 11 % no tenía hijos biológicos. Entre los más jóvenes, de cincuenta y cinco a sesenta y cuatro años, el porcentaje era casi el doble: el 20 % no tenía hijos biológicos.[217] El mismo patrón se observó en otra encuesta de adultos en edad fértil a los que se preguntó si querían tener hijos. De los que tenían más de cuarenta años, el 46 % dijo que no quería. De los adultos más jóvenes, de entre dieciocho y treinta y nueve años, un número aún mayor, el 60 %, dijo lo mismo.[218]

La angustia por no tener hijos también parece estar disminuyendo. En 2002, cuando se preguntó a las mujeres de cuarenta y pocos años que aún no tenían hijos cómo se sentirían si nunca los tuvieran, el 55 % dijo que apenas les molestaría. En 2013, esa cifra aumentó hasta el 67 %.[219]

· ·

Nuestros modelos a seguir

Mary, la mejor amiga de mi madre, ha sido un modelo para mí toda la vida. Se graduó en química en una época en la que las mujeres no tenían carreras. Rechazó al menos una propuesta de matrimonio (y seguro que más). Viajaba mucho y siempre a su aire. Yo la adoraba. Y cuando me dejó una pequeña cantidad de dinero en su testamento, supe exactamente qué hacer con él... [y] llevé a mi madre al viaje que siempre había querido hacer, a Irlanda y Escocia, para conocer la historia de nuestra familia. No sería quien soy hoy sin el brillante ejemplo de Mary.

—CLARE (cuarenta y nueve años)

Cuando empecé a estudiar a los solteros hace décadas, quería saber cómo los veían los demás. Mis colegas y yo realizamos toda una serie de estudios con cientos de participantes. Lo que encontramos fue en su mayoría decepcionante: muchas pruebas de que la gente se creía los estereotipos de que los solteros son egocéntricos y envidiosos, y no tan maduros ni tan equilibrados como los casados.[220] Los científicos sociales que han estudiado a los adultos que no tienen hijos (solteros o en pareja) han encontrado juicios igual de duros sobre ellos, en comparación con los adultos que son padres.[221] Las personas que no tienen hijos porque no quieren tenerlos y no porque no pueden, al igual que las personas solteras que lo son porque quieren serlo, son vistas de forma especialmente poco amable.[222]

Los resultados de esos estudios, como los de todos los estudios de ciencias sociales, se basan en las respuestas promedio o típicas de todos los participantes en los estudios. Entre esas respuestas típicas se esconden personas con opiniones muy diferentes. En lugar de menospreciar a los solteros sin hijos, los admiran. Cuando les pedí a los miembros del grupo de Facebook Comunidad de Solteros que me hablaran de sus modelos a seguir, compartieron una historia tras otra sobre las personas solteras que les inspiraban. Algunos, como Clare (citada en el recuadro «Nuestros modelos a seguir»), desarrollaron una relación especial con estas personas. Otros los admiraban desde lejos y seguían pensando en ellos y hablando con efusividad sobre ellos décadas después. Creo que estas historias tienen algo especial. Sugieren que, desde una edad temprana, algunos niños se fijan en los adultos que no llevan una vida convencional; esos adultos permanecen con ellos en su imaginación, haciéndoles saber que ellos también pueden vivir vidas alegres, auténticas, significativas y psicológicamente satisfactorias.

●   ●   ●

Sé que va a llegar. Cuando termine de hablar sobre los solteros y abra el micrófono a las preguntas, alguien levantará la mano y anunciará que ha descubierto la falla trágica en mi argumento: si se convence a demasiada gente de que la soltería es una vida satisfactoria, será el fin de la especie.

No será así. Los solteros han tenido relaciones sexuales y bebés desde la eternidad. Incluso cuando el sexo fuera del matrimonio era tema de susurros por lo bajo y cuando la paternidad en solitario estaba mucho más estigmatizada que ahora, aun así se hacía. Esta preocupación fuera de lugar refleja la antigua confusión entre ser soltero y no tener hijos, y entre estar casado y estar casado con hijos.

En cierto modo, es comprensible. A nivel empírico, el estado civil y la situación parental están relacionados. Los solteros tienen menos probabilidades de tener hijos que los casados, y los solteros por naturaleza tienen aún menos probabilidades de tenerlos que los otros solteros. Sin embargo, cada vez son más los solteros que tienen hijos y más los casados que no los tienen, por lo que el vínculo se está debilitando.

Nuestros hijos

Decidí ser madre soltera y fue la decisión correcta. Me ha encantado y no querría ser madre con una pareja si tuviera que volver a hacerlo. Ser madre soltera me ha permitido crear una díada con mi hija que gira en torno a nosotras y solo a nosotras. Mi hija vive un ambiente de coherencia y estabilidad que los niños con dos padres nunca conocerán. Nunca será un peón en la lucha de poder entre los adultos. Nunca ha tenido que preocuparse de que sus padres se divorcien. Contamos con el apoyo de una comunidad y nuestras vidas están llenas de amor. Estoy muy contenta de haberla criado sola.

—Maria (cincuenta y dos años, Beverly, Massachusetts)

La historia de familia monoparental de Maria es un triunfo sobre el implacable estereotipo y la estigmatización de los padres solteros y sus hijos, que es una plaga en los Estados Unidos, donde ella vive, y en muchas otras naciones del mundo. Maria no solo defiende que su modelo de familia es igual de bueno que el modelo de familia casada, sino que proclama que en algunos aspectos es mejor. Es mejor para su hija, que goza de coherencia y estabilidad y del amor de toda una comunidad; es mejor para ella misma, que es la única que puede tomar decisiones sobre la crianza de sus hijos, y es mejor para el vínculo que las une.

La hija adolescente de Maria brilla. Es música, alumna con honores, y una amiga amable y valiente que defendió a una compañera que estaba siendo maltratada. Cuando no consiguió un papel en una producción de teatro musical en la que soñaba participar, se dedicó a trabajar duro en la producción del show. Gana dinero en trabajos de verano y es muy divertida en las fiestas.

La vida de Maria también brilla. Es una ingeniera con seguridad financiera, tiene un buen coche y una casa de su propiedad. Es voluntaria en las escuelas de su hija, y las dos se han ido de vacaciones a Yellowstone, al Caribe y a Italia. La comunidad que Maria ha construido para ellas incluye vecinos, amigos del colegio y del trabajo, padres de la organización de padres y profesores, y adultos y niños que comparten los mismos intereses que ellas.

No todos los padres solteros pueden identificarse con la historia de Maria. Las familias monoparentales en apuros no son solo un mito. La Dra. Amy Andrada, investigadora asociada de la Universidad de Edimburgo, Escocia, quien estudia el estigma de la maternidad en solitario, ha realizado entrevistas en profundidad a madres solteras.[223] Una de cada cinco experimenta la familia monoparental como algo difícil y alienante. Son ellas las que anhelan tener una pareja. Quieren el amor y el apoyo, y la dedicación a la crianza compartida, que esperan recibir con el matrimonio o con una pareja de larga duración. Casi el triple de madres solteras son ambivalentes. Disfrutan de la libertad que tienen como madres solteras, pero también desearían la intimidad y el apoyo de una pareja. Queda la otra madre soltera de cada cinco, que es la que más se parece a las personas que yo llamo solteras por naturaleza. La Dra. Andrada me contó que la experiencia de estas personas, «les brindó una fe renovada en la paternidad en solitario y no podían imaginar tener que negociar la paternidad con una pareja».

Aman a sus hijos, pero ahora tienen que aguantar a fulanito.[224]

—HATTIE CRISELL, citando a un conocido en «The Rise of the
Alpha Single» («El ascenso del soltero alfa»)

Hace medio siglo, más o menos, habría sido raro que alguien como Maria, que no está casada, tuviera un hijo. En algunos lugares, como China, la India y gran parte de África, sigue siendo raro. Pero en muchas otras naciones del mundo, se ha convertido en algo habitual. En los Estados Unidos, en 2014, el 40 % de los bebés nacieron de madres que no estaban casadas, lo que supone un enorme salto desde el 10 % de 1964. En los países escandinavos en 2014, más de la mitad de los bebés nacieron de mujeres que no estaban casadas, y en algunas naciones latinoamericanas, esas cifras alcanzaron el 60 % o más.[225]

Incluso con el aumento de la paternidad en solitario, hay una menor probabilidad de que las mujeres que han estado solteras toda su vida sean madres que las que se han casado. En 2018, en los Estados Unidos, el 85 % de todas las mujeres que se acercaban al final de su edad fértil eran madres; en el caso de las que nunca se habían casado, el 59 % eran madres.[226] A veces, cuando los adultos no tienen hijos, es porque no quieren tenerlos. De hecho, cuando los adultos en los Estados Unidos (hombres y mujeres, casados y solteros) dicen que no tienen intención de tener hijos y se les pregunta por qué, la razón número uno es que simplemente no quieren tenerlos.[227]

Sin embargo, un número considerable (el 43 %) no tiene intención de tener hijos a pesar de desearlos. En la mayoría de los casos, se debe a razones médicas o económicas. Pero entre las tres razones principales hay una más: no tienen intención de tener hijos, aunque les gustaría, porque no tienen pareja.[228] La historia de Maria también es un triunfo sobre ese obstáculo. No se dejó disuadir. Otras personas solteras por naturaleza han hecho lo mismo, o piensan hacerlo. Yogesh (veintiséis años, Karnal, la India), por ejemplo, espera poder adoptar.

No hay nada malo en querer casarse antes de tener hijos. Mucha gente quiere tener una pareja y criar a los hijos con otra persona, y creen de verdad que es lo mejor para sus hijos. El problema surge cuando los solteros sienten una excesiva presión por casarse si quieren ser padres;

realmente desean tener hijos, así que, por desesperación, se comprometen con personas que no tienen las habilidades o el temperamento adecuados para ser buenos padres o parejas, o al menos aceptables. A partir de un programa de investigación integral, se sabe que las personas que tienen miedo a quedarse solteras tienen un nivel de exigencia más bajo en lo que respecta a sus parejas románticas.[229] Cuando buscan no solo a un cónyuge, sino también a un compañero de crianza, están poniendo en peligro de manera potencial a sus futuros hijos.

Las afirmaciones, a menudo repetidas, de que a los hijos de padres solteros no les va tan bien en la vida como a los hijos de padres casados pueden disuadir a las personas que estén considerando ser padres solteros. Esas afirmaciones suelen ser exageraciones o tergiversaciones de lo que en realidad muestran las investigaciones.[230] Están perpetuando la creencia en la mágica y mística pareja romántica.

Un análisis de ciento veintidós estudios sobre familias de veintinueve países demostró que las diferencias a favor de los hijos de padres casados, cuando las había, eran, por lo general, pequeñas.[231] Incluso en esos casos, las diferencias no se producen necesariamente porque los hijos tengan un solo progenitor en lugar de dos casados. A menudo, lo que más importa es la seguridad económica, y no hay diferencia alguna cuando se trata de hijos de familias en una situación económica similar.[232] Algunos países favorecen de manera sistemática a las familias nucleares en sus políticas y prácticas, mientras que otros hacen un esfuerzo por igualar los recursos disponibles para las familias monoparentales y las biparentales; en estos últimos países, los hijos de padres solteros tienen menos probabilidades de sufrir desventajas e incluso pueden obtener mejores resultados en algunos aspectos.[233] El racismo, el clasismo y la discriminación hacia las personas solteras también pueden acentuar esta diferencia; los hijos de familias monoparentales muchas veces tienen dificultades no porque sean criados por un solo progenitor, sino porque son objeto de discriminación, víctimas de los estereotipos y del estigma que puede condenarlos al ostracismo.

Las afirmaciones generalizadas sobre el destino de los hijos de familias monoparentales suelen ignorar la evidencia que señala la existencia de fortalezas y ventajas en la vida de estos niños. Por ejemplo, un estudio que durante seis años analizó a los hijos de casi veintiocho mil hogares en el Reino Unido descubrió que los niños que habían vivido en un hogar monoparental, aunque solo fuera por un tiempo, tenían un desempeño igual o incluso mejor que los niños que nunca habían vivido en una familia monoparental. Estaban más satisfechos con su vida, tenían una opinión más positiva de su familia y una menor probabilidad de tener relaciones problemáticas con sus compañeros.[234]

En lugar de limitarse a suponer que el número de progenitores es lo más relevante para la crianza de los niños, la profesora de la UCLA Rena Repetti y sus colegas adoptaron un enfoque diferente. Se preguntaron qué tipos de entornos familiares podían resultar peligrosos para la salud mental o física de los niños. Tras revisar todos los estudios pertinentes, llegaron a la conclusión de que las familias de verdad peligrosas eran las «caracterizadas por el conflicto y la agresión y por relaciones frías, negligentes y que no brindan contención y apoyo».[235] Eso era lo que más importaba, no si los niños eran criados por uno o dos progenitores. Cuando las personas solteras que quieren tener hijos sienten que no tienen más remedio que comprometerse con una pareja, más allá de las reservas que puedan tener, es muy posible que estén preparando el terreno para ese tipo de dinámica familiar fría y distante.

La hija de Maria es adolescente y, sin embargo, se enorgullece de decir que su vida está libre de dramas. «¿Tenemos conversaciones cargadas de emociones? Sí. ¿Mi hija viene a hablarme en un estado dramático? Claro que sí. ¿Hay gritos y portazos? No. Como su progenitora, mi trabajo es enseñarle a manejar las emociones».

La profesora de la Universidad de Cambridge Susan Golombok y sus colegas realizaron un estudio intensivo de cincuenta y una familias monoparentales y cincuenta y dos familias biparentales con hijos de cuatro a nueve años, todos ellos concebidos por inseminación de donante. El equipo de investigación realizó entrevistas, observó a las familias y administró cuestionarios a las madres, los niños y sus profesores. Los dos tipos de familias eran prácticamente iguales en la mayoría de los aspectos; por ejemplo, no había diferencias en la calidad de la crianza ni en la adaptación de los niños. Sin embargo, había un aspecto en el que las familias sí diferían: había menos conflictos entre las madres y sus hijos en las familias monoparentales.[236]

Madres y padres solteros que no buscan pareja y están bien por esa misma razón

Hay mucha presión para dar a los niños de hogares monoparentales una «figura paterna». Hubo presencia de hombres en sus vidas: mi padre, el marido de mi hermana, amigos, profesores y sus primos ya mayores. Pero creo que habría sido mucho más perjudicial para las tres si hubiera dedicado tiempo y energía en intentar volver a casarme. Las niñas y yo estamos muy agradecidas por no haber intentado encontrarles un padrastro.

—APRIL (cuarenta y nueve años, Burbank, California)

Los padres solteros por naturaleza no intentan encontrar una pareja romántica para que sea el eje de su vida y, por tanto, tienen grandes ventajas sobre los padres solteros que buscan una pareja de manera activa. No necesitan dedicar grandes cantidades de tiempo a encontrar esa pareja o a desarrollar una relación. ¿Genera angustia decidir si se presenta o no las parejas a los hijos y, en caso afirmativo, cuándo se hace y cómo? ¿Cómo manejar la complicada psicología de las reacciones de sus hijos? Las madres y padres solteros por naturaleza se libran de todas esas cuestiones, al igual que sus hijos.

La Dra. Andrada, académica que estudia la maternidad en solitario, es una madre soltera que fue criada por una madre soltera. Su madre intentaba constantemente volver a emparejarse y llevó a varias parejas a casa. «Dios mío, qué lío… para todos», dice. La Dra. Andrada disfruta de las relaciones íntimas y tiene citas de vez en cuando. Pero mantener su vida romántica separada de su vida maternal ha sido siempre algo primordial. «Disfruto muchísimo de nuestro increíble vínculo y de la relación con mi hijo. Aprecio enormemente el hecho de que no se haya visto comprometida por intentar mantener una relación romántica en nombre de mi hijo. Significa que nuestra relación se basa solo en nosotros dos, lo que explica nuestro vínculo estrecho». La Dra. Andrada ha dado a su hijo la coherencia que ella nunca tuvo de niña. Mantener una relación positiva con él ha sido siempre su principal objetivo.

Maria se encuentra en un momento de la vida en el que no siente mucha necesidad o deseo de sexo. «No es que me repele, es que no está entre las veinte cosas más importantes de mi vida. Los hombres son como una especia en el plato de la cena de mi vida: es agradable cuando está ahí, pero no añade valor nutricional al plato. No se echa de menos cuando no está».

La intimidad y el amor vienen en muchas presentaciones más allá de la variedad romántica, y todas las madres solteras por naturaleza y sus hijos tienen mucho amor en sus vidas. Maria, por ejemplo, tiene distintos tipos de intimidad con distintas personas, similares a las «relaciones emocionales» que describí en el capítulo anterior. «Tengo amistades con quienes comparto mis miedos en relación con la maternidad. Tengo amistades con quienes comparto mis preocupaciones laborales. Tengo amistades con quienes desnudo mi alma de mujer. Tengo otros amigos con los que comparto mis preocupaciones sobre el planeta. Tengo mucha intimidad con cada una de esas personas, y sé que ellas están conmigo». Maria y su hija tienen el amor de la otra, el de sus perros y el de las muchas personas de la comunidad que construyó para ellas. Las dos se abrazan y expresan su amor a menudo. «Así que nuestras vidas están llenas de amor, apoyo y (lo que es igual de importante) gente que nos señala con cariño dónde podemos mejorar», compartió.

¿Se puede ser madre o padre soltero y conservar la libertad?

Soy más feliz que nunca. Incluso cuando estaba en bancarrota y escribía artículos de opinión en nombre de otra persona para poder comprar comida, era feliz porque por fin era libre.[237]

—Lyz Lenz, «The Subversive Joy of Being a Single Mother» («La subversiva alegría de ser madre soltera»)

La libertad es la esencia de la soltería que más disfrutan los solteros por naturaleza. Pensé que considerarían a la paternidad como una restricción a su libertad, una que toleraban porque tenía menos peso que el placer de criar a sus hijos por su cuenta. Pero cuando les pregunté: «Como madre o padre soltero, ¿sientes que tienes libertad en tu vida?», dijeron que gozaban de una increíble libertad. Como madres y padres solteros, pueden tomar las decisiones —algo que los solteros por naturaleza valoran mucho— y utilizan su libertad para crear vidas de riqueza psicológica para ellos y sus hijos.

Maria dice: «Como madre soltera, tengo una libertad increíble. Veo a mis amigos en pareja que tienen que negociar un viaje, por ejemplo. Yo, en cambio, consigo una niñera y me voy. Además, puedo hacer lo que quiera con mi hija. Para las vacaciones de abril, vamos a alquilar una autocaravana y recorrer trece estados. Solo mi hija, mis perros y yo».

La Dra. Andrada dijo: «Me he dado cuenta de lo afortunada que soy por no tener que negociar el bienestar de mi hijo (o el mío) con otra persona. Por esa razón, he podido estudiar en el extranjero, aceptar trabajos en otros países, trabajar en el extranjero y viajar y explorar, todo ello con mi hijo a mi lado».

Los padres y madres solteros que estuvieron casados están especialmente entusiasmados con su nueva libertad. Lyz Lenz, que dice ser más feliz que nunca, había terminado su matrimonio. April (cuarenta y nueve años, Burbank, California), madre soltera que también había estado casada con anterioridad, dijo sobre su vida como madre soltera: «Nunca me he sentido así de libre antes».

Los solteros por naturaleza son espíritus libres, que viven de manera auténtica, incluso cuando eso los hace diferentes. Esto también puede ser compatible con la vida monoparental. Maria lo expresa así: «Nunca he tenido miedo de ser diferente. Ejercer la profesión de ingeniera siendo mujer no es para las que prefieren el camino más conocido. Ser diferente significa que estoy dispuesta a arriesgarme y a ir resolviendo sobre la marcha. Al fin y al cabo, esa es la esencia de la maternidad».

¿Se puede ser madre o padre soltero y conservar la soledad?

Cuando mi hija se queda a dormir en casa de alguna amiga, no salgo con nadie. Me encanta disfrutar de la casa para mí sola.

—MARIA (cincuenta y dos años, Beverly, Massachusetts)

Para los padres solteros por naturaleza, asegurarse algo de ese preciado tiempo a solas era todo un reto cuando sus hijos eran muy pequeños. Algunos casi no tenían tiempo a solas. Pero se las ingeniaron para sacar algo de tiempo para sí mismos y, a medida que sus hijos crecían, les resultó más fácil. La Dra. Andrada dice: «Durante mucho tiempo no tuve *nada de tiempo* para mí, porque trabajaba e iba corriendo de un lado para otro (era un equipo de una sola mujer). Pero a medida que mi hijo ha ido creciendo, y yo me he vuelto más estable económicamente y he construido comunidades, encuentro *mucho* tiempo para hacer cosas, como el gimnasio, actividades, salir con los amigos e incluso leer un maldito libro (que no sea de trabajo)». Maria dice que «criar a un hijo significa renunciar a mucho tiempo personal». Pero una vez que su hija tuvo edad suficiente para quedarse a dormir en casa de amigos, pudo tener ese tiempo para ella misma. También recibe masajes al menos una vez al mes.

Entrevisté a April por primera vez hace años, cuando sus dos hijas eran adolescentes. Comprendían lo importante que era para su madre disponer de tiempo para sí misma, pero no se limitaban a seguirle la corriente: ellas también apreciaban tener intimidad. En su apartamento de dos dormitorios, después de cenar, cada una de las chicas se retiraba a un dormitorio y April se quedaba en el salón. De ese modo, cada una disfrutaba de cierta soledad e intimidad. Otras veces se reunían todas en el salón y compartían la soledad juntas: «Cada una con sus auriculares: Sylvia aprendiendo una rutina de baile en YouTube, Riley viendo un programa de televisión o una película, y yo escuchando un pódcast». Los momentos de tranquilidad se intercalaban con otros más bulliciosos: «A veces montamos una fiesta de baile en el salón o nos ponemos a cantar todas juntas».

Sobre las supuestas madres solteras agotadas

Francamente, no sé cómo lo hacen las mujeres que tienen maridos.

—April (cuarenta y nueve años, Burbank, California)

Cuando Iris (sesenta y cinco, Portugal) tenía diecinueve años, le dijeron que era estéril. Los niños no estaban en sus planes. Estuvo casada brevemente —dos veces— cuando era joven, y se enteró de que estaba embarazada mientras terminaba su doctorado. Dio a luz y consiguió un trabajo en la universidad a los treinta y seis años, de nuevo soltera. Esta vez permaneció soltera y nunca más volvió a vivir en pareja.

«Creo que la agricultura de subsistencia es probablemente más fácil que criar a una hija sola siendo profesora ayudante», dice. No obstante, se aseguró de llenar de alegría la vida de su hija. «Cuando era pequeña, la llevaba a todas partes: de campamento, al monte Laguna, a la isla Catalina, al parque Golden Gate, a las Rocosas, a Chicago y a toda Europa. Los dos éramos una familia. Las Navidades eran divertidas porque yo sabía lo que ella quería, y ella estaba feliz y segura». Ahora, dice Iris, «no puedo imaginar el universo sin mi hija».

¿Qué habría imaginado Iris si hubiera sabido que podía quedarse embarazada? Sin un marido que la ayudara, ¿esperaría sentirse más preocupada, privada de sueño y agobiada por las tareas domésticas que iba a tener que hacer ella sola? ¿Preveía tener que sacrificar tiempo con su hija o hijo, además de cualquier tipo de diversión personal, por la obligación de trabajar todo lo necesario para mantener a su familia?

Esa es la historia habitual de la maternidad en solitario, y no solo en la prensa popular. En su centro de ayuda, la Asociación Americana de Psicología ofrece una sección dedicada a la maternidad en solitario. «La madre o padre soltero puede sentirse abrumado por las responsabilidades de cuidar de los hijos, mantener un trabajo y estar al día con las facturas y las tareas domésticas», advierte la organización.[238]

Pero ¿en qué medida están en desventaja las madres solteras con respecto a las casadas? La socióloga Joanna R. Pepin y dos colegas analizaron los datos de diez años de encuestas de los Estados Unidos. Su muestra representativa a nivel nacional incluía a más de veintitrés mil madres solteras (no casadas) y casadas. Todas las madres casadas estaban casadas con un hombre.[239]

Los investigadores descubrieron que algunas de las madres eran, de hecho, «pobres de tiempo»: las casadas. Estas pasaban más tiempo limpiando, cocinando, haciendo las compras y lavando la ropa que las solteras. También dormían menos y se divertían menos. Y no dedicaban más tiempo al cuidado de sus hijos que las madres solteras. Los científicos sociales probaron varias explicaciones para sus hallazgos y se decidieron por una que parecía encajar mejor: las madres casadas desempeñaban el papel de buena esposa y buena madre.

No es que las madres no se beneficien de la presencia de otro adulto. Lo hacen, siempre que no sea el marido. Por ejemplo, las madres que vivían con miembros de la familia extendida, como abuelos o tías, dedicaban menos tiempo a las tareas domésticas y al cuidado de los niños.

Los resultados sorprendieron a muchos lectores que se enteraron del estudio por un artículo de opinión publicado en el *Washington Post*, pero no a Lara Bazelon. En un artículo para *Slate*, escribió:

> Anótenme como una madre soltera que no se sorprende en absoluto.
>
> Resulta que el divorcio puede liberarte no solo de una relación rota, sino también de la monótona rutina diaria de la maternidad. No hay necesidad de estar todo el tiempo cocinando, bañándose, lavando la ropa y limpiando cuando nadie está mirando.
>
> También hay menos necesidad de pasar mucho tiempo regañando, no a los niños, sino a su padre.[240]

Al final de su ensayo, Bazelon dijo: «Cuando la gente me pregunta si pienso volver a casarme o incluso vivir con otra persona, mi respuesta es muy directa: "por supuesto que no"».[241] Maria no sabía nada de ese estudio cuando me contó que a menudo le preguntan cómo tiene tiempo para todo el trabajo voluntario que hace en la escuela de su hija. Siempre responde que ella y su hija tienen tiempo para las cosas que les importan. «Para ser justa», añade, «tengo la suerte de poder permitirme contratar a una persona que me limpia la casa, así que eso ayuda. Pero sinceramente creo que no tener marido me libera mucho más tiempo».

De las distintas categorías de madres solteras del estudio —divorciadas, que cohabitan y que nunca se han casado—, la mayor ventaja la tienen las que siempre han sido solteras. Tenían mayor probabilidad de realizar menos tareas domésticas que las madres casadas y de pasar más tiempo durmiendo y disfrutando de algo de ocio.

Las madres y padres solteros exitosos

Las madres que disfrutaban más de la maternidad en solitario y que aprovechaban sus oportunidades y ventajas tenían una clara conciencia de sí mismas y de su independencia. Cultivaban las relaciones en comunidad y buscaban nuevos grupos y personas con las que compartir experiencias, ya sea como personas solteras y como madres. Estaban abiertas a explorar nuevas áreas y actividades. Y no dudaban en avanzar contra la corriente y reevaluar las normas familiares y de género, a menudo centrándose en lo que mejor les convenía a ellas y a sus hijos, en lugar de lo que se esperaba socialmente.

—Dra. Amy Andrada

Las madres solteras que la Dra. Andrada describe se parecen mucho a los solteros por naturaleza. Esa «clara conciencia de sí mismas y de su independencia» es la quinta esencia del espíritu de este tipo de personas. Al diseñar una vida que funcionara mejor para ellas y sus hijos, en lugar de seguir el guion esperado, vivían con autenticidad, algo que los solteros por naturaleza valoran muchísimo. Y al explorar cosas nuevas, estaban creando el tipo de vida lleno de riqueza psicológica que estos valoran.

No soy madre ni nunca he querido serlo. Sin embargo, si fuera madre soltera, creo que estaría tentada de centrarme únicamente en mis hijos y en el trabajo que tendría que hacer para mantenerlos. Para mí, solo gestionar esas dos tareas enormes ya sería abrumador. Aunque no sentiría orgullo por hacerlo, probablemente dejaría de lado otras cosas, como el tiempo que paso con mis amigos o mis comunidades. Renunciaría a tener una identidad fuera de mi familia.

Pero, según la Dra. Andrada, ese no sería el mejor camino. Por supuesto que las familias monoparentales necesitan recursos económicos, como dinero para pagar las facturas y costear actividades para los niños, por lo que deben dedicar tiempo a su vida laboral, pero también es importante crear recursos sociales y comunitarios. La crianza en solitario puede resultar aislante, y el estigma que conlleva agrava esa dificultad potencial. Mantener lazos con amigos y otras personas y comunidades de apoyo puede ser un gran antídoto. Las comunidades de otras personas solteras o padres solteros a veces pueden proporcionar el tipo de apoyo que nadie más puede. Hay otra cosa que también es significativa, dijo la Dra. Andrada: «Ten una identidad propia más allá de tus hijos y de tu familia, y consérvala. Cultívala. Y trabaja para mantenerla».

Los padres solteros por naturaleza que prosperaban hacían justo lo que recomendaba la Dra. Andrada. Por ejemplo, a April y a sus hijas les encanta el teatro, y entre las personas importantes de sus vidas están los amigos del teatro, así como otros amigos del trabajo y del colegio, los padres de April y su hermana. Ella comenzó a involucrarse con la comunidad cuando ingresó a la asociación de padres y profesores, y luego dijo sí a todas las oportunidades que se le presentaron.

Redactó solicitudes para subvenciones. Formó parte de las juntas directivas de organizaciones sin fines de lucro. Y lo que es más importante, en busca de vínculos con otras familias monoparentales, empezó a escribir sobre sus experiencias como madre soltera. Se unió a un blog de madres de Los Ángeles. Como ella misma cuenta: «En un año, escribir en el blog se convirtió en una parte importante de mi vida». April se ha hecho amiga de otras blogueras y sus familias socializan juntas. También mantiene su identidad laboral: es asistente jurídica. Cuando le pedí que se describiera, su respuesta empezó así: «Madre soltera, amante del teatro, asistente jurídica, bloguera, miembro de la junta». Había desarrollado recursos sociales y comunitarios, y tenía una identidad fuera de su familia.

Le pregunté a la Dra. Andrada, que es latina, si quería dirigirse a otros padres solteros latinos. Me dijo: «Nosotros, como personas latinas, debemos cultivar una conciencia propia y una identidad por y para nosotros mismos. Y cultivar por completo los compromisos con la comunidad, tanto dentro como fuera de los espacios latinos. Como personas hispanas/latinas tenemos que negociar los roles de las mujeres como madres y como personas, en especial en cómo se nos enseña a estar siempre al servicio de los demás —a menudo a costa de nosotros mismos». La Dra. Andrada también señaló que las familias monoparentales latinas se encuentran entre las que corren mayor riesgo de ser estigmatizadas: «Es vital que reexaminemos cómo el origen racial juega un papel en nuestras nociones como personas solteras y padres solteros —sobre todo dentro de los Estados Unidos».

Nuestros modelos a seguir

Vi a dos adultos tratándose con amor, respeto y humor. Vi que era posible ser un adulto sano y completo sin casarse y, en el caso de mi tía, sin tener hijos biológicos propios.[242]

—DANI MCCLAIN, describiendo a su madre soltera y a la tía que la crio, en *We Live for the We: The Political Power of Black Motherhood (Vivimos por el nosotras: El poder político de la maternidad negra)*

El término «monoparental» puede estar ocultando otra clave del éxito de la crianza en solitario. Los padres solteros no siempre crían a sus hijos sin ayuda de nadie. April, por ejemplo, ha recibido mucha ayuda de sus padres. En *We Live for the We: The Political Power Of Black Motherhood* (*Vivimos por el nosotras: El poder político de la maternidad negra*), Dani McClain explica que la crio su madre, que nunca se había casado, en un hogar en el que también vivía su tía materna. Ambas mujeres colmaron a Dani de amor y atención. Su madre y ella también contaron con el apoyo de «otras madres», como la abuela, la bisabuela, otras tías y ancianas de la comunidad.[243]

Durante la adolescencia, que puede ser difícil tanto para los adolescentes como para sus padres, les va especialmente bien a los niños criados por madres solteras junto a la familia extendida. En un estudio exhaustivo, se realizó un seguimiento de más de once mil adolescentes estadounidenses durante seis años. Procedían de diez tipos diferentes de hogares, incluidos las familias con padres casados, padres que cohabitaban, madres solteras, padres solteros y madres solteras divorciadas y madres solteras que nunca se casaron en hogares con múltiples generaciones. A los hijos de madres divorciadas en hogares con múltiples generaciones les fue tan bien como a los hijos de padres casados. A los adolescentes criados en hogares con generaciones múltiples por madres que siempre habían sido solteras les fue incluso mejor que a los criados por padres casados. Eran menos propensos a beber o fumar, y lograban graduarse del instituto y matricularse en la universidad en mayor número.[244]

El solterismo y la familia monoparental

Cuando envié a mi hija a un campamento de verano, tuve que enviar una copia certificada de su partida de nacimiento, mientras que a los demás no se lo pidieron.

—MARIA (cincuenta y dos años, Beverly, Massachusetts)

En lugares como los Estados Unidos, donde aún prevalecen actitudes escépticas hacia las familias monoparentales, los padres solteros y sus hijos corren el riesgo de ser vistos como estereotipos y de ser objeto de estigmatización, marginación y discriminación. Esto es cierto para todas las familias monoparentales, no solo para los solteros por naturaleza. A veces las desventajas están inscritas en las leyes. Maria señaló: «Como madre soltera, pago más impuestos que si tuviera un cónyuge que se quedara en casa y me cuidara gratis a los niños e hiciera las tareas domésticas». Se siente afortunada de poder permitírselo. Su seguridad económica desafía el estereotipo de que las madres solteras son todas desahuciadas. Cuando quiso comprar una casa grande, un agente inmobiliario tras otro solo le mostraban casas pequeñas, insistiendo en que eso era todo lo que necesitaba. Ahora es propietaria de la casa que quería y le han preguntado repetidas veces si es algo que obtuvo en su divorcio. (Nunca ha estado casada). También ha tenido que hacer frente a insinuaciones de que solo puede permitirse su estilo de vida gracias a la pensión alimenticia.

La hija de Maria odiaba que en clase le mandaran hacer una tarjeta para el Día del Padre. Cuando les decía a sus profesores que no tenía padre, a veces le decían que la hiciera para su abuelo o a su tío. Pero ella tampoco tenía abuelos ni tíos. Al final, se le ocurrió una solución: simplemente escribió «papá» en la tarjeta, y luego le dijo a su madre que lo había hecho por la profesora, pero que la tarjeta era en realidad para ella. Al final, dijo Maria, «adquirió la habilidad vital de elegir sus batallas y encontrar su fuente de poder en la situación».

Cuando el hijo de la Dra. Andrada era pequeño, mucho antes de que Amy comenzara a estudiar el estigma y la familia monoparental, le hizo una pregunta desgarradora: «Mamá, ¿por qué los niños no juegan conmigo?». Sí jugaban con él, en sus equipos de fútbol y béisbol y durante las clases de kárate, pero no lo invitaban a las fiestas de cumpleaños ni a las de pijamas. A Amy también la excluían; no formaba parte de las redes de amistad de las otras madres, pero en aquel momento no le dio mucha importancia. Estaba preocupada por su hijo. Intentó todo lo que se le ocurrió. Animó a su hijo a ser más sociable y amistoso. Consiguió que otros miembros de la familia acudieran a los partidos de su hijo. Cambió su estilo de vestir, primero más conservador y luego más provocativo. Nada sirvió de nada. Totalmente frustrada, se desahogó con un compañero de trabajo, que le preguntó si todas las demás madres estaban casadas. Todas lo estaban. Le sugirió que fingiera. Que se pusiera un anillo en el dedo. Amy no creía que esa fuera la razón, pero nada más había funcionado, así que compró una imitación barata de un anillo de diamantes y se lo puso en el dedo anular. «Entonces... ¡BAM! *Todo cambió*. Empezaron a invitar a mi hijo a actividades con sus compañeros de equipo y de clase. Otras madres que me habían visto durante meses, incluso años, empezaron a acercarse a mí como si fuéramos amigas de toda la vida».

Todas las familias monoparentales con las que he hablado, para este proyecto de solteros por naturaleza y para otros anteriores, desearían que sus hijos se hubieran librado del trato estigmatizador que a veces recibieron. Cuando excluían al hijo de Amy de las fiestas fuera de la escuela y de las reuniones con los otros chicos de su edad, dijo que «la idea de que, de alguna manera, yo era responsable de que a mi hijo se le negara algo me dolió en lo más profundo». Ese dolor motivó a Amy a cursar estudios de posgrado y convertirse en científica social. En su búsqueda de una mayor justicia para su hijo y para todos los hijos de familias monoparentales, Amy expone la dinámica psicológica y los contextos históricos y culturales de la estigmatización de las familias monoparentales y sus hijos.

Puede ser duro para los hijos de familias monoparentales, y para sus padres, en especial cuando son pequeños. Con el tiempo, sin embargo, cuando tienen padres como Maria, Amy y April, desarrollan una comprensión más sofisticada del mundo y un aprecio por sus experiencias vitales. El hijo de Amy también la ha visto estudiar, trabajar en el extranjero y viajar. Él «ha sido testigo por sí mismo de que las familias vienen en todas las formas y tamaños». Sabe que lo más importante no es el número de padres que tiene un niño, sino «el compromiso de un padre o madre con su hijo, y si tenemos apoyo en nuestra comunidad». April dice que sus hijas son «totalmente conscientes de las estupideces que dice la gente» sobre las familias monoparentales, «pero consideran a nuestra familia una historia de éxito».

Maria se ha convertido en una heroína no solo para su hija, sino también para los amigos del instituto de su hija, que la llaman «malota». Una de esas amigas quiere ser como Maria: ingeniera y soltera.

El placer de ser madre o padre soltero

¡Me siento orgullosa, empoderada, agradecida, afortunada y llena de alegría!

—APRIL (cuarenta y nueve años, Burbank, California)

Ninguno de los padres solteros de mi investigación había oído jamás acerca de la alegría absoluta de la familia monoparental. Todos tuvieron que descubrirla por sí mismos, a menudo con gran sorpresa. Cuando April compartió que se sentía «orgullosa, empoderada, agradecida, afortunada y llena de alegría», lo hizo en una entrada de su blog en la que declaraba: «¡Soy propietaria de una casa!».[245] El primer alquiler de April tras dejar su matrimonio fue un apartamento de una habitación, amueblado con cosas usadas, en el que dormía en un futón en el salón para que sus hijas pudieran tener el dormitorio. En aquel momento no había terminado la universidad. Ahora tiene un título universitario, un certificado de asistente legal y ha ascendido hasta el nivel directivo de una prestigiosa empresa. También tiene otros logros: «Administro mi planificación patrimonial. Y soy la titular de mi propia escritura. Y de mi futuro».

La Dra. Andrada también se sorprendió de cómo le había ido en la vida. «Empecé siendo pobre, producto de una familia monoparental, hija de inmigrante y una mezcla de diferentes orígenes raciales, étnicos y religiosos». Se siente especialmente reconfortada por el vínculo que logró desarrollar con su hijo. Refiriéndose a los tiempos anteriores al inicio de sus estudios, me dijo: «Nunca habría imaginado una relación tan satisfactoria y positiva. Y aunque al principio fue extremadamente difícil (pobreza, aislamiento, estigma, etc.), lo hemos superado todo y seguimos teniendo un vínculo sano, productivo e inquebrantable».

Maria ya era una adulta madura que «había trabajado muchísimo» cuando tuvo a su hija a los treinta y cinco años. También tenía seguridad económica. Ha sido felizmente soltera durante toda la experiencia: antes de que naciera su hija, mientras la criaba y ahora, cuando está en la cúspide de la edad adulta. «Disfruté de ser soltera y embarazada», me dijo. Y criar a su hija sola ha sido una «experiencia de absoluto disfrute».

«Nunca volveré a casarme», proclamó Lyz Lenz al final de su ensayo sobre la subversiva alegría de ser madre soltera. «Amo demasiado mi libertad».[246]

Los hijos ajenos

Nunca quise casarme y nunca lo hice. Tengo quinientos hijos. Todos se graduaron en mi librería.[247]

—EMOKE B'RACZ, exdueña de una librería de Asheville, en Carolina del Norte.

Muchas personas como Emoke B'Racz, que nunca quisieron casarse, nunca se casaron y nunca tuvieron hijos propios, mantienen vínculos significativos con otros niños. B'Racz estrechó lazos con los cientos de niños (y adultos) que frecuentaban la librería que abrió cuando llegó a los Estados Unidos desde Hungría. Declaró a la emisora de radio pública local que la librería nunca fue un negocio, sino que «se trata más bien de vivir una buena vida y curar a la gente que viene a la tienda dándoles cosas buenas».[248]

Existen personas que no tienen hijos y dedican su tiempo a otros niños como profesores, entrenadores, bibliotecarios, terapeutas, trabajadores sociales, profesionales médicos, líderes religiosos y espirituales, niñeras y monitores de campamentos. Algunos ejemplos de personas solteras por naturaleza son Carmela (cuarenta y cuatro años, Nayarit, México), que es profesora; Sonya (cuarenta y siete años, Parkersburg, Virginia Occidental), que es profesora y bibliotecaria; y Andrea (veintinueve años, Nueva York), que era monitora de campamento. Incluso Steve (treinta y nueve años, Bolton, Inglaterra), que se define a sí mismo como «decididamente sin hijos», es voluntario en carreras; «entiendo a la perfección que los niños necesitan cierto grado de juego estructurado para desarrollarse y prosperar», explica.

Para algunas personas sin hijos, su relación con otros niños es más personal que profesional. Son los hermanos mayores, los tíos cariñosos, los tíos honorarios de los hijos de sus amigos y los padrinos. Liz (sesenta años, Washington D. C.) dice: «Estoy muy unida a mis sobrinos y a mi sobrina nieta. Siempre he sido la tía favorita, en la que confiaban las sobrinas. Me llevo bien con los hijos de mis amigos». MaryL (sesenta y dos años, Los Ángeles, California) también es «la tía favorita de la familia». Amy (cuarenta y cuatro años, Frisco, Texas) está encantada de poder asistir a todos los partidos deportivos de sus sobrinos. Estos adultos pueden modelar formas distintas de estar en el mundo y maneras de pensar diferentes de la que esos niños ven en sus propios padres o en otros padres. Pueden ser confidentes, mentores, amigos especiales y fuentes de apoyo emocional y, a veces, económico.

En *Childfree by Choice* (*Sin hijos por elección*), la Dra. Amy Blackstone señala que las personas sin hijos no se reproducen de manera biológica, pero participan en la «reproducción social». Desempeñan «funciones, acciones y responsabilidades necesarias para ayudar a nuestros semejantes a convertirse en miembros activos y participativos de la sociedad».[249]

Si este fuera un libro convencional sobre personas solteras, le daría mucha importancia a esta sección. Diría algo así como: «¡Mira, los solteros que no tienen hijos siguen queriéndolos y dedicándose a ellos! Somos los que llegamos a sus partidos, los tíos y tías divertidos y las personas a las que acuden cuando nadie más parece entenderlos. También ayudamos a sus padres». En muchos casos, como los que ya he descrito, todo eso sería cierto. El problema viene cuando las personas sin hijos se sienten obligadas a hacer alarde de su amor por los niños, incluso cuando en realidad no les interesan tanto. En el fondo, ser soltero es vivir con autenticidad. Eso significa ser dueño de todas nuestras opciones vitales. Fingir no tiene nada de especial.

Consejos para los solteros por naturaleza

Si no tienes hijos porque no quieres tenerlos, siéntete orgulloso de ti mismo por resistir la presión de seguir un camino que no te interesa. Hazte cargo de la vida sin hijos que sientes más auténtica.

Si tienes hijos, siéntete orgulloso también. Si se adapta a tu personalidad, presume de tus hijos con la misma efusividad que cualquier otro padre. Trátate a ti mismo con la misma amabilidad con la que se tratan los padres que están en pareja: contrata a esa niñera si puedes y haz algo que te guste. La Dra. Andrada, madre soltera y académica que ha estudiado a los padres solteros, ofrece estas dos sugerencias: «Es un honor criar a tu hijo, solo vosotros dos. Actúa como tal» y «Es una libertad diferente a la mayoría de las cosas que experimentaréis. Apréciala».

Si los niños importantes de tu vida son tus alumnos, o niños que cuidas o entrenas, o tus sobrinos, no dejes que nadie te diga que no estás haciendo una contribución sustancial a la próxima generación.

Para nuestros aliados

Si tus amigos solteros tienen hijos o alguna relación con niños en su vida cotidiana, incluso en funciones como profesores y entrenadores, muestra por ellos el mismo interés que mostrarías por los hijos de cualquier otra persona. Si ellos no tienen hijos y tú sí, no dejes que eso sea motivo para excluirlos de los eventos sociales; agradece la oportunidad, por tenerlos cerca, de mantener conversaciones amplias que no estén tan centradas en los niños.

Si tienes pareja y tienes hijos y tus amigos o conocidos solteros también los tienen, asegúrate de que sus hijos participen en los juegos y fiestas con la misma frecuencia y cariño que cualquier otro niño. Asegúrate también de que no se excluya a los padres solteros de las reuniones de adultos.

La Dra. Andrada dice lo siguiente sobre las familias de madres solteras: «No las trates como si su tipo de familia fuera consecuencia de malas decisiones. A menudo es justo lo contrario: ha sido muy bien pensado, intencionado y, a menudo, la mejor elección para ella y sus hijos». Recuerda también que algunas familias monoparentales son el resultado del fallecimiento de uno de los progenitores.

Debemos ser prudentes y amables y tener en cuenta que las personas tienen experiencias y deseos muy variados respecto al papel de los hijos en sus vidas. Cuidado con asumir que todos los adultos (y en especial las mujeres) quieren y acabarán teniendo hijos. Recuerda que algunas personas que no tienen hijos pueden haberlos deseado mucho (y ya han considerado las opciones que estás tentado de sugerir, como la adopción). A otros puede que no les interesen los niños en absoluto: que no quieran tener hijos propios y que tal vez no les guste estar con niños. Si eres educador, alienta a tus alumnos a imaginar y valorar todos los tipos de trayectorias vitales. Si eres médico o profesional de la salud mental, escucha con atención a tus pacientes y clientes para saber lo que quieren en realidad y no solo lo que tú crees que deberían querer. Si eres empresario o político, ten en cuenta que muchas personas atienden a adultos, no solo a niños, y que también hay que apoyarlas.

Para los que sienten intriga por la paternidad en solitario, pero también preocupación

Si quieres tener hijos, pero te preocupa que te resulte demasiado difícil tenerlos y mantener el tipo de vida de soltero que anhelas, recuerda que muchos solteros por naturaleza ya lo están haciendo con éxito. Ten en cuenta que, junto a todos los retos a los que puedas enfrentarte, también tendrás algunas ventajas pocas veces reconocidas, como las que he comentado en este capítulo.

La Dra. Andrada sugiere lo siguiente: «Hazte una pregunta: ¿qué quieres *tú*? No qué es lo que se espera de ti».

La perspectiva de Dani McClain, descrita en *We Live for the We: The Political Power Of Black Motherhood* (*Vivimos por el nosotras: El poder político de la maternidad negra*), es también muy sabia: «A lo largo de mis años treinta, sentía empatía, pero algo de desconcierto, cuando veía a algunas de mis amigas luchar por hacer las paces con su condición de solteras y sin pareja. Muchas de ellas parecían pensar que era improbable que fueran a tener hijos, ya que no había pareja a la vista, pero lo que para ellas era un dilema, para mí solo era otra forma de vivir la vida».[250] Vive tu vida de la forma que te parezca más auténtica y satisfactoria.

7

Intimidad

¿Qué subcultura va a asumir el rol de ser el orgulloso espacio *queer* que se resiste a la idea de que todas las intimidades tienen que ver con el amor verdadero, el romance, el matrimonio, el compromiso de por vida y la monogamia?

—PAMELA HAAG, *Big Think*, «*The UnQueered World: Take a Walk on the Mild Side*» (*Pensar en grande*, «*El mundo no queer: un paseo por el camino más tranquilo*»).[251]

Tengo una respuesta a la pregunta de Pamela Haag: los solteros por naturaleza van a asumir ese rol. Pensar en la intimidad y practicarla de un modo más amplio, que trascienda las convenciones del romance y el matrimonio, es la esencia de lo que somos. Para nosotros, tener una vida que no está organizada en torno a una relación monógama convencional con una pareja romántica es liberador. Podemos seguir lo que nos dicta el corazón, disfrutar de la intimidad a nuestra manera, de formas que nos aportan alegría y enriquecen nuestras vidas.

Vivimos desafiando las presiones de la pareja obligatoria con alegre convicción, cuestionando la forma de pensar que considera la vida en pareja como una vida más natural y normal, superior a la soltería. Tampoco toleramos la heterosexualidad obligatoria. Los solteros por naturaleza tienen menos probabilidades de ser heterosexuales que las personas que no lo son. En el cuestionario, el 90 % de las personas que claramente no calificaban como solteros por naturaleza se identificaron como heterosexuales, frente al 72 % de los que claramente sí lo eran. Pero incluso los que somos heterosexuales ponemos los ojos en blanco ante la idea de que la heterosexualidad es normal, natural y superior a todo lo demás. Tampoco creemos en la sexualidad obligatoria. Tienen más probabilidades que los que no lo son de ser asexuales, es decir, personas que experimentan poca o ninguna atracción sexual. En el cuestionario, el 3 % de los que no eran solteros por naturaleza se identificaron como asexuales, frente al 12 % de los que sí lo eran. De nuevo, incluso el 88 % de los que no somos asexuales no creemos que experimentar atracción sexual es más natural o normal que no experimentarla, o que las personas sexuales son superiores a las asexuales.

Sé que la historia que cuento sobre la intimidad no es lo que la creencia popular nos quiere hacer pensar. Me doy cuenta de que los escépticos que lean este capítulo esperarán encontrar que la intimidad es la perdición de los solteros por naturaleza. Probablemente asuman que, sin una pareja romántica que ancle nuestras vidas, estamos frustrados a nivel sexual, nos sentimos privados de romanticismo y hambrientos de amor.

Les di a los solteros por naturaleza que compartieron sus historias de vida conmigo todas las oportunidades para decir que la intimidad era un problema para ellos. Hice preguntas abiertas, como «¿Hay algo que no te guste de la soltería? ¿Algo del mundo de las parejas románticas comprometidas que te gustaría tener?». Les pregunté si tenían intimidad en sus vidas. Les pregunté si tenían amor en sus vidas. También les pregunté por su historia sexual y, en concreto, si se consideraban asexuales o arrománticos (personas que sienten poca o ninguna atracción romántica). En el cuestionario, les pregunté: «Si piensas en la posibilidad de que cuando te vayas a dormir por la noche, no haya nadie más en la cama contigo, ¿cómo te sientes?».

La respuesta era clara. Era raro que los solteros por naturaleza describieran el sexo o el romance como un problema. Algunos no estaban interesados. Otros estaban bastante interesados y encontraban formas de satisfacer sus necesidades sin seguir el guion estándar que pone a una pareja romántica monógama como la única encargada de satisfacer la intimidad. Nosotros pensamos en la intimidad de formas amplias que van más allá de los vínculos convencionales. No intentes decirnos que el amor romántico es el único que cuenta.

En la mayoría de los estudios sobre sexo y satisfacción sexual, nunca se les pregunta a los solteros si quieren ser solteros. Cuando se les pregunta, su respuesta resulta ser bastante relevante. Un estudio de casi dos mil quinientos adultos alemanes reveló que los solteros estaban decepcionados a nivel sexual, pero sobre todo los que deseaban tener pareja. Los que no buscaban pareja estaban tan satisfechos sexualmente como los casados.[252]

El sexo en la vida de los solteros por naturaleza ofrece un mundo de posibilidades. Sin una pareja romántica que supone ser prioritaria, tenemos más libertad para tener diferentes tipos de sexo (no limitados por lo que pueda querer una pareja convencional), diferentes cantidades de sexo (incluso ninguna), y tenerlo cuando queremos y si queremos. En teoría, las personas con una pareja romántica comprometida tienen un acceso más fácil al sexo, sobre todo si viven con esa persona. Y a veces es cierto. Pero otras veces, ese acceso es igual de real que la Mágica y Mítica Pareja Romántica. Tener pareja no significa que los dos queráis siempre el mismo tipo de sexo o la misma cantidad, ni que el momento en que os interesáis por él esté siempre perfectamente alineado, ni que el sexo sea bueno. Incluso cuando la pareja romántica facilita el acceso al buen sexo, también puede traer complicaciones, como, por ejemplo, cuando te sientes atraído de manera sexual por otra persona sin sentirte libre de concretar ese deseo.

El fácil acceso puede suponer no solo que el sexo y la pareja romántica están disponibles, sino también que se espera que ocupen un lugar central. Eso es justo lo que los solteros por naturaleza no quieren: una relación sexual o romántica que nos robe el tiempo o el amor que queremos dedicar a otras personas o actividades que aportan sentido, riqueza y alegría a nuestras vidas.

Nos sentimos cómodos con nuestra intimidad porque hacemos lo que nos dicta el corazón. Definimos la intimidad en nuestros propios términos más amplios. Somos los auténticos dueños de esa intimidad. Por eso, el lugar que ocupa en nuestras vidas no es causa de perdición, sino fuente de fortaleza.

Nuestra vida sexual

Me encanta estar perdidamente enamorada de alguien, y es muy divertido explorar la química sexual y todo eso. Me gusta tener relaciones emocionales cercanas y cariñosas. También adoro a mi comunidad social y mi espacio propio. Me gusta tener la libertad de salir sin tener que estar pendiente de nadie y que nadie me esté controlando. Soy muy independiente y siempre he sido más feliz sin relaciones convencionales enredadas. En el típico lenguaje monógamo, prefiero las relaciones «casuales» y no tengo ningún deseo de convivir, compartir finanzas, casarme, etc.

—ALYSSA (veintisiete años, Los Ángeles, California)

Alyssa, que se identifica como lesbiana, ha podido incorporar a su vida el sexo divertido y las relaciones emocionales íntimas sin poner en el centro a una pareja monógama. Ella tiene sexo, amor y también libertad. Está contenta de no tener que compartir cada cosa que hace con una pareja todo el tiempo, algo que reconforta a mucha gente que no es soltera por naturaleza.

Cuando Alyssa dijo que no le interesaba convivir, compartir sus finanzas o casarse, nos estaba diciendo que no le interesaba subirse a lo que la autora Amy Gahran ha llamado «la escalera mecánica de las relaciones».[253] Esta frase simboliza las típicas expectativas de cómo evolucionará una relación romántica, desde el contacto inicial y el cortejo, pasando por la identificación como pareja y el establecimiento de rutinas de unión, hasta llegar a comprometerse con un futuro a largo plazo, la unión del hogar y las finanzas, y por último casarse legalmente y quizá también tener hijos. Cuando Alyssa empieza a salir con alguien, le hace saber desde el principio que no está interesada en la monogamia ni en el compromiso.

Varios solteros por naturaleza que compartieron sus historias de vida describieron preferencias similares. Evan (cuarenta años, San Francisco, California), que es gay, dijo: «A veces tengo citas, aunque nunca lo hago con la expectativa o la intención de que se transforme en una relación comprometida a largo plazo. Creo que puede ser divertido conocer gente nueva, oír hablar de la vida de los demás, etc.». Donna (cuarenta y nueve años, Seattle, Washington), que es heterosexual, dijo: «He tenido *muchas* relaciones y encuentros a corto plazo que habrían sido difíciles de tener en el marco de la monogamia». Iris (sesenta y cinco años, Portugal) dijo:

«Todo el mundo odia a los bisexuales, pero a mí en realidad me interesan los más andróginos de ambos sexos». Dos veces en la vida experimentó lo que llamó «amor fuera de control», y añadió: «Los recordaré con alegría en mi lecho de muerte, pero no viviría con ninguno de los dos ni por todo el oro del mundo».

Esa apertura a varias relaciones significativas sin priorizar a una persona como pareja principal tiene un nombre: poliamor en solitario. En el ensayo que Haili Blassingame escribió para la columna «Modern Love» («Amor moderno») del *New York Times*, compartía: «Me gustó cómo el poliamor en solitario valoraba y priorizaba la autonomía y la preservación de uno mismo, y me pareció muy liberador cómo rechazaba los modelos tradicionales de amor romántico». Su elección, añadió, era «ser soltera y no buscar pareja, pero sí amar mucho».[254]

Jesica, una heterosexual de treinta y ocho años de Los Ángeles, California, tuvo una relación sentimental de larga duración hace más de una década, pero no fue muy satisfactoria. Es «sexualmente abierta y le encanta explorar».

También me involucré con el estilo de vida BDSM [bondage, disciplina (o dominación), sadismo (o sumisión) y masoquismo] y he tenido muchas experiencias diferentes con distintos tipos de hombres. Pasé por un período de encuentros sexuales casuales y ahora estoy en una etapa de mi vida en la que prefiero más conexión y sustancia que solo sexo con un hombre. En este punto, prefiero hombres que también conozcan el estilo de vida, ya no solo relaciones «vainilla».

Como soltera, Jesica hizo honor a su apertura sexual y a su amor por la exploración. Probó diferentes experiencias a medida que evolucionaban sus gustos y preferencias, sin miedo a ser juzgada por una pareja romántica convencional.

Para algunas personas que son solteras por naturaleza y disfrutan del sexo, una relación de «amigos con derecho» puede funcionar bien. No se van a quejar de una relación sexual que «no va a ninguna parte»; al contrario, puede que sea justo lo que quieren. Al mismo tiempo, suelen valorar a sus amigos y podrían disfrutar del sexo en una relación con toda la diversión, compañía y cariño que ofrece la amistad.

En conversaciones informales y discusiones en línea a lo largo de los años, los solteros interesados en el sexo, pero no en una relación romántica seria (y no todos solteros por naturaleza) también han mencionado parejas sexuales ocasionales, llamadas para ligar y acompañantes. Algunos buscan a personas en matrimonios abiertos o en otras relaciones consensuadas no monógamas. Otros utilizan aplicaciones de citas, donde dejan claro lo que quieren y lo que no.

Nuestros Modelos a seguir

Mi tía, Harriet «Hat» McAdams, nació en 1930, la mayor de siete hermanos en una familia católica irlandesa. En aquella época y en aquella cultura, las únicas opciones «aceptables» para las mujeres eran el matrimonio y la maternidad o hacerse monja. Ninguna de las dos le venía bien a Hat. Nunca se casó, trabajó a tiempo completo en funciones de oficina y vivió una vida aventurera. Aprendió a pilotar un avión, tripuló un yate y viajó por todo el mundo. Era elegante, amable, generosa y cariñosa. Tenía muchos amigos y a menudo ayudaba a familiares y amigos. Para recordar a Hat, cada año me propongo llevar a cabo una aventura, o acto valiente o generoso como los que ella habría hecho. Son mis «trucos de Hat»*. Hasta ahora incluyeron unos cuantos viajes internacionales, escribir y publicar un libro, lograr comprar una casa (una hazaña nada desdeñable como escritora autónoma) y hacer grandes esfuerzos para ayudar a la gente necesitada. Como yo, Hat no era una «soltera» convencional. Mantuvo relaciones románticas profundas y duraderas, pero decidió no vivir con sus parejas, ni casarse con ellas, ni compartir finanzas. En mi propia vida, he evolucionado hasta adoptar el estilo «solitario» del poliamor, lo que significa que estoy abierta a tener más de una relación íntima profunda a la vez, pero sin exclusividad y sin fusionar mi identidad o infraestructura vital

---

* N. de la T.: El nombre «Hat» también significa sombrero, por lo cual la frase «trucos de Hat» cobra sentido en el original como trucos de sombrero.

con ninguna pareja íntima. Las relaciones de Hat probablemente eran monógamas, pero la forma en que conservó su autonomía y autenticidad fue una fuerte influencia en mi propio enfoque de la vida y el amor.

—AMY GAHRAN, autora de *Stepping Off the Relationship Escalator: Uncommon Love and Life* (*Nos bajamos de la escalera mecánica de las relaciones: amar y vivir fuera de la norma*)

Las personas solteras por naturaleza no ponen a una pareja romántica en el centro de sus vidas, en parte porque hay muchas más cosas que quieren hacer con sus vidas que dar prioridad a una pareja. Algunos quieren sexo y la intimidad que puede conllevar. Pero también quieren que esa parte de sus vidas permanezca en su lugar, para seguir disponiendo de todo el tiempo que deseen para dedicarlo a las demás personas de su vida y a sus otras ocupaciones importantes. Andrea (veintinueve años, Nueva York) encontró una solución que le funcionó bien cuando estaba en la universidad: la cultura del sexo casual. Así es como describe sus encuentros:

Solo interactuábamos entre las dos y las seis de la mañana, y además de sexo teníamos una conversación íntima (que yo valoraba). Era consciente de que no debía sentirme conforme con este acuerdo, pero en realidad estaba satisfecha al cien por cien. La compartimentación me dejaba tiempo libre para estudiar, participar en clubes y salir con los amigos.

A Laurie (treinta y cinco años, Michigan) le encanta la libertad que le da la soltería para dedicarse a sus pasiones sin tener que justificárselo a nadie. Corre medias maratones y maratones completas, con el objetivo de correr al menos una media maratón en cada estado de los Estados Unidos. Pero su mayor pasión son los caballos. Monta a caballo desde niña y ha ganado un campeonato nacional. Cuando era más joven, tuvo una relación sentimental seria. Era lo que creía que debía hacer:

Me gusta la compañía que viene con una relación, hasta cierto punto. Aunque mi novio me gustaba, y creo que lo amaba, no quería casarme ni dedicarle más tiempo a la relación. Siempre sentí que tenía que proteger ferozmente mi tiempo «para mí», pero también tendía a sentirme culpable por cómo pasaba mi tiempo. Si estoy pasando tiempo con mi novio, no lo estoy pasando con la familia o los caballos. Si no lo paso con el novio, soy una mala novia.

Laurie se sintió aliviada cuando terminó esa relación. Pensó mucho en su vida y leyó sobre las posibilidades que podía ofrecer la soltería. Había experimentado el tipo de relación íntima que toda una vida de condicionamiento le había dicho que *debía* desear. En cambio, descubrió que se interponía en el camino de lo que en realidad amaba. Al final, dijo: «lo entendí: no tengo por qué seguir buscando lo que no quiero. Está bien ser feliz como soltera. Me quité un peso de encima». Su historia ilustra solo una de las razones por las que algunas personas solteras por naturaleza no tienen mucho sexo o romance en sus vidas. También hay otras.

Vidas no tan sexuales

Angela Chen, autora de *Ace: What Asexuality Reveals About Desire, Society, and the Meaning of Sex* (*Asexual: lo que la asexualidad revela sobre el deseo, la sociedad y el significado del sexo*), escribió que no sabía lo que significaba: «pensar en sexo cuando estaba sola. Sentir una necesidad física que no fuese el deseo de intimidad emocional que le daba el sexo».[255]

Cuando llegó a comprender lo que significaba ser asexual, se dio cuenta de que «lo que había hecho pasar por atracción sexual, incluso para mí misma, era algo totalmente distinto: apreciación estética, deseo de cercanía emocional y física, cierta posesividad».[256]

Algunas personas simplemente no sienten atracción sexual. No es porque estén deprimidas, tomen algún medicamento que afecte a su libido o porque no hayan conocido a nadie atractivo para su gusto. Son asexuales, la A de LGBTQIA+ (lesbianas, gays, bisexuales, transexuales, *queer*, intersexuales y asexuales). En Twitter, @AsexualsNet bromeó: «A la gente que "no entiende" la asexualidad: pensad en alguien que no os atraiga. Ahora imaginad que es así como te sientes con todo el mundo. Fin».[257]

La asexualidad existe en un espectro, por lo que puede ser un poco más complejo que no sentir nunca atracción sexual por nadie. Un demisexual, por ejemplo, según una sucinta definición de Michael Gold en el *New York Times*, «en general no experimenta atracción sexual a menos que haya formado una fuerte conexión emocional con alguien, conexión que no tiene por qué ser romántica».[258] Tampoco es tan sencillo como no tener nunca relaciones sexuales. Algunos asexuales tienen relaciones sexuales por motivos no relacionados con la atracción sexual, por ejemplo, para complacer a su pareja. Es posible sentir poca o ninguna atracción sexual por otra persona y seguir teniendo deseo sexual. Algunos asexuales experimentan una excitación sexual que no está ligada a la atracción sexual por alguien en particular y disfrutan masturbándose.

Algunos admiran determinados cuerpos: su estética, no su atractivo sexual. Muchos desean y disfrutan de relaciones emocionales íntimas. Al igual que otros tipos de personas solteras por naturaleza, los asexuales se dan cuenta de que la intimidad es mucho más que sexo.[259]

El estudio sobre la satisfacción sexual de casi veinticinco mil alemanes demostró que, de media, los solteros que no anhelaban tener pareja deseaban tener relaciones sexuales con menos frecuencia que los que deseaban tenerla.[260] Quizá sea porque entre las personas a las que les gusta estar solteras hay un número desproporcionado de asexuales.

Cuando escribí mi primer libro, *Solteros Señalados*, nunca había oído hablar de la asexualidad. Ahora es un movimiento social con páginas web, conferencias, foros, celebraciones, atención de los medios de comunicación y de los académicos y, lo que es más importante, orgullo. Los asexuales de hoy, orgullosos de serlo, no van a dejarse avergonzar por nadie. Saben que la asexualidad es normal y natural, y que puede ser divina.

• • •

De acuerdo a los resultados de un estudio que sorprendió a muchos, los estadounidenses están teniendo *menos* relaciones sexuales en los últimos tiempos. Esa fue la conclusión de un análisis del comportamiento sexual de más de veintiséis mil adultos desde 1989 hasta 2014.[261] La revista *The Atlantic* echó leña al debate de qué significaba todo esto cuando lanzó el titular «La recesión sexual» en la portada de su número de diciembre de 2018. La autora del artículo, Kate Julian, se centró en especial en el declive del sexo entre los jóvenes, señalando, por ejemplo, que «en el espacio de una generación, el sexo ha pasado de ser algo que la mayoría de los estudiantes de secundaria han experimentado a algo que la mayoría no».[262] Encontró tendencias similares en otras naciones. En Japón, por ejemplo, el porcentaje de adultos jóvenes vírgenes pasó del 33 % al 43 % en solo una década.

En su artículo, Julian esgrimía una serie de posibles explicaciones. Entre ellas, los sospechosos de siempre, como los teléfonos inteligentes y las pantallas y el horror de las aplicaciones de citas, y algunas especulaciones más interesantes, como que el sexo es malo o doloroso más a menudo de lo que creemos. Pero faltaba una de las posibilidades más amplias y trascendentales: quizá los adultos de hoy en día se sienten más libres para vivir sus vidas más auténticas, siguiendo sus verdaderos deseos y anhelos, en lugar de los dictados por las normas y expectativas o lo que sea que los medios de comunicación populares estén pregonando. En el ámbito del sexo, eso incluye resistirse a la implacable celebración del sexo y a la presión por tenerlo, y no solo entre los asexuales.

> Adoro mi tiempo a solas como nadie que hayas conocido… He sido célibe durante al menos quince años. Uno pierde la cuenta, porque simplemente no importa, o al menos a mí no me importa. Tengo una relación muy romántica con mi mundo cada día, y con la gente que hay en él.[263]
>
> —LINDA HAMILTON, actriz

No importa, no me preocupa, no es tan importante. Ese es el tipo de testimonios que he oído de personas solteras por naturaleza. Kristin (cincuenta y cinco años, Bellingham, Washington) es arromántica. No es asexual, pero el sexo no ocupa un lugar importante en su vida. Una vez tuvo un novio, luego un marido, y ninguno de los dos fue especialmente satisfactorio a nivel sexual. Después tuvo una relación con una mujer. «Fue muy excitante», dice. «Fue la primera vez que realmente me sentí despierta». En los quince años transcurridos desde entonces, no ha tenido relaciones sexuales. «No me importa. No lo echo de menos», dice. «Tengo unos cuantos juguetes muy buenos», añadió, «y de vez en cuando saco a mis viejos amigos a pilas. Es encantador, pero no es algo que considere necesario en absoluto».

Ed Anderson, que escribe el blog «Uncoupled» («Sin Pareja»), ha tenido cientos de experiencias sexuales. Alrededor de un 10 % fueron geniales, otro 10 % terribles y todas las demás estuvieron bien. Ya no cree que el sexo merezca la pena. Cuando era joven, era diferente: el sexo era muy importante para él y pensaba en él todo el tiempo. Pero a los sesenta, dice, «es un alivio no ser una marioneta de la biología». Es libre para pensar en otras cosas.[264]

Lucas Bradley tiene treinta y ocho años y nunca ha tenido relaciones sexuales. No es ni asexual ni arromántico. En su blog «Medium» explica que nunca ha tenido relaciones sexuales porque nunca las ha buscado.

Porque el sexo es una búsqueda, requiere tiempo y energía como cualquier otra búsqueda importante en la vida. Y el hecho de que sea sexo no significa que pase automáticamente a ocupar el primer lugar en la lista de las búsquedas. Vivimos en un mundo fascinante con un sinfín de cosas que hacer. Sin embargo, solo disponemos de ciento sesenta y ocho horas a la semana. Tenemos que elegir lo que queremos hacer.[265]

Tiene un consejo para las almas afines:

Si tú, como yo, has llegado a los treinta, cuarenta años o más sin tener relaciones sexuales de ningún tipo, te entiendo y veo el poder que tienes. No somos «vírgenes». Somos personas diversas con vidas ricas e historias interesantes.[266]

Joan (setenta y tres años, de Newark, Delaware) tiene otra razón para abstenerse:

Soy sin lugar a dudas heterosexual y no asexual. Elijo no actuar según mis impulsos sexuales porque no estoy dispuesta a correr los riesgos que conlleva el sexo ocasional, y no quiero el resto de la relación que implica elegir sexo dentro de la monogamia.

Para Fenton Johnson, autor de *At the Center of All Beauty* (*En el centro de toda la belleza: La soledad y la vida ida creativa*), el celibato voluntario puede ser una experiencia profunda:

> ...la decisión consciente de abstenerse del sexo puede ser una encarnación poderosa de la soledad. El celibato vivido de manera activa representa la decisión de comprometerse durante el tiempo que sea con una disciplina: renunciar a un deleite (los encantos del coqueteo, los placeres de la compañía ligera) por un proyecto diferente y a más largo plazo, profundizar en uno mismo.
>
> Mis amigos monjes... hablan con pasión del celibato como una decisión consciente de realizarse a través del amor a muchos más que a uno, una comunión con todos más que con un individuo en particular.[267]

Una de las preguntas del cuestionario era: «Si piensas en la posibilidad de que cuando te vayas a dormir por la noche no haya nadie más en la cama contigo, ¿cómo te sientes?». El 94 % de los que eran evidentes solteros por naturaleza eligieron la respuesta «Te parece bien», frente al 28 % de los que no lo eran.

Las personas que se someten al cuestionario suelen elegir entre las respuestas que se ofrecen a cada una de las preguntas y nada más. Pero en el caso de la pregunta sobre no tener a nadie más en la cama, muchas de las personas que compartieron sus historias de vida conmigo no pudieron resistirse a añadir comentarios editoriales propios. Esos comentarios incluían:

- «De hecho, lo adoro» —Kendra (sesenta y nueve años, San Francisco, California)
- «¡Es una maravilla!» —Eva (cuarenta y cuatro años, Londres, Inglaterra)
- «Adoro tener la cama entera para mí, aunque los gatos también están ahí» —Beth (cincuenta y seis años, San Mateo, California)

- «Me da un *placer inmenso*. Odio compartir mi cama para dormir» —Carla (treinta y tres años, Essex, Inglaterra)
- «Estoy encantada con dormir sola» —Anna (cincuenta y tres años, Fayetteville, Tennessee)
- «De todas maneras, siempre me acaparo todas las mantas» —Julie (cuarenta y cuatro años, Raleigh, Carolina del Norte)
- «No solo me parece bien; ¡odio tener a otra persona en mi cama!» —Kristin (cincuenta y cinco años, Bellingham, Washington)
- «¡Yupi!» —MaryL (sesenta y dos, Los Angeles, California)

El informe que sorprendió a tanta gente al mostrar que los estadounidenses están teniendo menos relaciones sexuales que hace unas décadas incluía otro dato sorprendente: el descenso era en especial pronunciado entre las personas casadas o divorciadas y mucho menor, si acaso, entre los solteros de toda la vida. En los primeros años del estudio, los casados tenían más relaciones sexuales que los solteros, pero en el año más reciente, la diferencia había disminuido y, según algunas formas de ver los datos, puede que incluso se haya invertido.[268] En términos generales, me encantan los estudios que desafían estereotipos, y este nos dice que no hay necesidad de compadecer a las personas que se quedan solteras porque no tengan sexo. Pero celebrarlo es como aceptar la premisa de que tener sexo es mejor que no tenerlo, y tener mucho sexo es aún mejor. Me gusta mucho más la gente que ridiculiza el estereotipo del soltero pobre y solitario que no tiene a nadie más en su cama contándonos lo que realmente piensa de tener su cama para él solo: «¡Yupi!»

¡Qué arromántico!

He tenido dos relaciones románticas, ambas antes de plantearme que podría ser una persona arromántica. Siempre he sido bastante indiferente al romanticismo. En ambas ocasiones, entablé una relación romántica con alguien a quien me unía una gran amistad porque sentían algo por mí y no quería defraudarles.

—JENNY, en declaraciones a HuffPost[269]

No pregunté sobre el arromanticismo en el cuestionario, pero en las historias de vida que la gente compartió conmigo, los que son solteros por naturaleza a veces se describen a sí mismos como arrománticos, o «aro» o «arro». Al igual que la asexualidad, el arromanticismo también existe en un espectro.[270] De la misma manera que los diversos asexuales tienen diferentes actitudes hacia el sexo, también los diversos arros tienen diferentes actitudes hacia el romance. A algunos, como Jenny, les resulta indiferente; a otros les repugna, y a otros les parecen cursis e infantiles los gestos románticos que otros codician (ositos de peluche, pases de diapositivas de la pareja con música).

Arrománticos, asexuales y solteros por naturaleza son categorías superpuestas pero distintas. Algunas personas arrománticas son también asexuales; otras son arrománticas, pero no asexuales; y otras son asexuales, pero no arrománticas. Del mismo modo, algunas personas solteras por naturaleza son arrománticas; otras experimentan una atracción romántica, incluso intensa, pero no quieren organizar su vida en torno a una pareja romántica. Lo mismo ocurre con la asexualidad: en el cuestionario, el 12 % de los solteros por naturaleza se identificaron como asexuales y eso puede contribuir a su desinterés por construir una vida en torno a una pareja sexual; pero el 88 % restante, muchos de los cuales pueden experimentar bastante atracción sexual, tampoco quieren dar prioridad a una relación sexual monógama.

Debido a la incesante presión de tener pareja y a la creencia, pocas veces cuestionada, de que es lo que todo el mundo desea, y debido a que muy poca gente ha oído hablar del arromanticismo, muchas personas se meten en relaciones románticas que en realidad no les interesan; es lo que creen que deben hacer. Algunos incluso se quedan en esas relaciones. Les puede resultar reconfortante tener la experiencia, o la apariencia de la experiencia, que se espera que todo el mundo tenga. Pero ¿qué pasa con las personas que no tienen ninguna experiencia en relaciones románticas?

Vírgenes de relaciones románticas

En 2017, un reportaje en el diario *Guardian* rompió Internet. Se trataba de una «virgen de relaciones», una mujer de cincuenta y cuatro años que nunca había tenido novio. Estaba tan avergonzada de sí misma que ni siquiera quiso usar su nombre real.[271]

Más tarde, otras vírgenes de relaciones compartieron también sus historias. Una era Sana Panjwani, de veintisiete años, que nunca había tenido una relación romántica o sexual. Habiendo crecido en un hogar conservador desi en una pequeña ciudad de un país musulmán, no se preocupó demasiado cuando llegó al instituto y aún no había experimentado su primer amor. Sin embargo, los años siguientes fueron más difíciles. Sentía que se estaba perdiendo una experiencia vital importante. Se avergonzaba y fingía que estaba enamorada de alguien. Sin embargo, «nunca me atreví a invitar, buscar o facilitar el romance», dice, y añade que «la perspectiva de tener un encuentro me parecía más estresante que emocionante». En otras facetas de su vida fue distinto: «De niña, me pasaba horas soñando con ser escritora, con lo que sentiría al ver mi nombre impreso, con retratar a las personas, tejer historias y llegar a los lectores. Al final, me convertí en escritora».[272] Pero no fantaseaba así con las relaciones románticas. «Al final, me di cuenta de algo simple pero cierto: nunca he querido tener una relación de verdad».[273]

Algunas personas que son vírgenes de relaciones desean de verdad tener una relación romántica comprometida. Sienten atracción y anhelo romántico y sexual, y puede traerles mucha angustia no conseguir lo que tanto desean.

Es diferente para personas como Sana, que en verdad no desean una relación romántica. Probablemente piensan que deberían desear una. Quizá incluso desean tener el deseo. Pero no lo tienen. Creo que Sana dio en el clavo de lo que realmente sentía cuando se centró en sus fantasías. Al igual que Angela Chen, autora de *Ace* (*Asexuales*), quien sabía lo que era no pensar en sexo en absoluto cuando estaba sola, Sana no pensaba mucho en posibles relaciones románticas. No de la forma en que fantaseaba con su vida de escritora, imaginando cómo se desarrollaría y cómo se sentiría.

A veces, cuando la gente parece fantasear con una relación romántica, lo que en realidad está imaginando es la validación. Tener algo que decir cuando los demás no paran de hablar de sus enamoramientos. Que los demás los vean como personas con experiencia. Ser bienvenidos al club de las parejas románticas.

Cuando era joven y trabajaba en la oficina de la universidad, a veces oía a mis compañeros de trabajo que tenían parejas hacer planes para reunirse los fines de semana. Deseaba formar parte de esos planes. Pero lo que en realidad quería era que me incluyeran sin tener que estar en pareja.

Uno de los reproches que recae sobre las personas que nunca han tenido una relación romántica es la idea de que no son adultos completos. Wendy Morris y yo documentamos esa mirada cruel en una investigación que llevamos a cabo.[274] Pero creo que nunca fui menos adulta que cuando estaba en el mundo de las citas, intentando ser alguien que no era. Solo era una participante pasiva, que decía que sí cuando se lo pedían, pero aun así tendría que haberme dado cuenta de que las parejas románticas no me interesaban. Como aquella vez en la universidad en la que una cita me preguntó cuál de las dos películas quería ver, y elegí la que empezaba quince minutos más tarde para tener quince minutos más para mí.

Elegir una vida que no gira en torno a una relación romántica es algo más que esos fragmentos de tiempo que nunca recuperarás. Se trata de las alegrías y la riqueza psicológica de vivir una vida plena y llena de sentido. Se trata de elegir la autenticidad, aunque tu camino auténtico no sea el más validado o valorado. No hay nada más adulto que eso.

Las felices vírgenes de relaciones románticas de hoy en día entienden que la soltería ofrece un mundo de posibilidades. Esto es lo que Mollie contó a la revista *Glamour* del Reino Unido: «No buscar el amor me ha llevado a mucho más de lo que alguna vez imaginé: una felicidad despreocupada que no está dictada por otra persona; una motivación para darme a mí misma una vida llena de cosas bonitas; una gratitud hacia la vida que me estoy labrando; y una soledad de la que disfruto».[275]

Acadia (treinta y seis años, Melbourne, Australia) nunca ha tenido una cita oficial. Nunca ha sentido atracción romántica o sexual por nadie. En lugar de avergonzarse, se siente orgullosa de la riqueza psicológica de su vida:

Técnicamente soy virgen de relaciones, pero no me considero así. Ese título me hace sentir como si no tuviera experiencia. Siento que he experimentado mucho más de la vida de lo que lo habría hecho si tuviera pareja. Todos los lugares a los que he ido, la gente que he conocido, los espectáculos en los que he participado, los amigos que he hecho, el trabajo del que estoy tan orgullosa... Me siento bendecida por haber podido vivir mi vida en libertad.

La perspectiva de Acadia es madura y sabia. Sigamos su ejemplo. ¿Y si, en lugar de poner la experiencia de una relación romántica en un pedestal, valoráramos y celebráramos todos los logros y experiencias que nos aportan alegría? ¿Por qué no sentirnos igual o más orgullosos de tener amigos para toda la vida? ¿De sentirnos cómodos en soledad, durante horas o incluso días enteros? ¿De sentir pasión por algo o alguien que no sea nuestra pareja? ¿De vivir con autenticidad? ¿De marcar la diferencia en el mundo?

Las fortalezas secretas de los jóvenes que no se preocupan por las relaciones románticas

Tengo claros recuerdos de mis días en el instituto que era solo para chicos (de entre los once y los dieciocho años) donde era un bicho raro en relación con mi interés, o en mi caso con la falta de interés, por emparejarme con el sexo opuesto o incluso no sentir una atracción especial por mirar embobado las fotos de la última modelo atractiva del momento.

—STEVE (treinta y nueve años, Bolton, Inglaterra)

Cuando Brooke Douglas era estudiante de posgrado en la Universidad de Georgia, leyó decenas de artículos de científicos sociales sobre las relaciones románticas de los adolescentes. Se dio cuenta de que esos artículos partían de ciertos supuestos, como que las relaciones románticas entre adolescentes son importantes para el desarrollo personal y la salud psicológica. Eso le hizo preguntarse: ¿hay algo malo en los adolescentes que no tienen citas? Cuando ella y un colega analizaron los datos de casi seiscientos alumnos de quince años, descubrieron justo lo contrario. Los estudiantes que nunca habían salido con nadie (o que quizá solo habían tenido una cita) estaban menos deprimidos que sus compañeros que sí salían con alguien. Cuando se pidió a los profesores que evaluaran a los alumnos, sin decirles nunca cuáles habían tenido citas, sucedía lo mismo: consideraron que los alumnos que no habían tenido citas estaban menos deprimidos que los que sí las habían tenido. También los consideraron más hábiles socialmente y con mayor capacidad de liderazgo.[276]

Si se hace un seguimiento de los adolescentes a lo largo del tiempo, a medida que se involucran en relaciones románticas o no, se puede ver el desarrollo de sentimientos de depresión. En un estudio de una muestra representativa a nivel nacional de más de ocho mil adolescentes, de edades comprendidas entre los doce y los diecisiete años, los sentimientos de depresión aumentaron en el transcurso de un año en mayor medida entre los que se involucraron en relaciones románticas que entre los que no lo hicieron. Esto no se debe a que las parejas rompieran; incluso los que permanecieron en la misma relación durante todo el tiempo se deprimían más.[277] Las relaciones románticas eran más deprimentes para los que no sentían especial atracción por personas de ningún sexo, pero que aun así entablaban una relación romántica.[278]

Los adolescentes que tenían vínculos sentimentales también empezaron a beber más que los que no los tenían, e incursionaban en comportamientos más problemáticos, como meterse en peleas. Los varones rindieron menos a nivel académico (sus notas bajaron) y las chicas salieron perdiendo a nivel interpersonal (las relaciones con sus padres se hicieron más difíciles).

La situación no mejora con la edad ni con la experiencia en el tema. Eso es lo que descubrieron el profesor Matthew D. Johnson y sus colegas cuando estudiaron a quinientos cincuenta y cuatro alemanes que, a lo largo de un estudio de varios años, tuvieron dos relaciones románticas. Los más mayores tenían cuarenta y un años cuando se les interrogó por primera vez. Al igual que los otros investigadores habían descubierto en su estudio sobre adolescentes, el profesor Johnson y sus colegas descubrieron que las personas se sentían peor a medida que avanzaban sus relaciones sentimentales: estaban más deprimidas y menos satisfechas con la vida, y su autoestima también se resentía.[279]

No todo era malo. Los participantes se sentían bien al principio de su segunda relación sentimental: estaban menos deprimidos y más satisfechos consigo mismos y con la vida que antes de empezar la relación. Pero no duraba. Pronto se reanudaba la trayectoria habitual: empezaban a sentirse peor consigo mismos y con la vida. Los estudios a largo plazo sobre el matrimonio suelen mostrar el mismo patrón: en torno al momento de la boda, las personas que luego siguen casadas sienten un breve escalofrío de felicidad. Con el tiempo, esa sensación se disipa y acaban sin ser más felices que cuando eran solteros. Las personas que acaban divorciándose no suelen experimentar ese breve repunte de felicidad en el momento de la boda, y acaban siendo menos felices que cuando eran solteros.[280]

●　　●　　●

Al principio del estudio, a los adolescentes que salían o no salían con alguien se les hizo una pregunta clave: ¿cuánto ansiaban tener una relación romántica el año siguiente? Los que deseaban tener una relación sentimental eran especialmente propensos a deprimirse con el tiempo, independientemente de que su deseo se hiciera realidad o no. Los que dijeron que no estaban interesados en tener una relación sentimental ese año (¿una señal temprana de que eran solteros por naturaleza?) obtuvieron mejores resultados.[281]

La misma dinámica psicológica se mantiene en la edad adulta. En un estudio sobre personas de dieciocho a veintinueve años, a los que no tenían pareja y no les importaba mucho tenerla les iba mejor que a los que no tenían pareja, pero querían tenerla. Estaban menos deprimidos y se sentían menos solos. Tampoco estaban más deprimidos que sus compañeros que tenían una relación sentimental. Sin embargo, los jóvenes adultos que mantenían una relación sentimental estaban más satisfechos con su vida que los que no la mantenían. Lo que habían logrado probablemente les había proporcionado la admiración y respeto de los demás: estaban en el Club de Parejas. Es probable que los logros de los que no estaban en pareja hayan pasado desapercibidos.[282]

Supongamos que las personas sin pareja tuvieran una habilidad especial para cultivar la amistad, lo que es bastante probable entre las personas solteras por naturaleza. Para los veinteañeros, ¿tendrá esa habilidad el mismo peso que la experiencia en relaciones románticas a la hora de determinar el éxito una década más tarde? En un estudio intensivo de varias décadas de duración, se entrevistó en persona a doscientos cinco ciudadanos de Minnesota y también se consultó a sus padres y psicólogos clínicos. A los participantes que tenían una amistad íntima y confiada cuando tenían veinte años les iba especialmente bien diez años después. Tenían éxito en el trabajo y eran más propensos a tener una amistad íntima que sus compañeros que no la tenían cuando tenían veinte años. También tenían más probabilidades de tener una relación íntima con una pareja romántica. Por el contrario, la experiencia romántica a los veinte años no tenía relevancia para el éxito futuro. Los jóvenes adultos que, a los veinte años, habían mantenido una relación romántica íntima durante un período de tiempo más prolongado, no tenían mayores probabilidades de tener éxito en el trabajo o de tener buenas amistades, o incluso de tener una relación romántica íntima.[283]

De adolescente, Steve (una de las personas citadas al principio de esta sección) se sentía un bicho raro cuando no compartía el interés de sus compañeros por las actividades románticas. Si un comando de psicólogos del desarrollo lo hubiera inspeccionado, quizá alguno de ellos se habría preocupado. Pero como Brooke Douglas descubrió cuando puso a prueba ese tipo de suposiciones, a los adolescentes que no tienen relaciones románticas a menudo les va mejor que a los que sí las tienen. Steve tenía treinta y nueve años cuando compartió la historia de su vida, y aún no había tenido ninguna cita. Como tantos otros solteros por naturaleza, tiene una vida auténtica, una vida con riqueza psicológica, llena de viajes, aventuras y un trabajo que le encanta. Vive feliz para siempre.

Nuestras vidas sensoriales

Disfruté del aroma del pollo asado goteando sobre patatas asadas.

—Marie (cuarenta y seis años, California del Norte),
al describir un viaje a París

Durante lo peor del COVID, fui muy cuidadosa. Mantenía las distancias con otros humanos y ni siquiera salía hacer las compras. Incluso después de que la amenaza parecía haber remitido un poco, mantuve la cautela. Sabía que el COVID podía ser espantoso, incluso mortal, y que, a mi edad, mi riesgo se amplificaba. Pero, aunque pudiera esquivar los síntomas más amenazadores, había uno que no creía poder soportar: la pérdida del gusto. Me encanta la buena comida. Fantaseo con ella todos los días. La comida deliciosa, bien presentada, me hace muy feliz. No entiendo todos esos artículos en Internet que explican cómo deshacerse del olor de la comida después de cocinar. Adoro esos aromas flotando por toda la casa. Si al día siguiente me despierto y aún permanece un leve aroma de la cena de anoche en el aire, empiezo el día sonriendo.

Basándome en las historias que me han contado, creo que es muy probable que las personas solteras por naturaleza, más allá de nuestra orientación o atracción sexual o romántica, valoremos las experiencias sensuales. Me parece que se asemeja a nuestra inclinación a disfrutar de las cosas, de la que hablé en el capítulo sobre la soledad. Los sabores, los olores, los paisajes, los sonidos, los sentimientos y las sensaciones que nos producen alegría son ejemplos de la sensualidad de nuestras vidas. Cuando le pregunté a Eva (cuarenta y cuatro años, Londres, Inglaterra) qué la hacía feliz, desplegó una larga lista, un compendio de sensualidad. Entre los puntos figuraban «un paseo temprano por el parque viendo un glorioso amanecer, mientras siento la brisa fresca en mis mejillas» y «sábanas frescas después de un buen baño con aceites y sales».

Para Craig (cuarenta y un años, Newport News, Virginia) es el sonido de la música lo que despierta su pasión, sobre todo en los conciertos. Va a conciertos, piensa en conciertos y, durante los últimos años, estuvo escribiendo en su blog sobre cada concierto al que ha asistido. «Los conciertos son mi medicina», dice. «Cuando estoy bailando en un show, todos mis problemas desaparecen y vivo el momento».

La actividad física puede resultar sensual y estimulante. Esto es lo que Catherine Clifford, una corredora de ultramaratón, compartió en su ensayo «On Running and Asexual Embodiment» («Sobre correr y la corporeidad asexual»):

Soy corredor desde hace más de veinte años y, como tal, pienso en mi cuerpo como en el cuerpo de un corredor. Cuando corro, mis piernas y mis pulmones vuelven inmediatamente a los ritmos y movimientos del ritual corporal familiar. Al correr, existo como un ser a la vez más poderoso y más sabio.[284]

El tacto puede ser una de las experiencias sensuales más poderosas, y hay muchos tipos de contacto más allá del sexual. Me encanta abrazar. Me encanta saludar a mis amigos y familiares con abrazos, o al menos a los que no tienen aversión al tacto. En *Amigos: el poder de nuestras relaciones más importantes*, Robin Dunbar sugiere que no siempre reconocemos lo placenteros que pueden ser todos esos abrazos y caricias y todas las demás formas de contacto físico que mantenemos con nuestras amistades. Todas las experiencias sensoriales que compartimos con nuestros amigos, como «la risa, el canto y el baile, contarse historias o compartir banquetes», también pueden darnos un lindo subidón natural, señala.[285]

Eva disfruta de los placeres táctiles de los masajes. Durante el CO-VID, Ketaki (treinta y cuatro años, Manipal, la India) echaba de menos el contacto humano. Se lesionó cerca del inicio de la pandemia y agradeció el contacto que formaba parte de las sesiones de fisioterapia. Ninguna de las personas que entrevisté mencionó las fiestas de abrazos —lugares seguros para disfrutar de caricias y abrazos afectuosos y no sexuales—, pero en tiempos pospandémicos, supongo que oiré hablar de ellas más seguido.

> Mis dos perros me avisan cuando llega el correo y se les da bien mantenerme los pies calientes en invierno. Acurrucarme con ellos me hace feliz.
>
> —Sonya (cuarenta y siete años, Parkersburg, Virginia Occidental)

A veces, el tacto viene acompañado de otros placeres sensoriales. Nuestras mascotas, por ejemplo, pueden ser amorosas compañeras que nos brindan calor, ronroneos, mimos y mucha alegría. Iris (sesenta y cinco años, Portugal) se acurruca con su gato de diez años frente a la CNN y Netflix. Los bebés también pueden ser así. Maria (cincuenta y dos años, Beverly, Massachusetts) tiene una sugerencia para las personas que buscan más caricias no sexuales de las que reciben: ser voluntaria en el hospital local para sostener a los bebés de la unidad de cuidados intensivos neonatales.

Las personas que obtienen un gran placer de la sensualidad, y no solo de la sensualidad que forma parte de las experiencias sexuales, tienen un acceso fácil y casi ilimitado a la alegría. Nadie necesita intimidad, ni ningún tipo de pareja, para mirar por una ventana bien ubicada, o para empaparse de la vista una y otra y otra vez. Los amantes de la comida pueden disfrutar de esa sensualidad varias veces al día, todos los días. Craig nunca se cansa de la música. Los perros de Sonya nunca aburren ni molestan; son perpetuos generadores de felicidad. Catherine, que lleva décadas corriendo distancias de una duración escandalosa, a veces a través de arboledas, sigue cosechando «las bendiciones del bosque» en cada oportunidad. Cuando los solteros por naturaleza creamos hogares que son santuarios sensuales, disfrutamos de las comodidades que hemos creado en todos los momentos del día que pasamos allí.

INVERTIR EL GUION

«Losing at Love? A Coach May Help» («¿Pierdes en el amor? Un terapeuta puede ayudarte») [286]

—Titular del *New York Times*

En un artículo de un blog llamado «"Losing at Love?" You're Playing the Wrong Game» («"¿Pierdes en el amor?". Estás jugando al juego equivocado»), Lucas Bradley señalaba que los lectores del artículo del *Times* estaban perdiendo en las citas y las relaciones románticas, no en el amor en sus formas más generosas y expansivas. Dijo que él prefería contar las formas en que está ganando en el amor, y enumeró diez ejemplos, como:

- Cuando el trabajo creativo de otra persona me emociona hasta las lágrimas, estoy ganando en el amor.
- Cuando mi gato me saluda y ronronea al llegar a casa, estoy ganando en el amor.

- Cuando veo a alguien con quien no he hablado en semanas o meses y la conversación se retoma como si fuera ayer, estoy ganando en el amor.
- Cuando veo cómo las relaciones crecen de manera orgánica con otros en mi vida sin necesidad de forzar las cosas para que sean de una determinada manera, estoy ganando en el amor.
- Cuando acepto la totalidad de mi experiencia vital y comprendo que no hay necesidad de exponerla al juicio de los demás para mi validación, estoy ganando en el amor.

Nuestras vidas íntimas

A menudo me siento abrumada por la cantidad de amor que hay en mi vida, de mis amigos, mi familia y los animales que tengo la suerte de conocer. Creo que mucha gente piensa que, si no tienes amor romántico, te estás perdiendo algo, pero habiéndolo tenido en el pasado, puedo decir con seguridad que siento que tengo más amor en mi vida ahora que cuando tenía pareja.

—CARLA (treinta y tres años, Essex, Inglaterra)

Para los solteros por naturaleza, el amor es inclusivo y sin restricciones. No intentamos confinar el amor o la intimidad a las parejas románticas, ni situamos a esas parejas en lo alto de una jerarquía. Decidimos por nosotros mismos a quién amar y qué amor nos importa más y, como Carla indicó al mencionar a los animales, nuestras vidas amorosas no solo tienen que ver con los humanos.

Mi familia y muchos amigos me quieren, y siento su amor cada día, aunque no hablemos. Mi gato me hace saber que me quiere cada vez que entro por la puerta. Mi familia de la iglesia es como mi segunda familia.

—JULIE (cuarenta y cuatro años, Raleigh, Carolina del Norte)

Muchas personas solteras por naturaleza viven solas. Eso no significa que no estemos rodeados de afecto todo el tiempo, como reveló Julie cuando dijo que siente el amor de su familia y amigos todos los días. El amor que experimentamos en etapas anteriores de la vida también puede perdurar, como señaló Joan (setenta y tres años, Newark, Delaware) cuando dijo: «Recibí muchísimo cariño a medida que fui creciendo, y creo que eso es algo que permanece conmigo como parte de lo que soy, al igual que el sentimiento de comunidad permanece conmigo, aunque ninguno de mis amigos esté físicamente presente».

Antes he hablado de los muchos tipos de seres humanos, seres no humanos y entidades significativas que forman parte de nuestros convoyes sociales. También forman parte de nuestra vida amorosa. En el pódcast «On Being» («Sobre el Ser»), Sandra Cisneros, autora de *La casa en Mango Street*, lo expresó de esta manera: «Me siento muy querida por el universo, por los árboles, por las nubes, por el cielo, por las puestas de sol, por mis perros, por las personas que forman parte de mi vida y por mis alumnos».[287]

Al enumerar las fuentes y objetos de sus afectos, Daz (treinta y ocho años, norte de Inglaterra) mencionó el arte; Sonya (cuarenta y siete años, Parkersburg, Virginia Occidental) señaló sus esfuerzos creativos; Mary (treinta y tres años, Buffalo, Nueva York) y Ketaki (treinta y cuatro años, Manipal, la India) mencionaron las plantas, las flores y la naturaleza; y Andrea (veintinueve años, Nueva York) dijo que ama sus experiencias y recuerdos. Todos nombraron también a las personas a las que querían y que los querían a ellos, pero no se detuvieron en esa categoría tan obvia.

Los solteros por naturaleza entienden la intimidad como una experiencia mucho más amplia que la mera cercanía sexual o romántica. Liz (sesenta años, Washington D. C.) dijo: «Cuando la gente comparte contigo sus penas, miedos y alegrías más profundas, eso es intimidad». Marie (cuarenta y seis años, norte de California) dijo: «Los encuentros mentales me parecen íntimos. Parece más fácil cuando se elimina cualquier dinámica sexual. Me conecto profundamente con mis amigos». La última palabra la tiene Kristin (cincuenta y cinco, Bellingham, Washington): «Cuando el padre de mi amiga Beth se estaba muriendo, recuerdo haberla abrazado mientras lloraba durante mucho tiempo. Si eso no es intimidad, no sé lo que es».

Consejos para los solteros por naturaleza

Probablemente, tu visión de la intimidad ya es mucho más amplia, inclusiva y menos crítica que la de muchas otras personas. Sabes que todo tipo de preferencias sexuales y románticas están bien, incluso no tener ningún interés. Entiendes que el amor y la intimidad van mucho más allá del amor romántico o la intimidad sexual. Sabes que apreciar la sensualidad puede ser muy gratificante y que puedes disfrutar de ella en cualquier momento del día. Lo que puedes hacer ahora, si quieres, es ser un modelo para los demás. Los demás pueden aprender mucho de ti.

Al mismo tiempo, no le debes a nadie un informe sobre tu vida sexual, tu interés romántico o tu falta de interés. Si quieres hablar de ello, hazlo sin reparos. Cuando describes de forma objetiva o entusiasta tu asexualidad, o arromanticismo, tus manías, o sexo en solitario, la desvinculación del sexo del romance o la monogamia, o cualquier otra cosa que te interese pero que pueda consternar a los demás, lo que logras es normalizarlo para el resto de personas. Te conviertes en un repelente de la vergüenza. Es algo muy poderoso e importante.

Para nuestros aliados

No preguntes por nuestra vida sexual ni esperes que te entretengamos con historias de aventuras en citas. Siéntete libre de preguntarnos por las personas que nos importan y que se preocupan por nosotros; es una forma estupenda de demostrar que tú también entiendes que el amor y la intimidad tienen muchos sabores, y nos da pie a hablar de la intimidad sexual si queremos.

Si eres educador, puedes tomar la iniciativa de introducir y normalizar todas las formas diferentes de experimentar la intimidad más allá de la sexual. Puedes evitar que las personas que no salen con nadie o que nunca han tenido una relación romántica se sientan avergonzadas y disuadir a los que puedan tener la tentación de avergonzarse. Si eres un profesional de la salud mental, mantente al día de la evolución del pensamiento y la investigación sobre experiencias como la asexualidad, el arromanticismo y el poliamor en solitario, para que puedas estar más en sintonía con lo que tus pacientes sienten o desean en realidad, aunque no tengan el vocabulario para describirlo o se sientan avergonzados por lo que quieren o no quieren.

Para los que sienten intriga por la soltería, pero también preocupación

Si no te interesa el sexo ni las relaciones románticas, la soltería es tu oportunidad de elegir la vida que más te conviene. Si tienes preferencias sexuales o románticas que se consideran inusuales, la soltería es tu oportunidad de explorarlas sin arriesgarte a la desaprobación de una pareja romántica convencional. Puedes diseñar tu propio mapa de la intimidad y reconfigurarlo cuando quieras incorporar algo nuevo. Si te atrae la vida de soltero, pero te preocupa perderte el sexo y la intimidad que podría ofrecerte una pareja romántica convencional, ten esto último muy claro. Tener una pareja romántica bajo el mismo techo no es garantía de que los dos vayáis a querer siempre el mismo tipo y cantidad de intimidad al mismo tiempo, ni de que alguno de los dos no vaya a tener alguna vez la tentación de alejarse. Y los estudios demuestran que los solteros que no están tan interesados en tener un vínculo formal están igual de satisfechos a nivel sexual que los casados.

8

Qué sucede al final de la vida

En cada etapa de tu vida, fíjate en tus opciones. Por favor, no elijas las aburridas.[288]

—Barbara Hillary

Ese fue el consejo que dio Barbara Hillary en el discurso de graduación que pronunció en la New School de Nueva York en 2017. Fue soltera toda la vida, sin hijos, y nunca eligió el aburrimiento.

Cuando se enteró de que ninguna mujer negra había llegado nunca al Polo Norte, se propuso ser la primera. Para llegar hasta allí, tenía que subirse a un helicóptero que la dejaría en Noruega. El resto del camino, otros cincuenta kilómetros, tendría que recorrerlos esquiando a campo a través hasta diez horas al día. ¿El problema? Que nunca había esquiado. «No era un deporte muy popular en Harlem», dijo con ironía[289]. Contrató a un entrenador personal, tomó clases de esquí, levantó pesas y se ejercitó en una cinta de correr.

Alcanzar la cima del mundo fue muy emocionante. «Nunca había sentido tanta alegría y emoción», afirma. «Grité y salté como una niña»[290]. Tenía setenta y cinco años.

Se supone que la vejez es el momento en que los solteros de toda la vida recibimos nuestro merecido. Claro que podemos tener nuestra independencia y nuestras aventuras, y puede que incluso algo de la felicidad de ser jóvenes y solteros, pero ¿cuán felices seremos cuando nuestra juventud y energía queden atrás? ¿Qué pasará cuando caigamos enfermos y no haya nadie para ayudarnos?

Hillary se enfrentó a graves enfermedades mucho antes de envejecer. Tuvo cáncer de mama a los veinte años. Luego, a los sesenta y siete, tuvo cáncer de pulmón. La operación le costó una cuarta parte de su capacidad respiratoria. Sin inmutarse, viajó a Quebec para pasear en trineo tirado por perros y a Manitoba para fotografiar osos polares. Después, al Polo Norte.

No había terminado. A los setenta y nueve años, viajó al Polo Sur. Allí, saboreó «la alegría del silencio».[291] Con ochenta y siete años, visitó Mongolia exterior. Cuando unos meses antes de su muerte, a los ochenta y ocho años, un periodista del *New Yorker* se puso en contacto con ella, le comentó que estaba planeando su próximo viaje, a Rusia.[292]

Los viajes de Hillary empezaron como aventuras, pero en el camino le impresionó el devastador impacto del cambio climático en lugares que llegó a amar. Dio conferencias sobre el tema y organizó futuras excursiones para aprender aún más.

Tenía una gran vida, amplia y generosa, incluso antes de sus viajes. Obtuvo una licenciatura y un máster en gerontología, trabajó como enfermera, condujo un taxi, fundó una asociación de vecinos y una revista. Cultivaba tomates y rosas y, según una amiga, le gustaban «el tiro con arco, las pistolas y los cuchillos, los camiones grandes y los perros grandes».[293] Celebraba sus cumpleaños haciéndole regalos a las personas que habían sido especialmente amables con ella ese año.

Hillary creció en la pobreza, pero les dijo a los graduados de The New School que «no existía el "ay, pobre, de mí"».[294] Cuando se propuso conquistar el Polo Norte, no tenía ni de lejos el dinero que necesitaba. Eso fue antes de los días de las iniciativas de GoFundMe y Kickstarter, así que enviaba cartas. Una de ellas iba dirigida al entonces alcalde de Nueva York, Michael Bloomberg, quien transmitió su petición al Departamento de los adultos mayores, que a su vez le envió una carta describiendo las actividades disponibles en el centro de mayores. «Si voy a ir al Polo Norte, ¿para qué demonios necesito un centro de mayores?», preguntó.[295]

No se arrepiente en absoluto de ser soltera durante toda la vida. Cuando le decían que tenía un aspecto juvenil, le atribuía el mérito a su soltería. No fingía interés por encontrar pareja para intentar encajar y no quería pasar mucho tiempo con quienes estaban preocupados por esos asuntos. Ella y dos de sus amigas que viajaban por el país se hacían llamar «Solo con invitación». «No queremos oír hablar de tu miserable matrimonio, ni de tu novio. ¿Quieres hablar de osos polares y del estado del mundo? Estás invitado», le dijo al *New Yorker*.[296]

No tener una pareja romántica no limitó la vida de Hillary ni en su juventud ni en su madurez, sino que le abrió el camino para llegar a ambos extremos de la tierra. Vivió como una soltera por naturaleza: feliz, auténtica y con gran riqueza psicológica. Invirtió el guion de la vida adulta convencional y redefinió lo que significaba vivir una vida buena y con sentido. En lugar de acomodarse a una vida doméstica aislada y depender de un cónyuge para cubrir la mitad o menos de las tareas cotidianas, en lugar de plegarse a una vida más pequeña a medida que envejecía, Hillary siguió aprendiendo nuevas habilidades y conquistando formidables hazañas, en las buenas y en las malas, tanto en la salud como en la enfermedad, hasta que la muerte la separó de la tierra.

Barbara Hillary era, por supuesto, una persona excepcional. Pero al tener una vida que parecía crecer y mejorar con el tiempo, incluso en la vejez, puede que haya sido un típico ejemplo de persona soltera por naturaleza. Se supone que la vejez es especialmente aterradora para los que llegan a ella sin una pareja romántica comprometida, pero los solteros por naturaleza cuentan una historia diferente. Para nosotros, la vejez es el momento de recoger los frutos de nuestra larga y amorosa vida de solteros.

Envejecer como soltero: por qué es cada vez mejor

El gran regalo de envejecer es la capacidad de liberarse de la responsabilidad de cómo reaccionan los demás ante uno mismo. Renunciar a esa carga conlleva un premio adicional: darse cuenta de que la desaprobación o el asombro de la gente sobre quién eres es algo ridículo.[297]

—Keturah Kendrick, *No Thanks: Black, Female, and Living in the Martyr-Free Zone* (*No, gracias: Mujer, negra y lejos de una vida de mártir*)

A pesar de todo el alarmismo sobre la vejez, la soltería y la supuesta soledad —un alarmismo dirigido con especial intensidad a las mujeres solteras—, la soltería, en algunos aspectos importantes, sigue mejorando con la edad. Y no solo para los solteros por naturaleza. Tenemos más compañeros solteros en la tercera edad que cuando éramos jóvenes.[298] A medida que envejecemos, cada vez son menos los solteros que quieren tener pareja.[299] Además, hay menos presión.[300] Aquellos familiares molestos que nos preguntaban si había alguien especial en nuestras vidas dejan de hacerlo. Ya no nos importa lo que piensen, si es que alguna vez nos importó. Si sumamos todo esto, el resultado es una gran satisfacción: a medida que envejecemos, las personas solteras están cada vez más satisfechas con su vida, por las cuatro razones que acabo de adelantar.[301]

En primer lugar, nuestras cifras. Consideremos los resultados de un informe del Centro de Investigación Pew, basado en una muestra representativa a nivel nacional de adultos estadounidenses en 2019, que se centró específicamente en los solteros en solitario: no estaban casados, no cohabitaban y no mantenían una relación romántica comprometida.[302] En general, el 31 % de los estadounidenses de dieciocho años o más lo eran. La edad, sin embargo, importaba mucho. Entre las mujeres de treinta y cuarenta años, solo el 19 % eran solteras, el porcentaje más bajo de todos los grupos de edad. Pero mira lo que ocurre a partir de los sesenta y cinco: ¡casi la mitad (el 49 %) son solteras! En la madurez, si no se tiene cónyuge ni pareja, ya no se es un caso atípico, sino prácticamente la norma. (En el caso de los hombres es diferente. El porcentaje de solteros en solitario disminuye con la edad, desde el 51 % en el grupo más joven, hasta el 27 % a lo largo de los treinta, cuarenta, cincuenta y principios de los sesenta, y desciende hasta el 21 % a partir de los sesenta y cinco).

En segundo lugar, nuestros deseos. Una investigación de más de tres mil trescientos adultos holandeses sin pareja romántica demostró que a lo largo de toda su vida adulta, desde los dieciocho hasta los setenta y cinco años, el deseo de tener una pareja seguía disminuyendo.[303] Si miras en casi cualquier estudio al azar, encontrarás lo mismo. Tomemos, por ejemplo, la encuesta de Pew de 2019.[304] En todas las edades, la mitad de los solteros dijeron que no estaban interesados en una relación romántica comprometida, ni siquiera en una cita. Los adultos más jóvenes (de dieciocho a veintinueve años) eran los más interesados: el 63 % quería una relación comprometida o al menos una cita. Pero entre los de sesenta y cinco años o más, solo el 22 % estaba interesado de alguna manera.

Jane Gross, fundadora del blog «The New Old Age» («La nueva tercera edad») del *New York Times*, nunca se ha casado. En sus veinte y treinta años, «todo lo que quería era una relación de dos personas inseparables, felices para siempre, con bebés, incluso con una suegra».[305] A los sesenta y cinco, sin embargo, se sentía diferente y se considera soltera por naturaleza: «Sé que estoy ávida de la tranquilidad de mi propia casa al final de un largo día. Y estoy agradecida por no tener que ver películas que no quiero ver, quedarme en fiestas más tiempo del necesario, comer a horas "adecuadas", recoger toallas del suelo o que alguien me siga de habitación en habitación, esperando que hable cuando no tengo ganas de hablar».[306]

En tercer lugar, las presiones. Los investigadores del instituto Pew preguntaron a los solteros cuánta presión sentían por parte de amigos, familiares y la sociedad para mantener una relación sentimental. Las tres fuentes de presión disminuyeron con la edad.[307] Alrededor de la mitad de los adultos más jóvenes (de dieciocho a veintinueve años) se sentían algo o muy presionados por los miembros de la familia y la sociedad para no estar solteros; sin embargo, en el caso de los adultos de más edad (de sesenta y cinco años en adelante), solo alrededor del 20 % se sentían presionados. Con la edad, los amigos se vuelven menos molestos, pero en general lo son menos que la familia y la sociedad: incluso entre el grupo más joven, solo el 28 % dijo sentirse presionado por sus amigos para abandonar la soltería. Los solteros de más edad son los más felizmente libres. Más de la mitad de los que tienen sesenta y cinco años o más dicen no sentir presión alguna por parte de amigos, familiares o la sociedad.

En cuarto lugar, la satisfacción. Los estudios sobre adultos sin pareja demuestran que, a partir de los cuarenta, están cada vez más satisfechos con su soltería. Un grupo de investigadores lo descubrió al estudiar a solteros alemanes,[308] y otro grupo descubrió lo mismo al estudiar a solteros holandeses.[309] Un estudio sobre adultos estadounidenses de mediana edad comparó, durante un periodo de cinco años, a más de mil personas que siempre habían estado solteras con más de tres mil que habían estado casadas de forma continuada.[310] Había mayor probabilidad de que las solteras estuvieran de acuerdo con afirmaciones como: «Me juzgo por lo que yo creo que es importante, no por los valores que los demás creen importantes» y «Tengo confianza en mis opiniones, aunque sean diferentes de la forma de pensar de la mayoría».

Si puede ser muy bueno para todos los solteros en solitario, se pone aún mejor para los solteros por naturaleza. Nosotros sabemos de qué se trata. Llevamos preparándonos para esto desde que nos reconocimos como solteros por naturaleza y nos comprometimos con la vida que más amamos.

INVERTIR EL GUION

«Tal vez las personas solteras solo después de la mediana edad (en torno a los cuarenta), cuando ya ha pasado el periodo de mayores oportunidades de formar pareja para ambos sexos, llegan a aceptar su soltería y logran encontrar la mejor manera de ser felices con ello a medida que se hacen mayores».[311]

—YOOBIN PARK, ELIZABETH PAGE-GOULD y GEOFF MACDONALD,
««Satisfying Singlehood as a Function of Age and Cohort»
(«La soltería satisfactoria en función de la edad y la cohorte»)

Los científicos sociales intentan explicar el descubrimiento de que los solteros de entre cuarenta y ochenta años están cada vez más satisfechos con su soltería a medida que envejecen. Imagínate que hubieran constatado lo mismo en el caso de los casados (no sucedió) y hubieran dicho lo siguiente: «Tal vez los individuos casados solo después de la mediana edad (en torno a los cuarenta), cuando ha pasado el periodo de mayores oportunidades de tener aventuras para ambos sexos, llegan a aceptar el hecho de estar casados y logran encontrar la mejor manera de ser felices con la vida matrimonial a medida que se hacen mayores».

Más alegría, más riqueza psicológica, más autenticidad

Cuanto más tiempo estoy soltera, más me gusta. No puedo imaginarme la vida de otra manera.

—SONYA (cuarenta y siete años, Parkersburg, Virginia Occidental)

Para casi todas las personas solteras por naturaleza, la soltería mejora con el tiempo. Los rasgos distintivos —la alegría, la riqueza psicológica y la autenticidad— se experimentan aún con más profundidad. Marie (cuarenta y seis años, norte de California) estuvo de acuerdo con la idea de mayor alegría cuando dijo que su vida de soltera «es cada vez más dulce». MaryL (Los Ángeles) dijo: «Tengo sesenta y dos años y la vida está *tan* buena que a veces me asusta».

A lo largo de nuestra vida adulta alimentamos intereses y pasiones que hicieron que nuestra vida tuviera riqueza psicológica y fuera coherente con quienes somos de verdad. Al no tener una pareja romántica en el centro de nuestras vidas, no necesitamos doblegar o negar nuestros deseos o planes para acomodarnos a ella. Como no estuvimos marcando el tiempo, esperando y deseando que apareciera esa pareja, no pospusimos vivir nuestra soltería de la manera más plena y completa que nos permitían nuestras oportunidades y recursos. Continuamos aprendiendo y creciendo. En el estudio sobre la mediana edad en el que se comparó durante un período de cinco años a personas solteras de toda la vida con personas casadas de forma continuada, era más probable que las personas solteras estuvieran de acuerdo con afirmaciones como «Creo que es importante vivir nuevas experiencias que cuestionen tu forma de pensar sobre ti mismo y sobre el mundo».[312]

En la madurez seguimos siendo nosotros los que decidimos. Si, por ejemplo, queremos seguir trabajando hasta una edad avanzada, aunque no necesitemos el dinero, lo hacemos. Por el contrario, las decisiones de las personas casadas suelen estar influidas por si su cónyuge quiere que sigan trabajando, según demuestran las investigaciones.[313]

Algunos de nosotros hemos tenido que luchar para llegar al punto de reconocer y abrazar nuestro verdadero yo soltero por naturaleza, como ya he comentado. Las presiones sociales que nos empujan a todos a emparejarnos y a creer que la vida en pareja es la vida natural, normal y superior, son implacables. Hay mucho que superar. A los treinta años, si teníamos amigos y parientes que ya marchaban por la senda de la pareja convencional, o padres que nos hacían saber sus deseos de que encontremos pareja con aún más insistencia, a algunos de nosotros nos puede haber resultado bastante difícil mantenernos firmes y resistirnos a que las semillas de la duda se implantaran en nuestras almas. Cuando superamos los treinta años y entramos en la mediana edad, pudimos vivir con más confianza y autenticidad, y nuestra soltería fue cada vez mejor.

Carla (Essex, Inglaterra) tenía solo tenía treinta y tres años cuando compartió por primera vez la historia de su vida conmigo, pero ya tenía una sabia percepción de la dinámica psicológica de envejecer estando soltera. «Mi experiencia real de la soltería no ha cambiado mucho», afirma. «Siempre ha sido buena y siempre he preferido vivir sola a vivir con otras personas. Mi *percepción* de la soltería ha cambiado mucho para mejor, sobre todo porque pude escuchar mis verdaderos sentimientos y no lo que se supone que debo sentir. Ahora no me veo cambiando. Aparte de mi dolor por la pérdida de papá, en el resto de mi vida nunca he sido más feliz».

Conseguir vivir con autenticidad puede ser una de las recompensas más profundas de abrazar nuestra vida de solteros. Ginny (cincuenta y nueve años, Ontario, Canadá) dice: «A medida que pasa el tiempo, siento que soy más yo misma. Estoy expresando opiniones que nunca me habría atrevido a expresar antes, aceptando sentimientos que antes reprimía, poniendo límites a las interacciones humanas que me agotan». Peggy (sesenta y siete años, Atlanta, Georgia) dijo: «Estoy más segura y cada día que pasa me conozco mejor a mi misma».

Invertimos en nuestra propia vida

Empecé a planificar mi jubilación a los treinta años porque era la única que iba a poder hacerlo. Solo cuento con mis propios ingresos. He fijado y cumplido objetivos financieros, me compré una casa para poder envejecer tranquila y me mantengo al día con los seguros de jubilación. Me siento muy segura en mi planificación para la vejez.

—SONYA (cuarenta y siete años, Parkersburg, Virginia Occidental)

Según el estereotipo, las personas del grupo demográfico de Barbara Hillary tienen cinco puntos en contra: son mayores, son mujeres, no tienen cónyuge, no tienen hijos y son negras. Se presupone que tienen una mala salud a nivel físico y emocional, que son una carga social y un lastre para los servicios médicos. Una profesora de trabajo social, Julie Cwikel, quería saber si algo de eso era cierto.[314] Ella y sus colegas abordaron los cuatro primeros de esos supuestos obstáculos, analizando los datos de más de diez mil mujeres australianas de setenta años. Compararon a las solteras de toda la vida que no tenían hijos con mujeres casadas con y sin hijos, y con mujeres casadas anteriormente con y sin hijos.

Descubrieron que, en la edad madura, las solteras de toda la vida no solo igualaban a las demás mujeres, sino que las superaban en muchos aspectos. Eran las más optimistas y las menos estresadas. Tenían redes sociales más amplias que las casadas. Tenían más probabilidades de ser miembros activos de grupos sociales formales. Estaban sorprendentemente más sanas: tenían el menor número de diagnósticos de enfermedades graves y el índice de masa corporal más saludable; tenían menos probabilidades de ser fumadoras y más probabilidades de no beber. No suponían una carga para el sistema sanitario cuando necesitaban asistencia, ya que era probable que tuvieran su propio seguro médico privado. Tampoco suponían una carga para sus familias. No tenían más probabilidades de ser atendidas por familiares que el resto de las mujeres. Los investigadores concluyeron que, lejos de ser un grupo «problemático», «sus experiencias vitales y oportunidades las habían preparado para una vejez fructífera y productiva».

También en los Estados Unidos, a los solteros de toda la vida, cuando llegan a la vejez, les suele ir mejor que a sus compañeros que apostaron por el matrimonio. Los científicos sociales se sentaron con quinientas treinta personas de sesenta y cinco años o más que estaban divorciadas, habían enviudado o siempre habían sido solteras.[315] Entrevistaron tanto a hombres como a mujeres, y reclutaron tantos a negros como blancos de manera deliberada. Preguntaron a los participantes sobre las tensiones de sus vidas. ¿Había alguien que se ocupara de ellos si necesitaban ayuda? ¿Tenían a alguien con quien compartir sus experiencias cotidianas? ¿Era cada vez más difícil tener una vida social activa? ¿Tenían la intimidad que deseaban? ¿El futuro les parecía más difícil?

Al igual que en el estudio australiano, fueron los solteros de toda la vida los que señalaron sentir menos tensión. En el estudio estadounidense, esto era especialmente cierto en el caso de los solteros de toda la vida de origen racial negro. Las personas mayores que habían estado casadas con anterioridad eran los que tenían menos probabilidades de contar con la ayuda que necesitaban, o con la vida social o la intimidad que deseaban. Eran los divorciados y viudos, más que los solteros de toda la vida, los que no tenían a nadie con quien compartir sus experiencias cotidianas y los que se mostraban menos optimistas sobre el futuro. En un estudio sobre ancianos holandeses, los que siempre habían estado solteros también estaban más satisfechos con su vida que los divorciados o viudos.[316]

Tal vez para los mayores que habían estado casados, la soltería fue un *shock*. Quizá pensaban que, al haber encontrado pareja, tenían la vejez cubierta. Se habían asegurado a la Mágica y Mítica Pareja Romántica. Su cónyuge estaría allí para envejecer con ellos y cuidarlos. Los solteros por naturaleza tenemos una perspectiva totalmente distinta. Una vez que abrazamos nuestra verdadera soltería por naturaleza, no contamos con un futuro cónyuge, real o imaginario, para que nos cuide, nos solucione problemas o nos brinde respaldo económico. En lugar de eso, invertimos en nosotros mismos, invertimos en Los Elegidos (en lugar de El Elegido) y nos preparamos para una soltería que durará toda la vida.

Lo más importante es abrazar nuestro estilo de vida e invertir en él. Algunas personas estuvieron casadas en el pasado. Algunos intentaron poner una pareja romántica en el centro de sus vidas una y otra vez, hasta que se dieron cuenta de que estaban corriendo detrás de la versión de la buena vida de otro, no la suya propia. Nunca es demasiado tarde para comprender quién eres de verdad, y luego cosechar los frutos de vivir en consecuencia.

Optimismo: es el tema que aparece una y otra vez. En el estudio australiano, las más optimistas eran las mujeres de setenta años, solteras y sin hijos. En el estudio estadounidense, fueron los solteros de toda la vida los que menos dijeron que el futuro les parecía difícil. La Asociación Americana de Jubilados (AARP, por sus siglas en inglés) también encontró pruebas del optimismo de las «personas mayores solitarias», personas de más de cincuenta años que viven solas, no están casadas ni tienen una relación de pareja duradera, y no tienen hijos vivos.[317] Estas personas mayores solitarias tenían casi las mismas probabilidades que los demás adultos de su grupo de edad de sentirse muy o extremadamente optimistas sobre su calidad de vida a medida que envejecían, y eran un poco menos propensos a sentirse pesimistas. Solo el 13 % afirmaba sentirse triste.

Es sorprendente que todos estos grupos sean tan optimistas. Los solteros de toda la vida de los dos primeros estudios nunca hicieron lo que las ideologías y mitologías imperantes les decían que debían hacer: encontrar al Elegido o Elegida y crear una vida en torno a esa persona. Se les enseñó que ese era el billete a la felicidad y la fuente más verdadera y profunda de confianza y optimismo. En el estudio australiano, los solteros de toda la vida tampoco tenían esa otra fuente de sentido tan aclamada y la supuesta razón para interesarse por el futuro: no tenían hijos. Los solteros encuestados por la AARP podían haber tenido o no cónyuge o pareja en el pasado, pero ahora no tenían pareja, ni hijos, y vivían solos. Incluso una vez se les llamó de manera condescendiente y engañosa «huérfanos ancianos».

Los escritores de las narrativas deficitarias de la soltería miran a todas esas personas y esperan encontrarlas revolcándose en la autocompasión. En lugar de eso, se muestran confiados y optimistas. Es más, su optimismo les resulta especialmente útil. En *Happy Singlehood* (*Soltería Feliz*), Elyakim Kislev señala que tanto las personas casadas como las solteras son más felices cuando son más optimistas. Pero el vínculo era aún más fuerte en el caso de los solteros. Obtenían incluso más felicidad de su optimismo que las personas casadas.[318]

Sobre todo para los solteros, nuestro optimismo es poderoso porque nos lo hemos ganado. Gracias a que desafiamos durante toda la vida el relato que nos decía que nuestras vidas no estaban a la altura de las vidas de las personas con pareja, persistimos. Nos advirtieron de que no podríamos hacerlo, pero lo hicimos. Construimos nuestras propias vidas, llenas de alegría, riqueza psicológica y autenticidad.

Apostamos por «Los Elegidos»

Quienes han limitado su interacción social al cónyuge o pareja no suelen reintegrarse cuando la relación ha terminado.[319]

—Jan Eckhard, sociólogo, «Social Isolation as a Consequence of Transitions in Partner Relationships» («Aislamiento social como consecuencia de transiciones en las relaciones de pareja»)

Los solteros por naturaleza no nos involucramos de manera romántica con otra persona, no ponemos a esa persona en el centro de nuestras vidas ni degradamos a nuestras amistades. Seguimos valorándolos y es más probable que acojamos a nuevos amigos en nuestras vidas y que no marginemos a los que ya tenemos que las personas que no son solteras por naturaleza. A medida que envejecemos, los que nunca nos hemos casado también nos ahorramos otra posible experiencia de pérdida de amigos: no cedemos la custodia de ningún amigo tras un divorcio, como ocurre, por ejemplo, cuando algunos amigos se ponen de parte de un ex.

Enviudar puede ser incluso una mayor causa de aislamiento que divorciarse, sobre todo en la madurez. En el estudio de la Universidad de Heidelberg sobre casi treinta y un mil rupturas de relaciones entre adultos alemanes, el sociólogo Jan Eckhard descubrió que las personas más jóvenes que experimentaban divorcios u otros finales de relaciones románticas a veces quedaban aisladas socialmente durante unos años, pero muchas acababan reconstruyendo sus redes sociales.[320] Es más difícil para las personas mayores cuyo cónyuge ha fallecido. Los ejemplos extremos son el 9 % de las personas que están casadas o viven con una pareja romántica y no tienen ningún otro contacto social, ni con amigos ni con familiares, y no participan en ningún club ni organización cívica. Son los más propensos a aislarse y permanecer aislados tras la muerte de su pareja. Quizá se tomaron demasiado en serio la letra de la canción de amor, al mirar a su cónyuge y pensar: «Tú lo eres todo para mí». Luego, cuando su cónyuge moría, se quedaban sin nadie.

Bronnie Ware, enfermera australiana que pasó años trabajando en cuidados paliativos, escuchó muchas epifanías de personas que se estaban muriendo. Las describió en su libro de éxito internacional *Los cinco mandamientos para tener una vida plena*.[321] El cuarto arrepentimiento más común era: «Ojalá hubiera seguido en contacto con mis amigos». Los solteros por naturaleza tienen más probabilidades de seguir en contacto con sus amigos y, por tanto, menos de morir con ese arrepentimiento. (Luego hablaré del arrepentimiento número uno).

A lo largo de nuestra vida adulta, los solteros —y en especial los solteros por naturaleza— nos destacamos por abrazar a nuestros Elegidos y Elegidas en lugar de solo a El Elegido o La Elegida. Es normal que tengamos más amigos, invertimos más en ellos y sacamos más provecho de nuestras amistades. Pensamos en las personas que nos importan de una forma más amplia. Para nosotros, la palabra «relación» no significa solo una romántica; tenemos relaciones con muchos tipos de personas diferentes. Y la familia no son solo las personas con las que estamos emparentados por sangre, matrimonio o adopción. Nosotros decidimos quién cuenta como familia.

A medida que envejecemos, todas estas dinámicas psicológicas siguen siendo igual de importantes, o se vuelven aún más importantes. El estudio sobre el rol significativo de la amistad en noventa y nueve países que he mencionado antes demostró que las personas que valoraban a sus amigos tenían más probabilidades de ser felices, gozar de buena salud y estar satisfechas con su vida.[322] También demostró que la valoración de la amistad parecía ser incluso más beneficiosa para la felicidad, la salud y la satisfacción vital de las personas mayores que para las jóvenes.

Pero con demasiada frecuencia se refiere a los amigos como «solo amigos», personas que no son tan importantes en el gran esquema de las cosas. Según las historias que nos han contado toda la vida, se supone que nadie es mejor para nuestra salud psicológica que un cónyuge. A medida que envejecemos, se supone que un cónyuge es la persona que mejor nos protege de sentirnos solos, deprimidos o estresados. Se nos dice que quien no tiene cónyuge haría bien en tener a alguien lo más parecido posible a uno. Hay una jerarquía de cuatro categorías. A las personas mayores que viven con una pareja romántica que no es su cónyuge no les irá tan bien como a los casados, pero les irá mejor que a los solteros que salen con alguien, que a su vez les irá mejor que a los que no tienen ningún tipo de pareja romántica. Pero ¿es eso cierto?

Matthew Wright y Susan Brown, de la Universidad de Bowling Green, pusieron a prueba la sabiduría convencional.[323] En su muestra nacional representativa de adultos estadounidenses de entre cincuenta y siete y ochenta y cinco años, no encontraron diferencias significativas de ningún tipo entre las mujeres de las cuatro categorías. Su posición en la jerarquía de parejas sentimentales no tenía nada que ver con lo solitarias, deprimidas o estresadas que se sentían. Para los hombres, tener una pareja romántica era más importante que para las mujeres. Por ejemplo, los hombres que vivían en pareja tenían menos probabilidades de sentirse deprimidos o solos que los solteros. Sin embargo, los hombres que salían con alguien no tenían mejores resultados que los solteros, y los casados estaban más deprimidos que los que cohabitaban.

Lo que sí importaba, tanto para las mujeres como para los hombres, era sencillo: tener amigos y familiares que los apoyaran. Las mujeres y los hombres que tenían amigos o familiares en los que podían confiar, personas a las que podían acudir cuando tenían un problema, eran los que tenían más probabilidades de estar protegidos contra la depresión o el estrés. Las mujeres con amigos o familiares que las apoyaban también estaban protegidas contra la sensación de soledad.

En un estudio realizado por Ashley E. Ermer y Christine M. Proulx sobre dos mil trescientos adultos estadounidenses de sesenta y dos años o más, las investigadoras descubrieron que quienes tenían más confidentes y personas a las que podían acudir cuando necesitaban ayuda tenían menos probabilidades de sentirse deprimidos o solos, y también eran más felices.[324] Contar con ese apoyo social era beneficioso para todas las personas mayores, más allá de si tenían pareja o no. Sin embargo, en aspectos importantes, las personas mayores solteras estaban incluso mejor que las personas mayores con pareja. Nombraban a más gente que estaba a su lado como confidente o ayudante. Estaban emocionalmente más unidos a esas personas. En comparación con las que tenían pareja, consideraban más probable que sus familiares estuvieran a su lado y tenían más interacciones con sus vecinos. Quizá lo más importante es que los mayores solteros sacaban aún más provecho de las personas importantes de sus vidas. Tener confidentes y ayudantes potenciales los protegía de la depresión y la soledad incluso más que a las personas con pareja, y también estaba relacionado con una mayor felicidad.

Para algunos solteros, nadie es más importante que sus familiares. Brandy Renee McCann y Katherine R. Allen lo descubrieron cuando hablaron largo y tendido con el tipo de mujeres solteras que los investigadores suelen descuidar: las pobres de zonas rurales.[325] Las catorce mujeres del estudio eran todas mayores y de clase trabajadora, con edades comprendidas entre los cincuenta y dos y los setenta y dos años, que habían nacido en la zona rural de los Apalaches y seguían viviendo allí. Se describían a sí mismas como cristianas evangélicas o como «creyentes». Algunas estaban separadas, divorciadas o eran viudas, y otras siempre habían sido solteras. Unas pocas vivían con niños mayores que dependían económicamente de ellas y dos cuidaban de sus padres y vivían con ellos; las demás vivían solas. Puede que fueran solteras y vivieran solas, pero casi todas vivían en terrenos familiares y rodeadas de familia. Las casas de los familiares directos y lejanos estaban a menudo a pocos pasos de distancia.

La familia formaba parte de su vida cotidiana y, para la mayoría de ellas, siempre había sido así. Crecían juntos, practicaban juntos el culto y ahora, en la edad adulta, se apoyaban mutuamente. Las solteras que no tenían hijos mantenían una estrecha relación con sus sobrinas y sobrinos. Nueve de las catorce mujeres no tenían ningún interés en las relaciones románticas; eran aquellas cuyas vidas estaban más interconectadas con las de sus parientes cercanos y que se sentían más realizadas por sus familias. Para ellas, emparejarse «trastocaría la vida familiar», señalaron McCann y Allen.[326] Poner a una pareja romántica en el centro de sus vidas haría que estas fueran más pequeñas y quizá incluso menos significativas y satisfactorias.

«¿Quién dirías que es tu familia ahora?». Erin S. Lavender-Stott y Katherine R. Allen plantearon esa pregunta en sus entrevistas en profundidad a trece mujeres lesbianas y bisexuales de entre cincuenta y tres y setenta y dos años que llevaban solteras al menos cinco años.[327] No estaban casadas legalmente ni mantenían una relación sentimental duradera. Habían vivido la mayor parte de su vida adulta antes de que se legalizara el matrimonio entre personas del mismo sexo en los Estados Unidos, y siete de ellas habían tenido matrimonios heterosexuales antes de divorciarse y formar relaciones con personas del mismo sexo y luego quedarse solteras. Solo a una de las trece mujeres le disgustaba estar

soltera. Las demás describieron su soltería como feliz, liberadora y psicológicamente enriquecedora.

En respuesta a la pregunta sobre la familia, nombraron a miembros
convencionales de la familia como padres, hermanos, exmaridos, exparejas, exsuegros, hijos, nietos, sobrinas y sobrinos. Pero también incluyeron
a otras personas que consideraban familia, como amigos íntimos (algunos de los cuales llevaban décadas en sus vidas) y niños, como los hijos
de un vecino. Como tantas otras personas *queer* antes que ellos, su concepto de familia era amplio e inclusivo. Tenían familias que elegían, no
solo familias convencionales.

Las comunidades *queer* están entre las que abrieron el camino a la
creación de familias de elección. Ahora les siguen muchos otros, incluidos los solteros de más edad, y no solo los que pertenecen a minorías
sexuales o de género. En la edad adulta, los solteros (divorciados, viudos
o siempre solteros) tienen más probabilidades que las que tienen pareja
(casadas o que cohabitan) de nombrar a una persona que no es pariente
como parte de su familia, según reveló un estudio de más de seiscientos
adultos holandeses.[328] Su condición de solteros no limita el tipo de personas que acogen en sus vidas, sino que lo amplía.

~~Las amistades llenan el vacío de muchas personas que viven~~
~~solas.~~[329] —Informe de la AARP sobre personas mayores
solitarias
¡Corregido!
*Un cónyuge llena el vacío para muchas personas que están casadas
y no tienen amigos íntimos.*

Aún nos encanta nuestra soledad

Una característica que comparten casi todas las personas solteras por
naturaleza es el amor por la soledad. La edad no importa y tampoco lo
demás. Amamos nuestra soledad y siempre lo hemos hecho. No necesitamos aprender a estar solos. Eso viene de forma natural. Algunos tuvimos que aprender a resistirnos a la insinuación de que amar nuestro tiempo

a solas significaba que había algo mal en nosotros. Pero al llegar a la madurez, eso ya lo hemos superado. Ya no estamos acomplejados, si es que alguna vez lo estuvimos. Nos damos cuenta de que florecer en soledad es una gran fortaleza.

También nos hemos beneficiado de construir el tipo de vida que era probable que nos iba a proteger de la soledad. Como demuestran los estudios que ya he descrito (y otras investigaciones también han documentado), tener una pareja romántica en la vejez puede no importar mucho, en especial para las mujeres. Lo que sí importa es tener amigos o familiares que te apoyen. La mayoría de las personas solteras por naturaleza han estado atendiendo a sus amigos y familiares todo el tiempo.

Incluso entre las personas que no son solteras por naturaleza, la vejez puede ser una época de menor soledad y de mayor comodidad con la soledad, mucho mejor de lo que las miradas alarmistas nos han hecho creer. Si preguntamos a los adultos menores de sesenta y cinco años cómo creen que será su vida cuando sean mayores, tres de cada diez dicen que les preocupa sentirse solos. Pero en el mismo estudio, menos de dos de cada diez que tenían sesenta y cinco años o más dijeron que se sentían solos.[330]

También hay pruebas que sugieren que, en la inmensa mayoría de los casos, cuando las personas mayores están solas, eso es lo que quieren. En Vancouver, Canadá, se contactó a cien adultos de entre cincuenta y ochenta y cinco años varias veces al día durante diez días, y en cada ocasión se les preguntó si estaban solos o interactuando con otras personas, y si querían estar solos o con otros. Alrededor del 85 % de las veces, cuando estaban solos, querían estarlo.[331]

Incluso durante lo que podrían haber sido los peores tiempos para ser mayor y estar solo, varios meses después del inicio de la pandemia, el típico adulto mayor no parecía sufrir mucho por la soledad impuesta. En el Reino Unido, se pidió a más de dos mil personas de tres grupos de edad (adolescentes, mediana edad y ancianos) que describieran una experiencia reciente en la que hubieran estado solos.[332] Las personas más propensas a describir que se sentían en paz en su soledad eran los más ancianos, de sesenta y cinco años o más. Eran menos propensos a quejarse de no tener nada que hacer que los adolescentes (de trece a dieciséis años). Solo el 2 % de los participantes de más edad dijeron sentirse aislados de los demás.

Más de la mitad de los adultos más mayores y de los adultos de mediana edad (de treinta y cinco a cincuenta y cinco años) hablaron de la libertad de la que disfrutaban cuando estaban solos. Dijeron que les gustaba su propia compañía y que apreciaban poder hacer lo que quisieran, libres de cualquier presión social. Menos de una cuarta parte de los adolescentes dijeron algo parecido. En los tres grupos, los que dijeron que les gustaba la libertad que tenían cuando estaban solos se sentían más en paz en su soledad que los que no dijeron nada al respecto. Pero las personas de más edad parecían ser las más beneficiadas. Nadie estaba más en paz en soledad que los adultos de más edad que decían que, cuando estaban solos, se sentían a gusto consigo mismos y libres.

●　　●　　●

Durante décadas, G. Clare Wenger y Vanessa Burholt, de la Universidad de Gales, estudiaron a personas mayores (de sesenta y cinco años o más) en zonas rurales del país, intentando comprender la compleja interacción entre el aislamiento social y la soledad.[333] Para ser considerados socialmente aislados, los participantes debían cumplir más de un criterio: por ejemplo, vivían solos y nunca salían de casa o no tenían parientes cercanos ni teléfono. En el caso de algunos ancianos, la psicología del aislamiento social era justo lo que cualquiera esperaría: si estaban aislados, se sentían solos, y si no lo estaban, no. Pero los investigadores también descubrieron ancianos con amplios contactos sociales que seguían sintiéndose solos y, lo que es más intrigante, hablaron con personas que, según las mediciones objetivas, estaban aisladas, pero no se sentían solas. Los más aislados siempre habían sido solitarios, aunque otros mantenían alguna relación con amigos o vecinos. Muy pocos tenían hijos. En Navidad, algunos estaban solos, porque era su forma favorita de celebrarlo. No sé qué esperaban los investigadores cuando se presentaron formalmente para entrevistar a estas personas, pero lo que informaron después es que a menudo se encontraban con personas alegres y agradables. Eran personas que disfrutaban de su propia compañía. Uno de los entrevistados dijo que echaba de menos a su mujer, fallecida veintidós años antes. Sin embargo, a sus ochenta y cuatro años, seguía trabajando como jardinero y nunca se sintió solo. No sé si se identificaría como soltero por naturaleza, pero por la forma en que ha florecido en su soledad, sin duda es uno de los nuestros.

No pretendo desestimar el dolor de las personas que realmente se sienten solas. Es un tema importante y debe tomarse en serio. Pero sería erróneo y contraproducente suponer que todos, o incluso la mayoría, de los ancianos se sienten solos. Algunos disfrutan de su soledad y todos los solteros por naturaleza la disfrutamos. Valoramos la combinación perfecta de tiempo a solas y tiempo con otras personas.

Nuestras casas continúan siendo nuestros santuarios

Cuando reformé mi casa, tuve una charla en privado con mis constructores y ahora tengo una escalera que podría quitarse con facilidad y sustituirse por un ascensor y un cuarto de baño que podría convertirse en uno más cómodo con una puerta corrediza. Así que espero poder quedarme en esta casa, que me encanta, la mayor parte de mi vida, si no toda.

—CARLA (treinta y tres años, Essex, Inglaterra)

La encuesta realizada por la AARP entre personas mayores solas reveló que la mayoría de ellas se sentían bien viviendo solas; el 60 % lo asociaba con ser independiente.[334] Los solteros por naturaleza compartimos ese sentimiento, probablemente en mayor número. En comparación con las personas que no lo son, somos más los que vivimos solos, y queremos seguir viviendo así, en nuestra propia casa, todo el tiempo que podamos.

Faltaban décadas para la vejez de Carla, a quien he citado antes, pero ama su soledad y ama su casa, y a los treinta y tres años ya estaba pensando en cómo podría arreglárselas para permanecer allí el mayor tiempo posible. Es otro ejemplo de cómo los solteros por naturaleza invertimos en nuestra soltería a lo largo de toda la vida, para aumentar las probabilidades de seguir viviendo la vida que queremos al envejecer.

Algunos solteros por naturaleza prefieren vivir con otras personas. En cualquier caso, lo que todos queremos al envejecer es la libertad de seguir viviendo como queramos. Hay pruebas de que, en China, en la vejez, los solteros tienen más probabilidades que los casados de estar viviendo de la forma que prefieren. En un estudio sobre más de quince mil ancianos chinos, Melanie D. Sereny y Danan Gu preguntaron a los ancianos qué tipo de vida preferían (por ejemplo: solos, con su cónyuge, con hijos, en una institución) y luego compararon sus respuestas con la forma en que vivían en realidad.[335] Descubrieron que los ancianos que no estaban casados tenían más probabilidades que los que sí lo estaban de estar viviendo como querían. «Se espera que los adultos mayores chinos tradicionales vivan en la comunidad y con miembros de la familia», explicaron Sereny y Gu. Sin embargo, algunos preferían vivir solos. Los ancianos casados que no vivían como deseaban, a menudo vivían con sus hijos, cuando solo querían vivir con su cónyuge.

· ·

Nuestros modelos a seguir

Una persona a la que admiro es mi amiga Sue, tiene setenta y siete años, nos conocimos en el trabajo en 2007 y somos amigas desde entonces. Hablamos por teléfono varias veces al mes, nos felicitamos los cumpleaños, etc. Lleva varias décadas soltera, después de dos divorcios al principio de su vida decidió que no querría vivir de otra manera después de esas experiencias. Tiene una vida muy activa, con múltiples aficiones como la observación de aves y la jardinería, y es una apasionada de la política y el medio ambiente. Es el antídoto al cuento de terror sobre la soltería que no asusta con la pregunta «¿qué será de ti cuando seas viejo?» y siempre me inspira, sobre todo teniendo en cuenta que tiene una enfermedad crónica que limita su movilidad. A día de hoy sigue viviendo sola.

—LUCAS BRADLEY (treinta y siete)

· ·

¿Y si necesitamos ayuda?

«¿Quién cuidará de ti?». La pregunta sirve tanto para transmitir una preocupación real como para criticar y provocar. Cuando se dirige a una mujer más joven, pretende convencerla de que sea sensata y se case, como parte de un proceso más amplio de socialización de género, sensibilizando a las niñas para que sientan que el matrimonio les aportará la protección y la seguridad patriarcales.[336]

—SARAH LAMB, *Being Single in India* (*Ser soltera en la India*)

La vejez ya no es lo que era. Gracias a los avances de la ciencia médica y de la salud pública, en muchos países la gente se mantiene sana y activa durante más años que nunca (pandemias aparte). Cuando yo era niña, algunas personas de sesenta y cinco años se parecían más a las de ochenta de hoy. Las percepciones no se han puesto al día. Cuando se les pregunta a los adultos estadounidenses menores de sesenta y cinco años qué esperan que les ocurra cuando sean mayores, anticipan una vejez más calamitosa que la que están experimentando las personas que ahora tienen sesenta y cinco años o más. Por ejemplo, en una encuesta del Centro de Investigación Pew, el 57 % de los adultos más jóvenes esperaba experimentar pérdida de memoria, mientras que solo el 25 % de los adultos de sesenta años o más la experimentaba en realidad. El 42 % esperaba padecer una enfermedad grave, el doble de los mayores encuestados que la padecían. El 24 % esperaba ser una carga, más del doble que el 10 % de los mayores que pensaban que era de verdad una carga.[337]

Una respuesta a la pregunta de quién cuidará de nosotros es, por tanto, que, durante más tiempo del previsto, muchos de nosotros no necesitaremos mucha ayuda. Pero ¿qué ocurrirá cuando sí la necesitemos?

Llevo siete u ocho años enviando correos electrónicos a una mujer cada mañana. Empezó siendo un simple correo electrónico para comunicarnos que seguíamos vivas y bien, ya que las dos vivimos solas. Con los años, esos correos se han convertido en un lugar seguro para los dos. Fui la primera en enterarme de su diagnóstico de cáncer, y la única persona en saberlo durante un tiempo. Aunque tenía otros amigos jubilados que podían ir a ayudarla, era conmigo con quien se desahogaba (con depresión y todo). Ahora está mucho mejor y me ha dicho en numerosas ocasiones lo mucho que le ayudó saber que tenía a alguien a quien podía contarle cualquier cosa y sabía que nunca me iría a ninguna parte. Sé que si llegara el momento en que necesitara a alguien, ella estaría ahí para mí, al igual que algunos otros amigos.

—Kendra (sesenta y nueve años, San Francisco, California)

En uno de los anuncios de televisión más famosos de todos los tiempos, una anciana, la Sra. Fletcher, está tendida en el suelo de su cuarto de baño, con su andador volcado al lado. «Me he caído y no puedo levantarme», grita. Pero se pondrá bien, porque tiene un dispositivo de alerta médica con el que puede pedir ayuda. El anuncio se hizo viral. Ha aparecido en populares programas de televisión y ha sido objeto de repetidas parodias.

Sin embargo, no es ninguna broma que la gente intente utilizar ejemplos como ese para tratar de asustar a las personas que quieren vivir solas. ¿Y si te caes y no hay nadie? ¿Y si sufres un derrame cerebral? ¿Y si te pones enfermo de repente y no puedes coger el teléfono? Y si, y si, y si, y si. ¿No se dan cuenta los solteros de que necesitan casarse, o al menos emparejarse y vivir con una pareja por su propia seguridad?

Me han presentado ese argumento con toda seriedad. Claro, me encanta ser soltera y vivir sola, pero algún día pasará algo, me dicen, y entonces desearé estar casada.

Es un argumento extraño pensar que debería pasar toda mi vida adulta viviendo de una manera que no quiero vivir, casada con alguien cuando quiero estar soltera, solo para tener una pareja romántica que se abalance sobre mí y me salve cuando me haya caído y no pueda levantarme. (Creo que a eso se le llama utilizar a alguien). Es interesante que la persona que se hizo famosa en el anuncio fuera la «Sra.» Fletcher. No la salvó su cónyuge. Tener una pareja romántica, aunque sea joven y sana, no es garantía de que vaya a estar ahí cuando te caigas. Las parejas románticas a menudo tienen trabajo. A veces viajan. A veces salen a hacer recados o a hacer ejercicio. Y si bien es cierto que una pareja romántica que está lejos podría contactarse todos los días y sabría si algo anda mal, Kendra (citada anteriormente) organizó el mismo sistema de controles diarios con una amiga.

Creo que el anuncio tiene razón. Si quieres sentirte seguro de que tendrás ayuda cuando la necesites, olvídate de un cónyuge. Tu mejor opción bien podría ser algún tipo de dispositivo de alerta médica. Joan (setenta y tres, Newark, Delaware) tiene uno en su casa:

Tengo un sistema de Medical Guardian que me permite presionar un botón y, si no respondo cuando alguien intenta llamarme, llaman a mis contactos y envían a los primeros en responder. También tengo un llavero electrónico en mi puerta, como los que usan los agentes inmobiliarios, y la empresa de alarmas les dará el código a los primeros en responder para que puedan entrar. Varios amigos también tienen ese código. Como todo esto sugiere, ciertamente he contemplado las implicancias de envejecer sola y he tomado precauciones razonables.

La mirada alarmista sobre envejecer sin un cónyuge rara vez se centra solo en experiencias únicas, como caerse. Los «¿Y qué pasaría si…?» son mucho más amplios: ¿Qué pasará conmigo, una persona sin pareja romántica comprometida (y sin hijos tampoco), cuando enferme o resulte gravemente herida y necesite mucha ayuda durante mucho tiempo?

Kristin (cincuenta y cinco, Bellingham, Washington), una ávida ciclista, estaba en un momento muy feliz para ella. Montaba su querida bicicleta, Silver, por el costado de la carretera camino a recoger comida para llevar de su restaurante tailandés favorito. En un instante, un conductor distraído chocó contra ella, y cayó cuesta abajo dando vueltas. Cuando llegó al fondo, el hueso del brazo superior estaba destrozado, el del hombro fracturado y todas las costillas de un lado de su cuerpo rotas. Tenía dos fracturas en la columna, el cráneo fracturado, el hígado desgarrado, los pulmones colapsados y la arteria carótida colapsada. Una de sus manos colgaba del brazo. La escena del accidente fue tan espantosa que los funcionarios asumieron que había muerto.

Kristin tenía cuarenta y seis años en ese momento y vivía sola. No tenía pareja romántica. Había estado casada, pero la relación había terminado hacía años. Tenía familia, pero no cerca. No tenía hijos. Algunos dirían que no tenía a nadie. ¿Quién iba a estar allí para ayudarla en ese momento?

La historia de Kristin puede perturbar a muchos que de otra manera podrían sentirse atraídos por la soltería. Las personas solteras a menudo se preocupan por desafíos menores, como encontrar a alguien que se quede con ellas durante un procedimiento médico ambulatorio. Kristin se enfrentaba a seis semanas de hospitalización, seguidas de tres meses de atención domiciliaria, y después otros seis de rehabilitación ambulatoria. En revistas de medicina, los médicos han especulado, sin evidencia, que las personas solteras que enfrentan diagnósticos desafiantes y regímenes de tratamiento pueden carecer del «espíritu de lucha» que necesitan para sobrevivir.[338] No conocen a Kristin.

Sus padres volaron para estar a su lado, preocupados no solo por sus lesiones catastróficas, sino por la posibilidad de que estuviera sola por completo. Pero Kristin era una dedicada voluntaria en el refugio de animales del pueblo, y sus compañeros, también voluntarios, se presentaron en masa. Había hecho amigos en un grupo de juegos de preguntas y respuestas; ellos también acudieron. Así lo hicieron otros amigos y varios de sus vecinos. Incluso su ex estuvo allí para ella. Tanta gente quería visitar a Kristin que el personal del hospital tuvo que reprogramarlos o echarlos. Hoy está de vuelta en el ciclismo, el voluntariado, la escritura y sacando adelante su trabajo como artesana, con incluso más amigos que antes.

¿Sobrevivió Kristin a pesar de estar soltera? Creo que prosperó *porque* lo era; y no solo soltera, sino soltera por naturaleza. Se había casado antes, pero encontró esa vida aislante y deprimente. Más tarde, sin una pareja romántica en el centro de su vida esperando ser priorizada y puesta en primer plano, Kristin era libre de invertir tanto tiempo y energía emocional como quisiera en tantas personas diferentes como quisiera. No necesitaba estar involucrada a nivel sexual o romántico con una persona para tratarla con gran cuidado y atención, y para recibir ese cuidado y atención cuando lo necesitaba. Compañeros voluntarios, amigos de noches de juegos, amigos, vecinos e incluso animales fueron todos bienvenidos en el cálido abrazo de Kristin. No tenía «El Elegido», tenía «Los Elegidos», y esa era su fuerza secreta.

¿Te parece extraordinaria la historia de Kristin? Ella es, sin duda, una persona extraordinaria. Pero la historia de personas solteras que obtienen la ayuda que necesitan puede parecer poco común solo porque no se cuenta tan seguido.

La historia de Kristin no fue la única que podría haber elegido para mostrar cómo las personas solteras reciben ayuda cuando la necesitan durante un largo período de tiempo. Joan (setenta y tres, Newark, Delaware) fue diagnosticada con cáncer en etapa 4 cuando tenía sesenta y cinco años. No tenía esposo ni pareja romántica, ni hijos, y sus padres habían fallecido. Sin embargo, tenía amigos queridos de toda la vida y algunos primos también. Estuvieron allí para ella en cada paso del camino. En mi investigación para *How We Live Now* (*Cómo Vivimos Ahora*), entrevisté a Lucy, que tenía setenta y un años cuando le diagnosticaron cáncer. Al igual que Joan, nunca se había casado y no tenía hijos, y sus padres habían fallecido. Sus familiares restantes vivían a más de mil kilómetros de distancia. Sin embargo, tenía muchas personas que estaban allí para ella: «Los Ángeles de Lucy», que ascendían al increíble número de cuarenta y nueve amigos listos para ayudarla.

Los amigos no tienen la obligación de acudir de la misma manera que lo haría un cónyuge o pareja romántica comprometida. Esta es una de las razones por las que las personas que tienen ese tipo de pareja pueden sentirse más seguras de que serán cuidadas que las personas solteras. Sin embargo, es una seguridad frágil, y no solo porque las parejas románticas no siempre están disponibles o no pueden ayudar. A veces, cuando una persona en una pareja casada enfrenta problemas de salud graves, la otra huye.

Un estudio de veintisiete mil un matrimonios estadounidenses reveló que cuando una esposa (pero no un esposo) contraía una enfermedad grave, aumentaba la probabilidad de divorcio.[339] En un estudio de casi ocho mil parejas casadas estadounidenses, las posibilidades de divorcio aumentaban si un esposo (pero no una esposa) se veía limitado en los tipos de trabajo que podía hacer debido a su salud.[340]

Incluso cuando un cónyuge apoya a su pareja que enferma de gravedad, no siempre son de gran ayuda. Un estudio de ciento dos mujeres con cáncer de mama descubrió que sus seres queridos (la mayoría de los cuales eran esposos) eran útiles cuando las mujeres tenían problemas con tareas físicas, como levantar, llevar o alcanzar cosas. Sin embargo, cuando las mujeres estaban más angustiadas, sus seres queridos no eran igual de útiles. Cuando intentaban ayudar, sus intentos eran ineficaces; las mujeres no se sentían menos angustiadas y no se recuperaban más rápido.[341]

Un estudio de más de treinta y ocho mil mujeres estadounidenses con cáncer de mama reveló que tener un cónyuge no influía para nada en la probabilidad de supervivencia de las mujeres.[342] Eran las mujeres que tenían amigos cercanos, familiares o hijos quienes tenían más probabilidades de seguir vivas hasta doce años después de su diagnóstico. Las mujeres casadas tenían a «El Elegido» y eso no las salvó. Les fue mejor a quienes contaban con «Los Elegidos» (amigos, familiares o hijos).

Por supuesto, no todas las personas casadas o con pareja eligen vivir la pareja de manera tan intensiva, buscando que sea la única persona importante en su vida, la que satisfaga todos sus deseos y necesidades. Sin embargo, aquellos que lo hacen son los más propensos a estar en riesgo. Por ejemplo, en un estudio británico, eran más propensos a experimentar problemas de salud mental que las personas en pareja que tenían otros confidentes y compañeros.[343]

Las ventajas de tener a «Los Elegidos» en lugar de a «El Elegido» no son solo psicológicas. De manera práctica también, los sistemas de apoyo multicapa pueden proporcionar protección. Si alguien en la red de Kristin tenía otros compromisos, enfermaba o simplemente estaba en un mal momento emocional, Kristin no quedaba tan vulnerable como podría haber estado si hubiera contado solo con un cónyuge para todas sus necesidades. Las personas que brindan apoyo también se benefician de manera práctica y emocional cuando la carga única o principal no recae solo sobre ellos. Pueden brindar el tipo de ayuda que desean dar, cuando pueden proporcionarla, sin preocuparse de que, si no se involucran, nadie más lo hará. Ahora existen plataformas en línea que facilitan eso, como CaringBridge.org y LotsaHelpingHands.com.

● ● ●

Además de la Mítica y Mágica Pareja Romántica, otra persona también es aclamada como clave para una vejez segura, una forma de asegurarnos de que habrá alguien allí para cuidarnos cuando necesitemos ayuda: los hijos adultos. Son los Hijos Salvadores. Algunos solteros por naturaleza tienen hijos, pero la mayoría de nosotros no.

Al igual que las parejas románticas, los hijos adultos también tienen sus propias vidas. No siempre están disponibles para ayudar o no pueden hacerlo. Algunos viven lejos de sus padres. Otros no los ayudarían incluso si vivieran cerca. En los Estados Unidos, por ejemplo, se estima que más de una cuarta parte de los adultos están distanciados de un miembro de la familia.[344]

En una encuesta realizada en tres naciones, se preguntó a los hijos adultos cuánta ayuda real necesitaban sus padres.[345] En Italia, solo el 18 % cuyos padres tenían entre sesenta y cinco y setenta y cuatro años dijo que necesitaban ayuda para manejar sus asuntos o cuidar de sí mismos. En los Estados Unidos, el 15 % dijo lo mismo, y en Alemania, solo el 11 %. De los padres que eran aún mayores (setenta y cinco años o más), un mayor número necesitaban ayuda, pero de nuevo, la mayoría no. En Italia, el 48 % de los hijos adultos dijo que sus padres de setenta y cinco años o más necesitaban ayuda para manejar sus asuntos o cuidar de sí mismos. En los Estados Unidos y Alemania, los porcentajes fueron solo del 33 % y 29 %, respectivamente.

En cuanto a la asistencia financiera, en los tres países, es mucho más probable que los padres ancianos ayuden económicamente a sus hijos adultos que viceversa. En los Estados Unidos y Alemania, el porcentaje de padres que ofrece ayuda financiera a sus hijos es el doble del que recibe, y en Italia, la proporción es el triple.

Algunos padres mayores se sienten mejor si viven con o cerca de sus hijos adultos, quizás en parte porque se sienten tranquilos pensando que estarán disponibles para ayudarlos si es necesario. En un estudio de adultos viudos mayores de sesenta y cinco años en los Estados Unidos, aquellos que vivían con sus hijos o cerca de ellos se sentían menos angustiados que aquellos cuyos hijos vivían a más de una hora en coche, si tenían una buena relación.[346] Pero también había gastos. Era menos probable que los padres viudos que vivían con sus hijos adultos se vieran con amigos, familiares o vecinos. Se perdían esas otras posibles fuentes de compañía y apoyo.

En algunos países, se da por sentada la devoción filial. En la India, por ejemplo, se requiere por ley que los hijos adultos paguen una asignación mensual a sus padres. Es común que los padres ancianos vivan con sus hijos adultos y sus familias. Pero entre las viudas con solvencia económica que viven en áreas urbanas de la India, la socióloga Jagriti Gangopadhyay está descubriendo que algunas optan por vivir solas.[347] Aprecian la mayor libertad y control sobre sus vidas que viene de tener su propio espacio. Todavía están en contacto cercano con sus hijos y a menudo aseguran que la relación con ellos es más fuerte y menos tensa a nivel emocional porque no viven juntos. Cuando necesitan ayuda, confían en conductores, criadas y otros empleados contratados.

Las personas sin hijos en la India no reciben las asignaciones mensuales de parte de los hijos adultos con la que cuentan los padres indios, y tampoco tienen la posibilidad de obtener apoyo emocional de los hijos. ¿Y si tampoco tienen cónyuge ni pareja romántica, y están viviendo solas en medio de una pandemia? Durante el aislamiento por el virus COVID-19, la investigadora de estudios de la mujer Ketaki Chowkhani entrevistó a personas entre las edades de cuarenta y cincuenta que no estaban casadas ni en una relación romántica, no tenían hijos y vivían solas.[348] A diferencia de las viudas estudiadas por Gangopadhyay, estas personas solteras a largo plazo dependían principalmente de redes de amigos, de familiares, de la familia elegida y de colegas de trabajo, en lugar de ayuda contratada. Incluso cuando no podían ver a esas personas de manera presencial, se mantenían conectadas de otras maneras. También eran hábiles para funcionar de manera exitosa en su soledad. Se cuidaban y mantenían su salud y bienestar comiendo bien, haciendo ejercicio, durmiendo lo suficiente, teniendo una rutina, disfrutando de sus formas favoritas de entretenimiento y dedicando tiempo a sus intereses creativos y espirituales.

Cuando llegue el momento, si llega, en que ya no podamos cuidarnos por nosotros mismos, los solteros por naturaleza deberemos renunciar a parte de nuestra preciada soledad e independencia. Aquellos de nosotros que amamos vivir solos deberemos hacer espacio para otra persona en nuestro hogar. No tendremos un cónyuge y muchos de nosotros no tendremos hijos, pero eso no significa que no tendremos a nadie. Como he mencionado antes, algunas personas solteras ya están haciendo planes para compartir un hogar con amigos cuando envejezcan, y otros se han mudado juntos incluso antes de envejecer. No tenemos que resolverlo por nuestra cuenta si no queremos. Están surgiendo nuevos arreglos muy innovadores todo el tiempo, como aquellos que conectan a personas mayores que tienen hogares y necesitan ayuda con personas más jóvenes que necesitan un lugar para quedarse y quieren ayudar.

Otra posibilidad es que necesitemos o deseemos mudarnos a viviendas asistidas u otras instalaciones especiales como centros de ayuda de la memoria si estamos lidiando con demencia. En algún momento de la vida también podemos necesitar a alguien que vele por nosotros cuando estamos hospitalizados e incluso cuando no lo estemos. Lo que más necesitaremos si ya no podemos cuidarnos a nosotros mismos son recursos financieros. Con suficiente dinero, podemos contratar a alguien, mudarnos a una vivienda asistida o emplear asistentes de salud en el hogar o empleados que vivan con nosotros. Sin embargo, esos gastos pueden ser desalentadores, y como mostraré en el próximo capítulo, las personas solteras a menudo somos víctimas de una sistemática e injusta discriminación financiera a lo largo de toda la vida. Hasta que se implementen las reformas necesarias, es posible que tengamos que prestar más atención a los asuntos financieros, y desde una edad más temprana, que nuestros pares más privilegiados.

> ~~¿Quién estará allí para ayudarte?~~
> **¡Corregido!**
> *¿Quién estará allí para ayudarte si conviertes a tu cónyuge o pareja romántica en el centro de tu universo, degradas a todos los demás y luego esa persona se va?*

¿Morirnos solos? No nos da miedo

Solían estar de moda unas encuestas alarmistas sobre mujeres solteras, que decían cosas como: «Ocho de cada diez mujeres van a morir solas, rodeadas de diecisiete gatos». Pero a eso le agregaría: «O tal vez todo termine de una manera espantosa».[349]

—BARBARA ELLEN, «Loneliness Is One Thing. A Happy Loner Quite Another» («La soledad es una cosa, un solitario feliz es otra»)

Los solteros por naturaleza simplemente no tienen miedo de estar solos. No tememos pasar mucho tiempo solos, dormir solos, despertar solos, cenar solos, viajar solos, vivir solos ni envejecer solos. Y tampoco tememos morir solos. Cuando le pregunté a los solteros por naturaleza que compartieron sus historias de vida conmigo si tenían miedo de morir solos, varios dieron alguna versión de lo que dijo Eleanore (sesenta y cuatro años, Sídney, Australia): «Nunca he entendido eso de morir solo».

No tenía sentido preocuparse por eso, explicaron algunos, porque todos nos morimos solos. Carla (treinta y tres años, Essex, Inglaterra) lo expresó así: «En última instancia, puedes estar en una habitación llena de personas que te aman y aun así debes dar ese paso final solo». Julie (cuarenta y cuatro años, Raleigh, Carolina del Norte) dijo que no estaría sola: «Siempre tengo a Jesús».

«Incluso si estas casado durante toda tu vida, solo una persona de la pareja va a tener a su cónyuge al lado en el momento de la muerte», dijo Sonya (cuarenta y siete años, Parkersburg, Virginia Occidental), repitiendo un punto que otros también hicieron. En cierto modo, la perspectiva de Sonya es optimista. Pasar toda la vida casado no garantiza que alguno de los cónyuges tenga al otro a su lado cuando muera, o a cualquier otra persona. Mi padre murió en el suelo de un baño de una habitación de hospital cuando le estalló un aneurisma. No sé cuánto tiempo estuvo allí solo antes de que una enfermera lo encontrara y un médico intentara reanimarlo. Había vivido su vida de la manera que se respeta y celebra y se supone que te protege contra morir solo: estuvo casado con mi mamá durante toda su vida adulta, y tenía cuatro hijos adultos que habrían hecho cualquier cosa por él, y también nietos. Pero fue después de la medianoche cuando murió, y mi madre había salido de su habitación y regresado a casa una hora antes más o menos. Ninguno de los hijos o nietos estaba en la ciudad.

Ahora ha surgido toda una industria de comadronas de la muerte, voluntarios de hospicio y otros especialistas para garantizar que Nadie Muera Solo (NMS)*. Pero académicos y periodistas que estudian la muerte y las maneras de morir han descubierto que a algunas personas les gustaría morir solas. Es su elección, su propia versión de una buena muerte. En su investigación para su libro *Dying Alone: Challenging Assumptions* (*Morir en soledad: desafiando los prejuicios*), la socióloga Glenys Caswell habló sobre los deseos con personas mayores en el Reino Unido que vivían solas.[350]

---

* N. de la T.: En inglés original: *No One Dies Alone* (NODA).

También entrevistó a personas en duelo sobre sus experiencias, así como a enfermeras de cuidados paliativos, trabajadores de hospicios, directores de funerarias y forenses. Las personas mayores que vivían solas dijeron que valoraban su independencia y que estaban más preocupadas por ver amenazada esa independencia (como el hecho de necesitar cuidados) que por morir en soledad. En su estudio sobre los tipos de muertes que generan mucha atención mediática y lástima en el público, Caswell informó que los cuerpos que son encontrados días o incluso años después de su muerte, «en la mayoría de los casos, era la muerte de una persona privada a la que le gustaba su propia compañía».

Tanto Caswell como Ann Neumann, autora de *The Good Death* (*La Buena Muerte*), señalaron un fenómeno que casi todos los trabajadores de hospicios y enfermeros de cuidados paliativos han presenciado: el paciente moribundo tiene seres queridos que hacen vigilia; luego, justo cuando salen de la habitación por un momento, el paciente muere.[351] Una madre soltera que escribió un texto como invitada para uno de mis blogs bajo el nombre de «Think Again» («Piensa de nuevo») compartió: «Espero que mis hijos estén a mi lado y tengan la oportunidad de despedirse, pero no quiero que ninguno de ellos sienta la presión de sostener mi mano las 24 horas del día, los siete días de la semana hasta que llegue mi momento».[352] También escribió que no necesitará su presencia, ni la de nadie más, para saber que la querían. «No importa dónde esté, si estoy sola o rodeada de extraños, no cambia lo que hay en mi corazón y en el corazón de quienes amo».

Como es típico de los solteros por naturaleza atender a «Los Elegidos» durante toda la vida, es poco probable que mueran solos si no lo desean. Pero algunos sí lo desean, o estarían en paz con ello si sucediera de esa manera. David (sesenta y cinco años, Austin, Texas) dijo: «En realidad preferiría enfrentar la muerte de manera consciente y con interés y no distraerme reaccionando o reconfortando a otros que están en un estado de angustia por mi partida». Joan (setenta y tres años, Newark, Delaware) expresó sentimientos similares: «Mi foco está en no morirme en condiciones que podrían haberse evitado si la ayuda necesaria hubiera llegado a tiempo, pero una vez que esté muriendo, no quiero que nadie me hable al oído. No tendría problema alguno de que sucediera cuando estoy sola». Marie (cuarenta y seis años, norte de California) dijo: «Si muriera sola mañana, trascendería este plano en presencia del amor propio». Y finalmente, Donna (cuarenta y nueve años, Seattle, Washington) dijo: «Soy como un viejo perro de campo. Cuando sea mi momento, quiero arrastrarme hasta el fondo de la casa y estar sola cuando suceda».

Nuestros modelos a seguir

Conocí a Dave y Rex por primera vez en los años 80 cuando todos vivíamos en el mismo piso de nuestra residencia universitaria. Los tres nos hicimos amigos cuando salíamos por las noches hasta la tienda de dónuts abierta las 24 horas cerca del campus y a frecuentes proyecciones de películas como *La revancha de los novatos* y *El sentido de la vida*. Treinta y cinco años después, Dave estaba tendido en una cama de hospital con soporte vital después de contraer meningitis. Llamé a Rex, quien estaba a su lado. Me dijo que la ciencia médica indicaba que Dave ya nos había dejado. Las máquinas estaban programadas para apagarse al día siguiente una vez que llegaran sus padres. Rex puso el teléfono en altavoz para que pudiera despedirme. Hizo lo mismo con todos los amigos de Dave que lo llamaron. Nunca nos casamos ni tuvimos hijos. Pero poco después de graduarnos de la universidad, Dave se involucró con la organización de mentores *Big Brother*. Años después, se convirtió en mentor en DeMolay International, una organización para jóvenes de doce a veintiún años. Varias de las personas que llamaban a Rex en el hospital eran personas a las que Dave había ayudado como mentor cuando eran adolescentes. Y mientras ponía el teléfono en altavoz, escuchó cómo uno tras otro describía cuánto significaba Dave para ellos, incluido cómo había ayudado a dar forma a estos jóvenes desde su adolescencia hasta los hombres adultos en los que se habían convertido. Era, a su manera, un modelo a seguir. Casados o solteros, con o sin hijos propios, todos podemos influir en la vida de otras personas y dejar un legado.

—ELLIOTT LEWIS (Syracuse, Nueva York)

Para la mayoría de las personas solteras, morir solas nunca será un problema. Como he dicho antes, las personas solteras suelen tener redes sólidas de amistades y familiares que tienen una importancia afectiva para ellas. Si no solo son solteros, sino también solteros por naturaleza, no han dejado de lado a las personas importantes en sus vidas para priorizar a una pareja romántica. Esas personas probablemente estarán allí al final del día si así lo desean. Y, como ilustra la historia de Elliott, a veces las personas solteras que no tienen hijos propios han sido mentores y modelos a seguir para otros jóvenes, cuyas voces agradecidas y cariñosas pueden estar entre las últimas que escuchan.

Mayores y casados: algunos quieren lo que los solteros por naturaleza tenemos

> Vivía sola, pero me sentía menos sola que nunca antes en mi vida. La gente emitía juicios; yo no les hacía caso. Algunos hacían preguntas; yo no las respondía. Otros, principalmente mujeres, lo entendían, porque ellas también habían experimentado la soledad insoportable del matrimonio.[353]
>
> —RUTH WILSON, *The Jane Austen Remedy*
> (*El remedio de Jane Austen*)

Ruth Wilson había estado casada durante cincuenta años cuando se mudó a una cabaña para vivir sola. «Anhelaba tomar decisiones sin que me cuestionaran, ser la que a veces tenía la última palabra», explicó. «En particular, estaba cansada de estar rodeada de personas cuyos valores ya no podía fingir que compartía».[354] Permaneció casada, pero abrazó lo que los solteros por naturaleza quieren tanto: la soledad, el espacio, la libertad de ser la que decide, de vivir según sus propios valores y de invitar a su vida a las personas que quería tener en su vida y no a las que no quería. Describió ese tiempo como «los mejores años de mi vida».[355]

Después de alcanzar su punto máximo en 1980, la tasa de divorcios en los Estados Unidos disminuyó. Sin embargo, hay una excepción importante: entre las personas de cincuenta años o más, las tasas se duplicaron entre 1990 y 2015.[356] Los jóvenes (menores de cuarenta) todavía se divorcian en tasas más altas en general, pero su tasa de divorcio está disminuyendo, mientras que la de las personas mayores está aumentando. Algo más llama la atención en el grupo de cincuenta años en adelante: un número muy sustancial de ellos permanece soltero. Susan L. Brown y sus colegas siguieron a estadounidenses en ese grupo de edad durante diez años después de su divorcio y encontraron que el 62 % de los hombres y el 77 % de las mujeres no se habían vuelto a casar y tampoco habían cohabitado.[357] Algunos de ellos pueden haber querido volver a formar una pareja, pero simplemente nunca encontraron a la persona adecuada. Otros en cambio, después de años de ir por el camino de la vida convencional, pueden haber sentido que apartarse y disfrutar de lo mejor de la soltería era una gloriosa recompensa.

En general, las tasas de divorcio son más altas entre las personas que han estado casadas durante menos tiempo. Sin embargo, en 2015, de las personas de cincuenta años o más que se habían divorciado, un tercio de ellas había estado casada durante al menos treinta años.[358] Deirdre Bair quería entender por qué las personas se divorciaban tarde en la vida después de décadas de matrimonio, así que entrevistó a trescientas diez personas que lo habían hecho. Aquí está la descripción de Bair sobre lo que le dijeron: «La mayoría de ellos mencionaron la palabra "libertad". Otra palabra que escuché mucho fue "control": querían tenerlo para sí mismos durante el resto de sus vidas… Mujeres y hombres por igual querían tiempo para descubrir quiénes eran».[359]

Al igual que las personas que son solteras por naturaleza, estas personas que pusieron fin a matrimonios duraderos querían su libertad, querían ser quienes tomaban las decisiones y querían vivir de manera auténtica. «Para estas personas», dijo Bair, «el divorcio no significaba fracaso ni vergüenza, sino oportunidad».[360]

Sin arrepentimientos

Ojalá hubiera tenido el coraje de vivir la vida que yo quería, y no la vida que los demás esperaban de mí.[361]

—El arrepentimiento número uno de las personas que están por morir, según el informe de Bronnie Ware en *Los cinco mandamientos para tener una vida plena*

Como cualquier otra persona, nosotros, los solteros por naturaleza, podemos tener todo tipo de arrepentimientos al momento de morir, pero nos libraremos del más común y fundamental de todos: vivir la vida que se suponía que debíamos vivir, en lugar de la versión más auténtica de nuestra vida. Desafiamos una de las normas más poderosas sobre cómo vivir: nunca fuimos a buscar a El Elegido y luego organizamos el resto de nuestras vidas en torno a esa persona. En cambio, fuimos fieles a nosotros mismos. Abrazamos con amor nuestra soltería. Invertimos en nosotros mismos. Invertimos en Los Elegidos. Al final, en lo que respecta a la autenticidad, estaremos en paz.

Cuando los solteros por naturaleza compartieron conmigo qué expectativas tenían sobre la forma en que mirarían hacia atrás y reflexionarían sobre el pasado, me expresaron sentimientos de confianza y orgullo, no arrepentimiento. Claudia (sesenta y nueve años, Washington D. C.), por ejemplo, dijo: «Creo que cuando esté dando mis últimos alientos, al revisar todas las cosas que he hecho, los lugares que he visitado, sentiré que tuve una vida y que la viví». No pospuso la búsqueda de sus sueños con la esperanza de encontrar una pareja romántica para hacerlo juntos. Al igual que otras personas que son solteras por naturaleza, está viviendo una vida plena, llena de riqueza psicológica, alegría y autenticidad.

También puedo contaros sobre la experiencia real de una de mis queridas participantes en el estudio cuando llegó la hora de su muerte. Carol, la persona a la que describí que se convirtió en una «rockera» en Londres a los cincuenta y uno, venció al cáncer varias veces a lo largo de su vida adulta. Cuando sucedió de nuevo antes de cumplir los sesenta, una vez más intentó todos los tratamientos disponibles, pero esta vez no funcionaron. Sus médicos le dijeron que no podían hacer nada más por ella. Llamó para contarme la terrible noticia. Hablamos, lloramos y nos dijimos cuánto nos queríamos. Cuando colgué, me sentí devastada. Pero también sentí muchísimo orgullo por Carol. Vivió una buena vida, ella sabía que había vivido una buena vida y estaba en paz.

En uno de los últimos correos electrónicos que me envió antes de morir, Carol me contó que le preguntaron si quería hablar con un terapeuta. Ella dijo que no pensaba que fuera necesario, pero aun así lo hizo. Después, la psicóloga estuvo de acuerdo con ella: no necesitaba un terapeuta. «Me dijo que era una persona completamente realizada», me contó Carol. «Me dio una felicidad enorme. Ese era el objetivo de mi vida y lo he logrado».

Consejos para los solteros por naturaleza

Para continuar viviendo una vida plena y satisfactoria en la vejez, mantén tus lazos con las personas que disfrutas tener en tu vida. Prestar atención a «Los Elegidos» en lugar de solo a «El Elegido» puede ser una fortaleza especial a lo largo de la vida, pero quizás aún más en la vejez. No terminarás estando solo por tu cuenta por primera vez, preguntándote cómo te las arreglarás. Te las has arreglado, y con éxito, durante décadas.

Cuídate de la manera que mejor funcione para ti. El autocuidado no es solo un capricho; es una inversión en tu salud, felicidad y paz mental.

Piensa con tiempo en los formatos de vivienda que serán más adecuados a medida que envejeces. Si deseas seguir viviendo en tu propio espacio tanto tiempo como sea posible, busca un lugar que sea adecuado para la edad o modifica tu propio espacio. ¿Prefieres vivir con otras personas o cerca de ellas en una comunidad intencional? Investiga sobre viviendas compartidas o comunidades colaborativas. ¿Tienes amigos que han fantaseado con vivir juntos una vez que envejezcan? ¿Compartes esas fantasías? Si es así, verifica si tus amigos están hablando en serio y comenzad a planificar.

Piensa también en la ubicación. ¿Quieres vivir cerca de tiendas, servicios y transporte público? ¿Quieres vivir en un clima específico? ¿Quieres vivir en un lugar con servicios que sean adecuados para personas mayores? ¿Necesitas estar cerca de instalaciones médicas?

Atiende tus necesidades financieras. Cancela tus deudas si puedes. Si, en la vejez, necesitas atención a largo plazo o si deseas mudarte a un lugar como una residencia asistida, eso puede ser muy costoso en muchos lugares. Busca asesoramiento de expertos sobre asuntos tales como seguros de atención a largo plazo o planificación financiera.

Prepara tu testamento y otros documentos, como un poder notarial y una directiva anticipada sobre atención médica. Asegúrate de que las personas relevantes tengan lo que necesitarán si tienen que encargarse de ti, como los nombres de tus médicos, tus registros y contraseñas bancarias y una lista de las cuentas que deben pagarse.

Piensa en tu legado. Sin un cónyuge que espera ser tu beneficiario, tienes la oportunidad de seguir honrando a las personas y causas que te importan incluso después de tu partida.

Siente orgullo de tu amor duradero por la soledad. Nunca te acosará el miedo de pasar tiempo solo que preocupa a tantas otras personas cuando miran hacia el futuro e imaginan sus últimos años de vida.

Continúa aprovechando tu libertad y viviendo tu soltería con toda la alegría, la autenticidad y la riqueza psicológica posible. Si quieres seguir los pasos de personas como Barbara Hillary, que todavía planeaban sus próximas aventuras mientras se acercaban a los noventa, ¡no dejes que nadie te disuada! Puedes hacerlo.

Para nuestros aliados

A medida que tus amigos y familiares que son solteros por naturaleza se acercan a la tercera edad, sintoniza con lo que les encanta hacer y reconoce y apoya esos intereses. Si necesitan ayuda con el transporte u otras tareas prácticas, ofréceles tu ayuda; si tú la necesitas, pídesela.

Si eres educador, marca el rumbo enseñándoles a tus estudiantes sobre las personas solteras que tienen una vida próspera en la última etapa, en especial quienes han sido solteros toda la vida. Si eres parte del mundo creativo, destaca a las personas mayores solteras que llevan una buena vida (¡y que no buscan dejar de estar solteras!) en tus novelas, cuentos cortos, guiones, poemas, letras de canciones y otras obras de arte. Piensa en lo que han aprendido sobre la vida desde su mirada particular fuera de las formas convencionales de vivir. Esta también es una buena perspectiva para los profesionales de la salud mental, que están en una posición especial para validar la sabiduría de quienes han sido solteros durante décadas y que han tenido la fuerza para no dejarse intimidar por toda la discriminación hacia ellos que han soportado.

Si eres constructor, arquitecto, planificador urbano o legislador, piensa en cómo diseñar edificios, residencias, espacios públicos y comunidades que sean acogedores para el creciente número de personas solteras en sus últimos años. Algunos desean vivir solos en una casa y en un vecindario fácil de transitar a medida que envejecen. Otros quieren vivir con otras personas, en lugares donde cada adulto tenga su propio espacio amplio y nadie esté relegado a una habitación diseñada para un niño.

Si eres un profesional de la salud que recomienda una cirugía, procedimiento ambulatorio u otro tratamiento, pregúntanos sobre nuestros recursos y necesidades en lugar de hacer suposiciones. Algunas personas solteras necesitarán transporte o alguien que se quede con ellas si eso es un requisito. Otros tendrán amigos o familiares que estarán encantados de ayudar, y esas personas necesitarán que los enfermeros u otro personal los reconozcan y acepten, al igual que si fueran los cónyuges y los hijos adultos. Recuerda también que estas preocupaciones no son específicas de las personas solteras o de las personas sin hijos adultos. Las personas con pareja y los padres pueden tener parejas e hijos que no pueden ayudar (quizás debido a sus propios problemas de salud) o que no estén disponibles para ayudar (como, por ejemplo, cuando los hijos adultos tienen otros compromisos o viven lejos) o que no quieran ayudar.

A todos nuestros aliados: no os refiráis a todas las mujeres mayores como «abuelas». Muchas no son madres ni abuelas, e incluso entre aquellas que lo son, no todas quieren ser definidas por ese papel.

Para los que sienten intriga por la soltería, pero también preocupación

La mejor manera de saber si quieres abrazar la soltería sin aun estar seguro es probarla. Actúa como si realmente fueras soltero por naturaleza. Eso significa *invertir en ti mismo* (ir detrás de lo que es importante para ti, cuidarte bien, desarrollar tus habilidades y planificar una vida propia en lugar de depender de alguien más) e *invertir en otros* (valorar a las personas que te importan y no solo a las personas a quienes se dice que deberíamos atesorar, como la pareja romántica). Esto solo redundará en tu beneficio, incluso si al final decides que una vida en pareja más convencional es lo que quieres.

Si la soltería te suena genial, no dejes que nadie te disuada con sus sombrías predicciones de lo que puede que te suceda en la vejez. Un número incalculable de personas que abrazaron su soltería ya han demostrado que esas predicciones están equivocadas. Piensa en cambio en lo que te perderías si crees que es tu mejor vida, pero nunca te animas a vivirla.

9

La Resistencia

En mayo de 2021, apareció en mi bandeja de entrada un correo electrónico de «Youk Unt Unupalam»:

Hola, Bella,

Solo quiero que sepas que los solteros son inferiores en todos los sentidos. No valen nada, son inútiles, vagos y estúpidos. No hay nada que odie más que a los solteros. Todos están completamente defectuosos, de lo contrario alguien los amaría.

Ahora, Bella, sé que has encontrado algunas micro y macro agresiones en lo que acabas de leer, pero quiero que uses todas tus habilidades de Harvard para entender que es todo culpa tuya. Eres soltera, por lo tanto, apestas.

Apestas porque eres soltera. Dilo en voz alta. No eres nada. No vales nada.

Sí, ya sé que es un trol. No hay que alimentar a los trols. No respondí, pero me interesa saber por qué alguien como «Youk» escribiría un mensaje tan vil y se lo enviaría a alguien que ni siquiera conoce. No creo que me desprecie, ni quiere que yo sepa que me desprecia porque soy soltera. Quiere destrozarme porque estoy *felizmente* soltera y quiero seguir estándolo. Además, no me quedaré callada al respecto.

El trol está molesto por algunas de las cualidades que me hacen ser quien soy. En el centro de la soltería por naturaleza está la experiencia de la soltería como un lugar gozoso, un lugar en el que queremos quedarnos porque, para nosotros, ninguna otra forma de vivir podría ser más significativa, satisfactoria o rica a nivel psicológico. Nos permite honrar lo que somos en realidad. Logramos una vida plena al no tener que intentar organizar nuestras vidas en torno a una pareja romántica como sabemos se espera que hagamos, algo que socavaría nuestro espíritu y haría que nuestras vidas se sintieran falsas.

Hace décadas, cuando empecé a estudiar las actitudes hacia los solteros, sabía que los corrían el riesgo de ser blanco de estereotipos y estigmatización, y mi propia investigación lo confirmó.[362] Y, sin embargo, en el fondo, creo que esperaba que mi propia felicidad me protegiera de gran parte de esa negatividad. Ni una sola vez he arengado a mis amigos con historias de soltería del tipo «pobre de mí», ni les he suplicado que encontraran a alguien —¡a cualquiera!— para mí. Nunca he llamado a mi madre el día de un cumpleaños importante para llorarle porque «aún» sigo soltera.

¡Soy la soltera feliz! ¿No debería ser algo bueno? Uno de los descubrimientos más sorprendentes en todos los años que llevo siendo soltera y estudiando a los que son como yo es que no lo es.

He aprendido que mis propias expresiones de felicidad a veces se consideran sospechosas. Si estuviera casada, podría decir que soy feliz y nadie me cuestionaría; de hecho, probablemente ya lo supondrían antes incluso de que dijera una palabra.

Resistencia emocional: negarse a creer que somos felices de verdad

Como persona soltera, se supone que no debo ser feliz. He estado escuchando eso toda mi vida, y no solo a través del bombardeo cultural constante que dice que «mereces ser feliz» significa comprometerte con una pareja romántica, y «felices para siempre» significa que ya lo hiciste. Mis colegas y yo, estudio tras estudio, hemos encontrado la misma presunción de que las personas solteras simplemente no son felices, no como las personas casadas o en pareja.[363] A veces les pedimos a las personas que nos digan las características que les vienen a la mente cuando piensan en personas solteras o casadas. La felicidad es algo que se menciona con más frecuencia cuando se les pide a los participantes de nuestra investigación que enumeren las características de las personas casadas que cuando se les pide describir a las personas solteras.

284

En otros estudios, creamos pares de perfiles idénticos en todos los aspectos biográficos, excepto uno, el estado civil: en uno la persona era soltera, y en el otro, casada. Mostramos a cada uno de nuestros participantes una de las dos versiones y les preguntamos lo felices que creían que era la persona y lo felices que creían que la persona diría que era. De manera consistente todos calificaron a la persona casada como más feliz que la persona soltera, a pesar de que ambas tenían biografías idénticas, excepto por su estado civil.

En realidad, era peor que eso. Pensaban que los solteros, más que los casados, dirían que eran más felices de lo que eran de verdad. Estaban desestimando las afirmaciones de felicidad de las personas solteras.

Conozco esa sensación. He estado en muchos pódcasts. En uno de ellos, después de una hora de grabar una conversación animada e interesante, la conductora del pódcast me dijo: «Eres la persona más feliz que he entrevistado». ¡Me sentí rebosante de alegría! Luego hizo una pausa por un momento y agregó: «o al menos te presentas de esa manera».

Cuando mis colegas y yo comenzamos a descubrir que la gente ve a las personas solteras como menos felices que las casadas, y piensan que, si tan solo se casaran, serían más felices por más tiempo, creímos que podrían estar asumiendo que las personas solteras no tienen a nadie en sus vidas. Realizamos otro estudio en el que creamos nuevos perfiles de personas solteras (y casadas), dejando en claro que tenían un círculo de amigos de toda la vida, eran cercanos a sus hermanos y amigables con sus vecinos. No importó. Los participantes aún pensaban de manera abrumadora que las personas solteras eran menos felices que las personas casadas y que cuando las personas solteras decían que eran felices, estaban exagerando.

Lo intentamos de nuevo. Quizás pensaban que los solteros eran egoístas, así que hicimos otra versión del estudio que especificaba que las personas que estaban juzgando eran notablemente altruistas. Eso tampoco importó. Tampoco ayudó que dijéramos que las personas de los perfiles contaban con grandes logros profesionales o impresionante éxito material. No, no, no, no, no, insistieron nuestros participantes: las personas solteras no son de verdad tan felices; las personas casadas sí lo son. Los solteros pueden decir que son felices, pero no les creemos del todo.[364]

Es como si pensaran que casarse transforma mágicamente a una persona soltera y triste en una persona con pareja y feliz. Pero eso no sucede. Más de una decena de estudios han seguido a las mismas personas a lo largo de los años para ver si se vuelven más felices después de casarse de lo que eran antes. No les pasa.[365] A veces experimentan un aumento breve en la felicidad alrededor del momento de la boda, pero con el tiempo vuelven al mismo nivel de felicidad que sentían cuando eran solteros. Y ese breve aumento de felicidad al comienzo, a veces llamado «efecto luna de miel», lo experimentan principalmente aquellas personas que se casaron y permanecieron casadas. De media, las parejas que iban camino al divorcio ya empezaban a sentirse menos felices a medida que se acercaba el día de su boda, en lugar de más felices.

En esos estudios, los participantes ya eran felices cuando eran solteros. De media, su puntaje de felicidad los colocaba de manera muy clara en el extremo feliz de la escala. Eso también ha sido cierto en innumerables otros estudios en los que se preguntaba a personas solteras sobre su felicidad en un momento exacto en el tiempo. Probablemente más de un millón de solteros han participado en estudios así. Todavía no he encontrado ni un solo estudio en el que las personas solteras, en promedio, sean infelices. Por supuesto, hay solteros que son infelices (como también hay personas con pareja que lo son), pero son las excepciones. Si hay una conclusión fundamental sobre la felicidad de los solteros, es esta: las personas solteras son felices. Y no estoy hablando solo de los solteros por naturaleza. De media, la felicidad prevalece entre todas las personas solteras.

Los científicos sociales han contribuido a promover la narrativa de que casarse hace felices a las personas. A menudo afirman que las personas casadas son más felices que las personas solteras, sin reconocer lo que está mal con esa afirmación.[366] Por ejemplo, las personas solteras y casadas difieren en muchos aspectos además de su estado civil, y tal vez son esas diferencias, en lugar del estado civil, las que explican los distintos grados de felicidad. Además, cuando los investigadores comparan a personas actualmente casadas con aquellas que siempre han sido solteras, están ignorando a todas las personas que se casaron y luego se divorciaron; el matrimonio no las hizo felices. Quizás lo más importante, si el matrimonio realmente hiciera más felices a las personas, entonces las personas solteras que se casan deberían ser más felices sin lugar a dudas. Pero eso no es lo que sucede.

Nuestra felicidad y nuestro compromiso de permanecer solteros pueden parecer amenazantes

Una explicación inocente de la creencia de que los solteros no son felices es que las personas simplemente ignoran la verdad. Si supieran sobre la felicidad real de las personas solteras, podrían aceptarla con facilidad. Pero no lo hacen. Como mostraron mis estudios (y mis propias experiencias), las personas no aceptan de manera directa los informes acerca de la felicidad de los solteros. Insisten con que dicen que son felices cuando en realidad no lo son. Parecen estar *empeñadas* en creer que las personas solteras no pueden ser felices, que no pueden *querer* de verdad estar solteras. Si eso es lo que está sucediendo, entonces las personas no solo desconfiarán de las personas solteras que dicen que quieren estarlo, sino que también las menospreciarán.

En dos estudios, uno realizado en Estados Unidos[367] y otro en Israel,[368] eso es exactamente lo que sucedió. En breves biografías, se describía a las personas solteras como queriendo permanecer solteras o queriendo estar en pareja. Las personas solteras que querían permanecer solteras no se quejaban de su vida; no anhelaban dejar de estarlo. Sin embargo, se juzgó a esas personas solteras como *menos* felices y *menos* seguras, en lugar de a las personas solteras que deseaban tener una pareja. También fueron denigradas de otras maneras. Se las consideró menos cálidas, menos sociables y más centradas en sí mismas. Fue aún más sorprendente que los participantes de la investigación expresaran enfado hacia las personas solteras que habían elegido estar solteras.

¿Cuál es su ofensa? Las personas solteras que quieren estarlo y que son felices siéndolo desafían una concepción de mundo muy preciada que impregna cada rincón de nuestra vida, desde los cuentos de hadas y la cultura popular hasta los informes equivocados acerca de los resultados del último estudio. Es un conjunto de creencias y mitos que ofrece una promesa casi irresistible: «cásate y todas las piezas de tu vida encajarán; serás más feliz y más saludable que esas personas solteras; también serás moralmente superior». Muchas personas quieren que ese mito sea verdad, y cualquiera que lo desafíe deberá enfrentarse a una fuerte resistencia.

Las personas solteras que no quieren estarlo pueden ser tan devotas al mito de la superioridad marital como cualquier otra persona. Algunas sienten una poderosa atracción por la perspectiva de encontrar su propio «compañero sexual y de todo lo demás», mi término para la persona a la que pueden recurrir «para compañía, intimidad, cuidado, amistad, consejo, compartir las tareas y las finanzas del hogar y la familia, y prácticamente todo lo demás».[369] Encuentra a esa persona y ya está. Y ahora también eres superior. Es como magia.

Se puede percibir a la idea de la pareja convencional como democrática y justa, algo que cualquiera puede lograr más allá de su origen o posición en la vida. Pero esto es falso; las oportunidades para encontrar una pareja adecuada no están disponibles para todos de igual manera.[370] Por ejemplo, las personas con responsabilidades de cuidado, problemas de salud u horarios de trabajo onerosos pueden no tener mucho tiempo o energía para salir y conocer personas. Puede suceder que las personas que viven en áreas rurales tengan menos parejas potenciales disponibles a nivel local que las que viven en ciudades. Los sesgos del sistema también pueden limitar las oportunidades. Por ejemplo, la criminalización discriminatoria: los hombres negros son encarcelados con más frecuencia que los hombres blancos cuando sus delitos son comparables o incluso menos graves, y esto puede dar como resultado que haya menos parejas disponibles para las mujeres negras interesadas en hombres negros. Y, sin embargo, la percepción de que casi cualquier persona puede emparejarse contribuye al poder y atractivo de la mitología del matrimonio y la pareja romántica. Algunas (no todas) personas con pareja están incluso más convencidas acerca del mito de la superioridad de las personas con pareja que las personas solteras a regañadientes. Hicieron lo que se suponía que debían hacer: encontraron a esa persona especial y pusieron a esa pareja romántica en el centro de sus vidas. Están acostumbradas a recibir admiración y halagos. Esperan que las personas solteras miren con envidia no solo a su pareja, sino a toda su vida. Se sienten con derecho a nuestra envidia. En cambio, escuchar que somos perfectamente felices con nuestras propias vidas solteras puede enfurecerlos.

La profesora de derecho de la Universidad de Denver Nancy Leong sugiere que hay otras formas en que las personas en pareja pueden sentirse amenazadas por quienes eligen estar solteros y quieren permanecer siéndolo. La mera existencia de esas personas solteras puede obligar a las personas emparejadas «a contemplar cómo podría ser la vida... sin una pareja... Quizás las obliga a admitir que les da un poco de curiosidad, o un poco de celos. O puede obligarlas a convencerse de que no sienten ni curiosidad ni celos. La intensidad de la atracción se manifiesta en un rechazo evidente».[371]

Creo que tiene razón, pero también me reconforta otra investigación que muestra que en su mayoría son solo las personas inseguras que tienen pareja las que tienden a sentir celos de las personas solteras y felices y luego reaccionan menospreciándolas. Las personas que se sienten seguras en su propio estatus y habilidades románticas son menos propensas a menospreciar a las personas solteras felices.[372] Pueden no tener ningún interés en la soltería, pero no se sienten amenazadas por las personas que sí la eligen. Son nuestros aliados.

En este momento de mi vida, no creo que nadie pueda hacerme sentir mal por estar soltera. Sé que quedarme soltera no es, y nunca ha sido, un fracaso. Es cómo vivo mi vida más significativa y satisfactoria. De hecho, para mí, desafiar toda la presión de tener que llevar una vida de pareja convencional, y ni siquiera fingir querer esa vida, es una victoria y motivo de orgullo.

Sin embargo, puedo enfadarme con facilidad en nombre de todas las personas solteras que se han sentido avergonzadas por estarlo y que han llegado a creer que la pareja matrimonial mágica y mítica es real. He escuchado a psicoterapeutas cuyos clientes solteros a veces creen que son infelices porque están solteros y que, si tan solo se casaran, realmente vivirían felices para siempre. También he escuchado a personas que son solteras por naturaleza y que eran infelices cuando intentaron vivir una vida en pareja, pero siguieron intentándolo porque los mensajes culturales sobre el supuesto poder transformador de la pareja son implacables. Ese discurso es muy perjudicial. Me exaspera sobre todo cuando proviene de personas que deberían saber más, como los científicos sociales que escriben narrativas deficitarias sobre la soltería y no reconocen las maneras en las que muchas personas solteras están floreciendo que la ciencia ya ha documentado. Sería más fácil para mis emociones si esto no me importara; espero nunca llegar a ese punto.[373]

El matrimonio se ha convertido en un símbolo de estatus y un motor de desigualdad

«El matrimonio para muchos… se convierte en una celebración de sus logros personales, un símbolo de su éxito que pueden celebrar con familiares y amigos».[374]

—Profesor de sociología ANDREW CHERLIN, «Degrees of Change: An Assessment of the Deinstitutionalization of Marriage Thesis» («Grados de cambio: Una evaluación de la tesis de la desinstitucionalización del matrimonio»)

En la década de 1950 en los Estados Unidos, casi todos se casaban y permanecían casados. Y se casaban a las edades más jóvenes documentadas en los registros de la Oficina del Censo que datan de 1890: un mínimo de 20,1 para mujeres y 22,5 para hombres (en comparación con 28,6 para mujeres y 30,4 para hombres en 2021).[375] El matrimonio no era algo especial, era lo ordinario. Era simplemente lo que la gente hacía.

Ahora, varias décadas ya entrado el siglo XXI, el matrimonio se ha convertido en el dominio de las personas más favorecidas. En una encuesta de 2014, las mujeres solteras dijeron que tener un trabajo estable era un criterio importante para elegir a una pareja o compañero,[376] y en otras investigaciones, las parejas que convivían expresaron reticencia a casarse si no sentían que estaban en una posición financiera sólida.[377] A medida que se redujo la cantidad de buenos trabajos disponibles y los que existen son cada vez más precarios, la seguridad financiera se escabulló de las manos de muchos que querían casarse, y por lo tanto, también el matrimonio. Hasta 2015, el 65 % de los graduados universitarios de los Estados Unidos estaban casados, en comparación con solo el 50 % de aquellos con diplomas de escuela secundaria o menos. Entre las personas blancas, el 54 % estaba casado, en comparación con solo el 30 % de personas negras.[378]

En muchos casos, las celebraciones de bodas han pasado de ser ceremonias simples con modestas recepciones a fiestas extravagantes, a veces extendiéndose durante varios días en destinos lejanos. Son, en esencia, eventos para personas acomodadas.

Las personas que ya son privilegiadas son las más propensas a casarse, y luego aquellos que se casan son colmados con una serie de ventajas adicionales, mucho más allá de todos los regalos de bodas que reciben. A nivel federal, hay cientos de beneficios y protecciones en los Estados Unidos reservados para aquellos que están legalmente casados.[379] A nivel estatal y local también, las leyes a menudo favorecen a las personas casadas, al igual que las políticas y las prácticas en los lugares de trabajo, el mercado, colegios y universidades, y por supuesto, las instituciones religiosas.[380] En *Moving Past Marriage* (*Dejar el matrimonio atrás*), Jaclyn Geller, una profesora de literatura que no está casada y nunca lo ha estado, indagó solo en algunas de las muchas recompensas disponibles para las personas casadas de manera exclusiva.[381] La Seguridad Social es una de las más relevantes. La profesora Geller y sus colegas contribuyen al sistema de Seguridad Social. Cuando mueren sus colegas casados, sus cónyuges pueden recibir sus beneficios de la Seguridad Social. Los beneficiarios elegibles incluyen a cónyuges que nunca han pagado nada al sistema, así como a cada excónyuge cuyo matrimonio con el difunto haya durado al menos diez años. Sin embargo, los beneficios de la profesora Geller volverían al sistema. Ella y todas las demás personas solteras de toda la vida están subsidiando los beneficios que van a los cónyuges y excónyuges de las personas casadas.

Los cónyuges sobrevivientes de sus colegas fallecidos también recibirían algunos cientos de dólares a título de gastos finales. Debido a que la profesora Geller no tiene cónyuge ni hijos, nadie en su vida, no importa si fue importante para ellos, está a la altura de recibir ese beneficio. ¡Ningún gasto funerario pagado para personas solteras de toda la vida!

La herencia va directa al cónyuge sobreviviente de una persona casada, incluso si el difunto muere sin un testamento. La persona viuda recibe todos los activos. La profesora Geller podría nombrar beneficiarios en su testamento, pero no obtendrían las exenciones fiscales en los impuestos de sucesiones o impuestos sobre el patrimonio que recibirían esas personas viudas.

Las personas casadas pueden abrir una Cuenta Individual de Jubilación para el Cónyuge; su cónyuge puede acceder a ella antes de tiempo sin incurrir en una multa. No es así para las personas solteras de por vida, o cualquier persona que nombren como beneficiario; estas pagan multas por retiros anticipados. Los cónyuges también pueden hacerse regalos monetarios enormes sin pagar impuestos. Las personas solteras no tienen protecciones fiscales similares para regalos comparables a las personas que más les importan.

Derechos de inmigración, derechos de visita hospitalaria y el privilegio de no testificar contra su cónyuge en casos criminales son solo algunos de los otros beneficios y protecciones federales que reciben las personas casadas y que las personas solteras de por vida, y las personas que más les importan, no tienen.

La profesora Geller descubrió que en Connecticut los agricultores que son parejas casadas (o personas relacionadas por sangre) pueden solicitar préstamos para «granjas familiares», pero otros agricultores que trabajan de manera cooperativa no pueden. «¿Qué tiene que ver el matrimonio con la agricultura?», se preguntó.

En muchas universidades, cuando se ofrece un puesto de profesor a un candidato casado, se hacen esfuerzos especiales para contratar también a su cónyuge. «Todavía no he escuchado a ningún profesor preguntar por qué su matrimonio influyó en la contratación de su esposa en la institución donde él trabaja, cuando el género masculino o la heterosexualidad de un candidato no podría jamás influir», señaló la profesora Geller.

En las orientaciones universitarias y programas de desarrollo profesional, se destaca el valor de la diversidad. Sin embargo, ella descubrió que: «El matrimonio como categoría privilegiada y la discriminación por estado civil son en gran medida ignorados. Uno debe preguntarse por qué los seminarios diseñados para resaltar los desequilibrios de poder no cuestionan una institución que distribuye de manera desigual cientos de beneficios». En nuestra correspondencia personal, la profesora Geller me dijo: «He visto cómo salas enteras llenas de académicos armados con los términos habituales, como "privilegio", "poder", "hostilidad", "espacio inseguro", se quedan en silencio cuando menciono que me pagan un salario diferente que a mis colegas, porque no puedo agregar otro adulto a mi plan de salud».

Las personas solteras no solo se pierden las ventajas otorgadas a las personas casadas por el mero hecho de estar casadas; también quedan en su mayoría desprotegidas contra la discriminación. La profesora de derecho de la Universidad de Virginia, Naomi Cahn, señaló que la discriminación contra los solteros «no forma parte de las principales leyes federales antidiscriminación»,[382] incluso cuando muchos otros grupos están protegidos de manera explícita. Por ejemplo, la Comisión para la Igualdad de Oportunidades en el Empleo de los Estados Unidos advierte que «es ilegal que un empleador discrimine a un solicitante de empleo debido a su raza, color, religión, sexo (incluyendo identidad de género, orientación sexual y embarazo), origen nacional, edad (cuarenta o más), discapacidad o información genética».[383] El estado civil está ausente de esa larga lista.

Antes de comenzar a estudiar la soltería, era ajena a las muchas ventajas otorgadas por los gobiernos solo a las personas legalmente casadas. Mucho más evidente para mí, y también para otros, eran las formas en que las parejas (y no solo las casadas) son reconocidas, respetadas y celebradas en la vida cotidiana, como, por ejemplo, cuando se organizan eventos y las tarifas se deciden por pareja, cuando amigos y familiares preguntan por las parejas románticas, pero no por los mejores amigos, y cuando la pareja romántica, pero nadie más, se considera digna de inclusión en vacaciones y reuniones familiares extendidas. Varias personas que están solteras después de muchos años de matrimonio o de una relación comprometida me han dicho que se asombraron de las diferencias de trato que recibieron. Funciona en la otra dirección también; personas que han estado solteras durante mucho tiempo, al ponerse en pareja, descubren que de repente han ganado entrada a un mundo completamente nuevo de inclusión, admiración y respeto. Tener pareja se ha convertido en un estado preciado y privilegiado.

Angelica Malin, por ejemplo, ha logrado más de lo que jamás imaginó. Su sueño de toda la vida era escribir un libro, y ya ha escrito tres superventas. Ha viajado por todo el mundo como oradora pública profesional y ha organizado conferencias que atrajeron a miles de participantes. Sin embargo, el anuncio que publicó en redes sociales sobre su romance vertiginoso, que culminó en matrimonio y un bebé, fue lo que recibió cálidas felicitaciones de extraños, además de amigos y familiares, notas en periódicos nacionales y apariciones en la televisión de dos países.[384]

Versiones minis de la historia de Angelica se desarrollan todos los días en redes sociales. A lo largo de los años, las personas solteras me han dicho que el anuncio de una nueva relación romántica, una simple relación común y corriente, no alguna historia vertiginosa y dramática, les trae una avalancha de «me gusta» y de elogios, muy diferente de cualquier otra reacción que puedan recibir cuando publican sobre otros logros de la vida, como conseguir un nuevo trabajo, comprar una casa u obtener un título.

La resistencia a ver la discriminación hacia los solteros o a reconocer que hay algo malo en esta discriminación

Aquí tienes una pregunta fácil. Supongamos que un propietario está eligiendo entre dos posibles inquilinos, uno negro y otro blanco, ambos con empleos estables y descritos de manera muy positiva por sus actuales propietarios. El solicitante negro ofrece pagar más que el solicitante blanco, pero te enteras de que «el propietario prefiere arrendar casas a personas blancas y decide aceptar a la persona blanca como inquilino». ¿Cómo explicarías esa decisión?

Cuando Wendy Morris, Stacey Sinclair y yo hicimos esa pregunta en nuestros estudios sobre discriminación en la vivienda, los participantes respondieron justo como pensábamos.[385] Dijeron que el propietario tenía prejuicios y basaba la decisión en estereotipos. También les pedimos que calificaran qué legítima, justificable y razonable pensaban que era la decisión, y la calificaron como muy ilegítima, injustificable y poco razonable.

Realizamos cuatro versiones más del mismo estudio, en las cuales el propietario elegía (1) a un hombre en lugar de una mujer, aunque la mujer ofrecía pagar más; (2) a una persona heterosexual en lugar de una lesbiana o una persona gay, aunque estos ofrecían pagar más; (3) a una persona delgada en lugar de una persona con más peso, aunque la persona de mayor talla ofrecía pagar más; o (4) a una persona joven en lugar de una persona mayor, aunque la persona mayor ofrecía pagar más. En cada instancia, el prejuicio y la ilegitimidad de la decisión del propietario parecían evidentes para los participantes.

Después hicimos una versión más, en la cual el propietario elegía a un solicitante casado en lugar de uno soltero, aunque el soltero ofrecía pagar más. Esta vez, cuando les pedimos que explicaran la decisión del propietario, solo el 10 dijo que el propietario tenía prejuicios. En cambio, la respuesta más común fue que el propietario eligió a la pareja casada «porque están casados», y no pensaron que hubiera algo malo en eso. Juzgaron la decisión del propietario de favorecer al solicitante casado como legítima, justificable y razonable, algo que no sucedió en ninguna otra versión del estudio.

Creo que ese tipo de razonamiento está moldeado por la creencia fundamental de que estar en pareja es natural y normal, y superior a permanecer soltero. Si las personas solteras realmente son inferiores, ¿cuál es el problema en tratarlas como tal? Se lo merecen.

También es muy significativa la creencia de que a las personas solteras no les gusta estarlo, que en realidad nadie quiere permanecer soltero y, lo que es más importante, que el estado civil o romántico, a diferencia de algunos otros estados, es algo que se puede cambiar. Cuando escribo sobre discriminación en la vivienda o cualquier otro ejemplo de discriminación hacia los solteros en mis blogs, algunos proponen de manera predecible lo que ven como una solución simple y justa: si los solteros quieren estar libres de discriminación o quieren los beneficios legales del matrimonio, entonces solo deben casarse. Es una sugerencia insensible, un ultraje para todas las que desearían casarse y que han invertido cantidades incalculables de tiempo y dinero en sus intentos de hacerlo, sin éxito. Y más al punto, nadie *debería tener que* casarse para ser tratado de manera justa.[386]

Sin embargo, es un punto importante. La percepción del estado civil como algo que se puede cambiar, algo que casi todas las personas solteras *quieren* cambiar, puede ser uno de los mayores obstáculos para la justicia social y el cambio social para los solteros. ¿Por qué unirse a un movimiento por los derechos de los solteros si obtendrán todos los beneficios, privilegios y protecciones de la vida en pareja una vez que encuentren a esa persona especial?

Las personas que son solteras por naturaleza aman estar solteras y quieren permanecer estándolo. Tenemos el potencial de crear un nuevo movimiento social. Creo que debería estar fundado en nuestros principios y valores fundamentales.

Principios y valores de los solteros por naturaleza

Los valores de aquellos que son solteros por naturaleza son valores humanos. Esos valores comienzan con la premisa de que todo ser humano merece lo básico para una vida digna y se elevan a algo aún más ambicioso: se debe apoyar a los seres humanos no solo en sus intentos de sobrevivir, sino de florecer. Los valores de los solteros por naturaleza reconocen, fundamentalmente, que para algunas personas el camino hacia esa prosperidad es la soltería.

Los valores son inclusivos y francos. Los solteros por naturaleza, al igual que los solteros en general y los que tienen pareja, vienen en muchas variedades, de diferentes orígenes, y valoramos y respetamos a todos.

Creemos que todas las personas que son importantes para nosotros, y no solo cónyuges o parejas románticas, merecen reconocimiento, respeto, aprecio y celebración. Reconocer esto es una llamada a apoyar nuestra interdependencia y todas nuestras relaciones afectivas.

Los solteros por naturaleza valoran, en lugar de temer, el tiempo y el espacio que tienen para sí mismos. Reconocer esto es un llamamiento a apoyar nuestra independencia y alentar a otros a apreciar también la soledad, las actividades en solitario y los espacios privados.

Los valores de los solteros por naturaleza inclinan la balanza de la moral hacia la justicia. En la larga y noble tradición de desafiar los sistemas de desigualdad que valoran a algunas personas más que a otras, como el patriarcado y la supremacía blanca, nuestros valores desafían la presunta superioridad de las personas en pareja sobre las personas solteras.

1. Dignidad humana básica

Se debe garantizar lo básico de la dignidad humana para todas las personas. El valor de una persona no se define por su estado civil o romántico, y sus derechos, beneficios y protecciones no deberían estar vinculados a esos estados.

Todos deberían tener seguridad económica: un salario digno para quienes pueden trabajar, pero también seguridad económica que no esté vinculada al empleo, quizás en forma de un ingreso básico universal. Todos deberían tener también la atención médica y de salud mental que necesiten, así como oportunidades educativas. Todos deberían tener agua limpia, buena comida, vivienda asequible de calidad y seguridad personal. Para acceder a estos componentes básicos de la dignidad humana, el estado civil o romántico de una persona debería ser completamente irrelevante.

La posibilidad de ser padres no debería depender del estado civil o las relaciones románticas de una persona. Esto incluye, por ejemplo, la elegibilidad para la adopción, el acceso a tecnologías de reproducción asistida y los beneficios de la maternidad o paternidad. ¿Estás pensando que las familias con dos padres deberían tener prioridad sobre las familias con un solo padre en el proceso de adopción, que esas familias serían mejores para los niños? Solo recuerda lo que ya aprendimos sobre los padres solteros: que no siempre crían a sus hijos solos y que sus hogares a menudo están llenos de amor y libres de conflictos entre adultos. Cuidado con dejarte seducir por la creencia en la Mágica y Mítica Pareja Romántica.

La opción de no ser padre también debería estar abierta para todos. El acceso de una persona a los anticonceptivos, la esterilización o un aborto no debería tener nada que ver con su estado civil o su relación romántica o falta de ella. No es suficiente que los componentes básicos de la dignidad humana estén disponibles; también necesitan ser accesibles. En los Estados Unidos, por ejemplo, algunas personas tienen seguro de salud que cubre ciertos procedimientos o cirugías, y aún tienen problemas para acceder a esos servicios. Esto puede suceder cuando los hospitales requieren que los pacientes tengan a alguien conocido que los lleve de regreso después de un procedimiento, y no solo un taxista o conductor de Uber contratado, o cuando los pacientes hospitalizados necesitan que otra persona esté presente para ayudarlos o abogar por ellos, y no hay opciones para pacientes que no pueden cumplir con facilidad con esos requisitos.

Si las protecciones básicas se extendieran a todas las personas, nadie tendría que casarse, o quedarse en un matrimonio conflictivo o incluso abusivo, solo para obtenerlas. Sería un paso hacia desmantelar sistemas de desigualdad.

2. Valorar la soltería

La soltería puede ser una elección de vida feliz, significativa y plena, no solo de manera temporal, sino para toda la vida. Para los solteros por naturaleza, no es solo una buena vida, es la mejor vida. Las leyes, políticas, prácticas y normas deberían apoyar de igual manera a las personas solteras como a las personas con pareja.

Valorar la soltería de la misma forma en que se valora la vida en pareja transformaría casi todos los ámbitos de la vida. Describiré algunos ejemplos.

Si se valoraran las personas solteras, los lugares de trabajo se tratarían de trabajo. A nadie se le pagaría más ni menos debido a su estado civil. No se requeriría ni presionaría a las personas solteras para subsidiar a sus compañeros de trabajo casados, ni con su dinero (como cuando los empleados casados obtienen beneficios que los solteros no tienen), ni con su tiempo (como cuando se espera que trabajen más horas para cubrir a sus compañeros en pareja, o para trabajar durante las vacaciones), ni con sus regalos y emociones (como cuando se les pide a los empleados que feliciten y celebren las próximas nupcias de sus compañeros, pero se ignoran los logros de sus compañeros solteros).

Si se valorara la soltería, la cultura popular presentaría personajes más complejos y convincentes que son solteros por naturaleza. Hay algunos aquí y allá, pero identificarlos es como jugar a *¿Dónde está Wally?*: tienes que mirar minuciosamente y entrecerrar los ojos, y aún así será muy difícil encontrarlo. No es como encontrar a la novia.

Si se valorara la soltería, se criaría a los adultos jóvenes de manera más efectiva. La periodista Vicki Larson planteó esta pregunta a los padres de adultos jóvenes que siempre han sido solteros, no salen en citas y no parecen preocupados por su estado civil: «¿Y si nuestro hijo anunciara que es soltero por naturaleza y preferiría relaciones platónicas, también conocidas como amistades profundas, en lugar de románticas?» También les ofreció una respuesta: «¿Podríamos estar de acuerdo en que no haríamos nada?».[387]

Si se valorara la soltería, sería más fácil que las personas solteras recibieran ayuda más efectiva cuando buscan psicoterapia. Algunos terapeutas parecen asumir que el verdadero problema que preocupa a sus clientes solteros es que no tienen pareja, y la solución es ayudarlos a hacer el trabajo necesario para emparejarse con éxito. En Israel, seis terapeutas casados que trabajaban en un centro de terapia familiar compararon notas sobre el tratamiento de sus clientes solteros, en especial mujeres solteras. Se consternaron por lo que descubrieron sobre sí mismos. Como dijo uno, «Pensé que era mi responsabilidad encubierta conseguir que la mujer se casara, aunque sabía que esto no era mi tarea como terapeuta».[388]

Los terapeutas decidieron desprogramarse. Durante dieciocho meses, se reunieron cada dos semanas, pasando dos horas juntos cada vez. Compararon notas sobre lo que sus padres habían dicho sobre el matrimonio y sobre las personas solteras que conocían. Hablaron sobre diferentes formas de pensar sobre la soltería. Al final, resolvieron escuchar a cada cliente soltero con una mente abierta, para «permitirle elegir un estilo de vida y formar una identidad que sea adecuada para ella, de acuerdo con sus valores e intenciones».[389]

3. Valorar a todas las personas que son importantes para nosotros

Las personas que son importantes para nosotros no están definidas por su estado civil o sus relaciones románticas. Las leyes, políticas, prácticas y normas deberían apoyar a todas las personas importantes de nuestra vida. Las relaciones afectivas y las comunidades de cuidado deberían ser respaldadas independientemente del estado marital, romántico, parental o familiar de las personas que reciben o brindan cuidado.

Si se tomaran más en serio a los amigos y a otras personas importantes para nosotros, nuestras vidas se transformarían para mejor. Habría una mayor variedad de modos creativos de convivencia, con más surgiendo todo el tiempo. ¿Recuerdas la serie de TV *Las chicas de oro*? Ya no serían solo personajes de ficción. Las personas reales que prefieren no vivir solas se mudarían con amigos y familiares y sería algo natural; se liberarían de la presión de estar en pareja, volver a emparejarse o permanecer en pareja como su única opción, o de buscar compañeros de piso que ni siquiera conocen.

Recordemos a esas siete mujeres de China (del capítulo 3, «Libertad») que no esperaron a envejecer para construir la casa de sus sueños y compartir sus vidas allí. En lugar de ser una más de esas historias que se vuelven virales por ser original y única, tan solo sería un ejemplo más de las muchas personas que eligen crear una vida rodeada de amigos en lugar de cónyuges o parejas románticas.

En algunos lugares, las leyes y políticas necesitarían cambiarse para avalar a una mayor variedad de modelos de convivencia. Por ejemplo, las leyes de zonificación que prohíben que un cierto número de adultos no relacionados compartan un hogar podrían, si se mantienen vigentes, convertir a *Las chicas de oro* en criminales.

Si valoráramos a todas las personas importantes de nuestra vida, creo que la crianza de los hijos también se transformaría. Apoyo con mucho entusiasmo a las personas solteras que desean criar hijos en lugares propios, sin otros adultos bajo el mismo techo y sin nadie más con el poder de tomar decisiones sobre sus hijos. Pero también entiendo que muchas personas (y no solo mujeres) anhelan ser padres, pero no quieren ser padres o madres solteras. Piensan que un compañero romántico comprometido es su única opción real, y temen que no encontrar a esa persona signifique el fin de su sueño de criar hijos. Tal vez nunca hayan oído hablar de recursos como Modamily.com, una plataforma que ha estado ayudando a las personas a encontrar co-padres platónicos (y donantes de esperma) desde 2011. Pero criar hijos con extraños o renunciar a la posibilidad de ser padres no serían las únicas opciones si tomáramos en serio las relaciones que no son románticas. Imagina si se volviera común criar hijos con amigos, familiares u otras personas que ya se conocen y en las que se confía, o si las historias de personas que ya lo han hecho se conocieran y celebraran más ampliamente.[390]

Encontrar amigos, e incluso mantenerlos, sería más fácil si valoráramos más las amistades. La búsqueda de pareja estaría libre de la pesada y antigua carga erótica, y al momento de presentar posibles amigos a otros, lo haríamos de manera más consciente y deliberada. Las plataformas en línea y las aplicaciones se orientarían más como buscadores de amigos y no solo como buscadores de citas. Se asumiría sin problemas que la invitación de «más uno» incluye a amigos y no solo a parejas románticas. Las personas dejarían de degradar a sus amigos cuando comienzan una relación de pareja, porque comprenderían lo que se están perdiendo. Las personas solteras y con pareja celebrarían los aniversarios de sus amistades. Los candidatos políticos presumirían de sus amigos y se mostrarían con ellos a su lado en momentos clave. Los amigos se nombrarían más a menudo como beneficiarios. Mudarse para vivir cerca de un amigo sería algo normal, y los empleadores entenderían que a sus empleados les puede costar reubicarse si eso significara dejar atrás a amistades queridas. El permiso remunerado para cuidar a amigos cercanos, así como el permiso por duelo por la pérdida de un amigo, no estarían a discreción de los empleadores, sino que sería ley.

Si los lugares de trabajo les ofrecen a los trabajadores casados la opción de agregar a sus cónyuges a sus planes de salud médica a una tarifa reducida, entonces los trabajadores solteros también deberían tener la opción de agregar a una persona importante para ellos a sus planes. Lo mismo es válido para cualquier otro beneficio o privilegio extendido a cónyuges o parejas románticas. O todos los trabajadores obtienen el beneficio o ninguno lo hace. Un sistema alternativo que también sería justo es aquel en el que todos los trabajadores reciban la misma cantidad de dinero, con la opción de gastarlo en los beneficios disponibles que elijan.

Reconocer y valorar a las personas importantes en nuestras vidas no es solo una cuestión de justicia. A veces, nuestra supervivencia misma está en juego. Cuando a Joan DelFattore le diagnosticaron cáncer de vesícula biliar en etapa 4, su oncólogo le preguntó si tenía esposo u otros familiares cercanos. No los tenía, y cuando intentó contarle sobre su dedicado círculo de amigos, él la interrumpió. Luego le recomendó el tratamiento menos agresivo, diciéndole que no se arriesgaría a que aparezcan los efectos secundarios graves del tratamiento más efectivo con «alguien en tu situación».[391]

Joan encontró otro oncólogo que sí la escuchó, y años después, se propuso descubrir si el prejuicio del primer médico era generalizado.

Revisó ochenta y cuatro estudios de una base de datos del Instituto Nacional del Cáncer que rastrea a millones de pacientes. Su conclusión, publicada en la revista *New England Journal of Medicine*, establece que: «...este cuerpo de literatura médica equipara de manera abrumadora a la ausencia de un cónyuge con la falta de apoyo social».[392] Demasiados oncólogos creen que las personas que no tienen cónyuge no tienen a nadie, y luego recomiendan tratamientos menos óptimos. El artículo de la profesora DelFattore fue publicado bajo el título «Death by Stereotype?» («¿Muerte por estereotipo?»).

4. Valorar la soledad

La capacidad de pasar tiempo a solas de manera cómoda es valiosa tanto para los individuos como para la sociedad. Quienes eligen pasar tiempo a solas deberían merecer el respeto y el respaldo de todos; quienes viven solos también.

Para los individuos, pasar tiempo a solas por razones positivas tiene beneficios psicológicos científicamente comprobados. A nivel social, la soledad sería menos rampante si las personas tuvieran menos miedo de estar solos y fueran más hábiles para aprovechar el potencial de la soledad.

Si se valorara la soledad, padres y maestros se preocuparían de igual manera por los niños que tienen problemas para pasar tiempo solos como por los niños que tienen problemas para hacer amigos. Se sentirían orgullosos de los niños (y adultos) que florecen en la soledad, y aprenderían a enseñar habilidades relevantes a aquellos que no lo hacen.

Si se valorara la soledad, vivir solo también se valoraría y respaldaría. La vivienda adecuada sería abundante y asequible. Más apartamentos y hogares estarían diseñados o adaptados para hacer que la vida en solitario fuera más segura y fácil para personas con discapacidades y otras personas que puedan necesitar adaptaciones a medida que envejecen.

Los productos como los alimentos perecederos se venderían en porciones pequeñas (sin tener precios muchísimo más altos). Las plataformas que proveen maneras de encontrar ayuda para las tareas que pueden ser difíciles de manejar solos, como Angi y Thumbtack, estarían disponibles en más lugares. También se fomentaría la ayuda dentro de la comunidad. En los grupos de «*Buy Nothing*» («No Comprar Nada»), por ejemplo, los miembros regalan artículos que no quieren u ofrecen su experiencia de forma gratuita; los miembros también pueden pedir lo que necesitan y no deben nada, excepto quizás unas palabras de agradecimiento.

> En una cultura en la que las relaciones interpersonales generalmente se consideran la respuesta a todas las formas de angustia, a veces es difícil persuadir a los ayudantes bien intencionados de que la soledad puede ser tan terapéutica como el apoyo emocional.[393]
>
> —Anthony Storr, *Solitude: A Return to Self* (*La soledad: Volver a uno mismo*)

De todos los profesionales que tienen la tarea de trabajar con personas mayores, aquellos específicamente capacitados para hacerlo, como los gerontólogos, deberían estar entre los más perspicaces. Deberían saber, por ejemplo, cuáles son las experiencias que más disfrutan las personas mayores. En Israel, tres investigadores de gerontología preguntaron a terapeutas ocupacionales y estudiantes graduados de gerontología si creían que, para las personas mayores, pasar tiempo a solas podría ser una experiencia positiva.[394] El 17 % de los estudiantes graduados respondieron que no. Todos los terapeutas ocupacionales entendieron que las personas mayores pueden disfrutar de estar solas, pero condicionaron sus respuestas diciendo, por ejemplo, que la soledad solo sería agradable para las personas mayores que tienen vidas internas plenas o para aquellas que están sanas.

Los investigadores también preguntaron a decenas de personas mayores, entre las edades de sesenta y cinco y ciento tres años, la misma pregunta: «¿Estar a solas puede ser una experiencia positiva o agradable?». Todos respondieron que sí, y ninguno condicionó su respuesta. Como ejemplos, describieron cuánto disfrutaban de su soledad mientras pescaban, preparaban café, apreciaban el arte, rememoraban sus vidas o se entrenaban para triatlones.

Si se valorase y comprendiese la soledad, se trataría a las personas mayores de manera más efectiva y apropiada. Vivo sola, pero tal vez algún día eso ya no sea posible. Me preocupa la perspectiva de profesionales bien intencionados tratando de persuadirme de participar en actividades porque no creen que pueda disfrutar del tiempo a solas.

5. Valorar nuestras diferencias

Las personas que son solteras por naturaleza, al igual que otras personas solteras y las que tienen pareja, son muy diversas. Esas diferencias deben ser reconocidas y respetadas. No se debe estereotipar ni caricaturizar a los solteros por naturaleza.

Las personas solteras por naturaleza compartimos nuestro amor por la soltería, la soledad y la libertad. Pero, más allá de eso, somos todos muy diferentes. Por ejemplo, diferimos en la cantidad y tipos de personas que queremos en nuestra vida, en lo que la intimidad significa para nosotros, y en la mezcla de tiempo a solas y con otras personas que consideramos óptima. Tenemos intereses y pasiones muy variadas, así como recursos financieros y preferencias en la forma de vivienda y convivencia.

En el ámbito de la vivienda, por ejemplo, a veces se asume que las viviendas apropiadas para personas que viven solas son apartamentos o casas pequeñas. Para algunas personas solteras, esa es su preferencia, y para otras, es todo lo que pueden pagar. Pero otras desean y pueden pagar casas más grandes, y sus preferencias se deben reconocer de la misma manera que cuando las expresa una pareja. No siempre sucede. Cuando expresé mi interés en ver una casa de tres dormitorios que estaba disponible para alquilar, el propietario se negó a mostrármela si no le explicaba para qué necesitaría una mujer soltera tres dormitorios. (Ni me molesté).

Los proyectos de vivienda innovadores son de gran interés para las personas que desean tener fácil acceso tanto a la privacidad como a la compañía. Las comunidades de vida colaborativa, por ejemplo, incluyen hogares privados, a menudo dispuestos alrededor de espacios verdes abiertos, junto con una «casa común» donde los miembros de la comunidad pueden compartir comidas, celebrar reuniones o dedicar su tiempo a sus intereses, como el arte o el ejercicio, en espacios diseñados para esos fines. En otros tipos de proyectos, las personas viven todas bajo el mismo techo en una gran casa, pero tienen habitaciones o suites propias, a veces con entradas separadas.[395]

6. Más allá de lo básico: la oportunidad de florecer

Las personas y las sociedades florecen cuando las personas son libres de sacar adelante una vida significativa, satisfactoria y rica a nivel psicológico. Las actividades fuera de la pareja que brindan significado, satisfacción y riqueza psicológica deberían recibir el mismo apoyo que la pareja.

En el lugar de trabajo, los permisos no deberían limitarse solo a nuevos padres y otros cuidadores, o a aquellos que necesitan permiso médico o por duelo. También deberían estar disponibles para actividades de desarrollo personal.

En la vida cotidiana, los logros e hitos que las personas solteras encuentran significativos y satisfactorios se deberían reconocer y celebrar. Podrían incluir, por ejemplo, conseguir un trabajo codiciado o dejar uno terrible, graduarse, mudarse a un nuevo lugar, comprar una casa, conmemorar veinticinco años de amistad, completar un proyecto creativo o correr una maratón. Fomentar oportunidades para que las personas solteras florezcan debería estar en la agenda global. Sasha Roseneil, autora principal de *The Tenacity of the Couple-Norm* (*La tenacidad de la pareja como norma*), escribió en un artículo de opinión que necesitamos «empezar a pensar en cómo se podrían ampliar las convenciones internacionales de derechos humanos para colocar el derecho a una vida soltera satisfactoria junto al derecho a la vida familiar».[396]

Hacia el futuro

El derecho a ser uno mismo, en sus propios términos y con quien se elija, es en sí mismo una forma fundamental de libertad individual.[397]

—Catherine Powell, «Up from Marriage: Freedom, Solitude, and Individual Autonomy in the Shadow of Marriage Equality» («Detrás del matrimonio: Libertad, soledad y autonomía individual a la sombra de la igualdad matrimonial»)

Mi misión al poner el foco en las personas solteras por naturaleza es reescribir lo que significa ser soltero. La soltería, para aquellos de nosotros que lo somos por naturaleza, es un lugar alegre, un lugar para aprender y crecer. Es una vida grande, amplia, llena de significado y de posibilidades. Amamos y cuidamos a las personas, y no solo a las parejas románticas, y recibimos amor y afecto a cambio. La intimidad, para nosotros, es personal; en ese dominio, como en todos los demás, seguimos nuestros corazones en lugar de las normas culturales. Dibujamos nuestras propias trayectorias de vida con el sentido de propósito, la riqueza psicológica y la autenticidad como nuestras guías.

Una nueva comprensión más iluminada de lo que puede significar ser soltero, y ser humano, sería, por supuesto, de enorme beneficio para las personas que son solteras por naturaleza. Se nos ha cuestionado y menospreciado durante mucho tiempo; sería sublime recibir ahora reconocimiento y aprecio.

Aquellos de nosotros que ya nos percibimos como solteros por naturaleza no somos los únicos que se beneficiarían. También lo harían todos esos niños, adolescentes y jóvenes adultos que aún intentan conocerse a sí mismos. Se les ofrecería una nueva opción, tan liberadora y significativa como la realización de que no todos son heterosexuales. También sería liberador para adultos de todas las edades que están al borde de optar por la soltería, pero que dudan en dar el salto.

Es probable que las tasas de matrimonio disminuyan. Se iniciarían menos relaciones románticas nuevas. Pero eso también sería algo bueno, porque las personas que se inclinan por ese tipo de relaciones serían aquellas que las desean de verdad. Serán libres de encontrar a alguien que realmente quiera una vida en pareja convencional. Los padres estarán liberados de la preocupante suposición de que hay algo mal en sus hijos adultos solteros. Las madres en su lecho de muerte les dirán a sus hijos adultos solteros por naturaleza cuánto se enorgullecen de que hayan elegido la mejor vida, la más auténtica para ellos.

Agradecimientos

Agradezco a las cuarenta y una personas que con tanta generosidad compartieron sus historias de vida conmigo. Vosotros sois el corazón y el alma de este libro. También agradezco a las cientos de personas que a lo largo de los años me han hablado sobre sus vidas, en especial a aquellos que con mucha amabilidad aceptaron que sus historias aparecieran como relatos dentro de *Solteros por naturaleza*. Me emociona muchísimo el incontable número de desconocidos que me han hecho saber que también lo son. También estoy en deuda con las personas de todo el mundo, ahora más de veinte mil, que respondieron al cuestionario en línea de *Solteros por naturaleza*.

Dediqué mi primer libro sobre la soltería, *Solteros señalados*, «a Susan Hurt, una amiga extraordinaria». Años después, ella es aún más extraordinaria. Me siento afortunada de haberla tenido en mi vida durante décadas. Gracias también a Rebecca Zwick, Alicia Rosenthal, Nancy Collins, Bobbie Spellman, Karen Taylor y Per Wehn, amigos que todos deberían tener la suerte de tener.

Gracias a Kris Marsh, no solo por su trabajo innovador sobre adultos solteros de clase media negra que viven solos, sino también por su agradable compañía durante los almuerzos que compartimos junto al mar.

Agradezco a la inspiradora académica, educadora y amiga, Amy Andrada, quien realiza un importante trabajo sobre madres solteras y sabe cómo compartir sus ideas de manera atractiva.

Gracias a Wendy Morris, quien colaboró conmigo en mis primeros estudios sobre personas solteras y cuyas ideas han permanecido conmigo hasta el día de hoy. También colaboré con Weylin Sternglanz; nuestra investigación no trataba sobre personas solteras, pero todos los años que estuvo expresando su interés en mi trabajo me hacen muy feliz.

Gracias al grupo de mujeres solteras que conocí a través de NextDoor, y con quienes me reunía para almorzar todos los viernes durante el verano cuando intentaba encontrar un hogar para *Solteros por naturaleza* y quienes me brindaron su maravillosa solidaridad.

Gracias a Julia Ortega, Luis Ortega y Teresa Curiel por todos los años de calidez y amabilidad. Estoy en deuda con muchas personas en pareja que han sido mis aliados y amigos a lo largo de la vida. Comprenden de verdad lo que significa ser soltero por naturaleza y lo que significa para mí.

A muchas de las personas por las que siento afecto y gratitud nunca las he conocido en persona. Joan DelFattore es una de mis favoritas. Confío en su juicio sobre asuntos relacionados con la soltería por naturaleza, quizás más que en el de cualquier otra persona. También está haciendo grandes cosas por todas ellas con su investigación sobre el tratamiento de las personas solteras por parte de la comunidad médica.

Nunca he conocido a Ketaki Chowkhani tampoco, vivimos a quince mil kilómetros de distancia, pero siento profunda admiración por su brillantez, su corazón, sus muchos talentos y por todo lo que está haciendo para dar a conocer el estudio de personas solteras. Ella es la razón número uno por la que soy optimista acerca del futuro de los estudios sobre este tema.

Jackie Geller ha estado en la lucha durante décadas, argumentando de manera convincente a favor de la equidad para las personas que no están casadas. Elyakim Kislev ha aportado vitalidad al estudio de la soltería con su impresionante y amplia investigación que abarca decenas de naciones. Naomi Cahn desempeñó un papel más crucial en hacer posible la publicación de este libro de lo que yo podría haber imaginado. También está ayudando a muchos otros académicos de la soltería con sus esfuerzos y creatividad para reunirnos. Krysten M. Fikes me ha brindado muchas perlas de perspicacia y sabiduría. Craig Wynne es otro punto de esperanza para el futuro de los estudios sobre la soltería.

Solteros por naturaleza es un libro mejor gracias a todas las personas que me brindaron sus comentarios a lo largo del camino. Me inscribí para una consulta con Jane Friedman antes de escribir una propuesta, y a cambio recibí no solo excelentes consejos, sino también amabilidad y aliento. Susan Hurt, Joan DelFattore y Rebecca Zwick estuvieron cerca de mí durante los difíciles momentos de escribir la propuesta y de recibir los desgarradores rechazos. Jackie Geller, Joan DelFattore y Amy Andrada me regalaron su lectura cuidadosa de los primeros borradores del libro. Comunidades enteras de personas ayudaron. En 2015, comencé el grupo de Facebook «Community of Single People» (Comunidad de Solteros) y sus miembros han sido una fuente de inspiración y sabiduría desde entonces. Compartí con ellos el primer borrador de los consejos que aparecen al final de cada capítulo, así como la sección sobre los principios y valores de los solteros por naturaleza, y no tengo dudas de que esas secciones mejoraron mucho gracias a sus comentarios. También estoy en deuda con los miembros de otros dos grupos más recientes de Facebook, «Fairness for Single People» (Igualdad para los solteros) y «Single People at Heart» (Solteros por naturaleza), que además me aportaron ideas y entusiasmo.

La recomendación que recibí de manera constante sobre los primeros borradores de *Solteros por naturaleza* fue que agregara más de mi propia historia personal. Lo hice, aunque fui un poco reacia. Creo que, de alguna manera, otras personas solteras son mejores ejemplos de lo que significa ser soltero por naturaleza que yo. Y soy muy consciente de que algunos de mis amigos y familiares en pareja tienen algunas fortalezas relacionadas con ser soltero por naturaleza que superan a las mías. Los admiro a todos.

Vosotros, queridos lectores, podéis burlaros de mí por esto, pero agradezco la existencia de Twitter, sobre todo cuando aún se llamaba Twitter. Ha sido un lugar divertido para conocer gente nueva y saludar a los ya conocidos, disfrutar de sus despliegues de sabiduría y sarcasmo en pequeñas dosis, y conocer nuevas investigaciones, a veces incluso antes de que se publiquen.

Mi más profundo agradecimiento va para mi agente, Bridget Matzie. Había escuchado cosas increíbles sobre ella antes de juntarnos, pero todas estaban equivocadas; ¡es aún mejor! Nunca supe que una agente podría comprometerse tanto con un proyecto. Estaré agradecida para siempre. Gracias además a Erin Files y Mags Chmielarczyk, también de Aevitas Creative, que llevaron a *Solteros por naturaleza* hasta las manos y corazones de lectores más allá del mundo de habla inglesa, ¡es muy emocionante!

Muchas gracias a todo el equipo de Apollo Publishers: la editora y directora editorial Julia Abramoff; el editor y director de ventas Alex Merrill; la editora asociada Drew Anderla; la diseñadora Maeve Norton; y la publicista Erin Nicole Conti. Hicieron realidad mis sueños de escribir y publicar *Solteros por naturaleza*.

Mientras escribo esto, acabo de comenzar a trabajar con la publicista Leah Paulos, fundadora de The Press Shop, pero ya estoy conmovida y agradecida.

Doy las gracias a mis queridos hermanos, Peter y Joseph, a mis cuñadas, Joan y Kelly, a mis sobrinos, Brian, Mike, Kevin y Danny, y a mi sobrina, Natalie.

Una vida entera de amor y gratitud va para mis padres, quienes nunca me presionaron para que me casara. Se amaron profundamente y permanecieron casados durante cuarenta y dos años, hasta que mi papá murió. También tenían sus propios intereses individuales y, además de socializar como pareja, también socializaban por separado con familiares y amigos. Nunca excluyeron a nadie por ser soltero. Ninguno de los dos era soltero por naturaleza, pero creo que ambos habrían apreciado este libro.

Notas

www.reinventarelmundo.com/solteros-por-naturaleza

Escanea el QR y accede a las notas del libro.